Stefan Beck (Hrsg.)
alt sein – entwerfen, erfahren

Stefan Beck (Hrsg.)

alt sein – entwerfen, erfahren

Ethnografische Erkundungen in Lebenswelten alter Menschen

Lektorat: Sabine Imeri, Berlin

Nachweis der Fotografien:
S. 15 Foto: Carola Pohlen, Bearbeitung: Felix Langhammer
S. 93 Foto: Imke Wangerin, Bearbeitung: Carola Pohlen
S. 131, 173, 215 Foto und Bearbeitung: Carola Pohlen
Fotomodel: Dodo von Randenborgh

Umschlagbild: Ausschnitt aus »Der Jungbrunnen« von Lucas Granach d.Ä.

Druck und Bindung: Druckhaus Galrev, Berlin

Bibliografische Information der Deutschen Bibliothek:
Die Deutsche Bibliothek verzeichnet die Publikation in der
Deutschen Nationalbibliografie; detaillierte bibliografische Daten
sind im Internet über http://dnb.ddb.de abrufbar.

© 2005 by Panama Verlag
Tel. (030) 20 33 99 65, Fax. (030) 44 35 93 85
www.panama-verlag.de
Alle Rechte vorbehalten.

Gedruckt auf chlor- und säurefreiem Papier.
Printed in Germany

ISBN 3-9810140-02-6

Inhalt

Stefan Beck
Altersstile. Ethnografische Erkundungen in einer verriesterten Gesellschaft   7

Josefine Raasch
»Ich lebe eigentlich noch richtig gerne«. Über Alter und Rückzug   17

Judit Bartel
Freundschaften zwischen alten und jungen Menschen. Zum Austausch
von Wertschätzung und Lebenserfahrung   35

Brigitte Friederike Gesing
Glauben in Zeiten der Krise. Die Glaubensbiografie als
Entwicklungserzählung   55

Carola Pohlen
»Bleibt weiter aktiv und bei Verstand«. Gewerkschaftliche Jubilarehrungen
als Ort der gesellschaftspolitischen Auseinandersetzung   74

Alte über das Alter(n) – Sulamith Hamra   91

Sophia Siebert
Gesundheit als »Lebensprinzip«. Gesundheitsverhalten älterer
Menschen   95

Maximilian Enzinger
Bewegung als Lebenselixier. Aktivität, Körper und Würde im Alter   117

Routine und Rituale – Imke Wangerin   129

Tom Mathar
Das autonome Selbst mit Pflegestufe — 133

Mareike Mischke
Notwendig ist »das richtige Pflegeverständnis«. Pflegeanspruch und
-praxis in einem interkulturellen ambulanten Pflegedienst — 152

Humor – Tom Mathar — 170

Sulamith Hamra
Ehret die Alten. Zur Lebenswelt alternder Migranten türkischer Herkunft
im Amselviertel — 175

Imke Wangerin
Probleme, die man(n) sich nicht mehr leisten kann. Sechs homosexuelle
Männer im Alter — 195

Ausschlüsse – Michael Kutter — 212

Literatur — 217

Altersstile
Ethnografische Erkundungen in einer verriesterten Gesellschaft

Stefan Beck

Als »Deutschlands größte Herausforderung« charakterisierte James W. Vaupel, Gründungsdirektor des Max-Planck-Institutes für Demographie in Rostock, kürzlich den dramatischen Anstieg der Lebenserwartung der bundesdeutschen Bevölkerung. Hochrechnungen aufgrund historischer Daten zur Entwicklung des maximalen Lebensalters in verschiedenen Gesellschaften sowie die neueren Erkenntnisse der Biologie und Medizin sprächen eindeutig dafür, dass in den kommenden Jahrzehnten eine massive Steigerung der Lebenserwartung in den Industriegesellschaften zu erwarten sei. Folge sei, dass den »meisten heute lebenden Deutschen […] aller Voraussicht nach ein überaus langes Leben bestimmt [sei]. Die Hälfte der sechzigjährigen Leser dieses Artikels wird wahrscheinlich ein Alter von mindestens 88 Jahren erreichen. Von den dreißigjährigen Lesern wird die Mehrzahl älter als 95 werden, und für mehr als die Hälfte der heute in Deutschland Neugeborenen stehen die Chancen gut, ihren einhundertsten Geburtstag zu erleben«. (Vaupel 2004: 41) Diese bedeutende Vergrößerung der absoluten Zahl alter Menschen sowie ihres Anteils an der Gesamtbevölkerung erzwinge radikale Veränderungen in den Sozialsystemen und erfordere strukturelle Anpassungen im Gesundheits- und Rentensystem. Wichtiger aber sei, dass diese Entwicklung von jedem Einzelnen fordere, seine Lebensplanung an diese neuen Bedingungen *längeren Alterns bei guter Gesundheit* anzupassen – Phasen der Ausbildung, der Kindererziehung, der Arbeit und des Ruhestandes seien neu auszutarieren und auf diesen verlängerten Lebenslauf abzustimmen.

Zur Veralltäglichung einer wissenschaftlichen Problemwahrnehmung

Gefordert wird damit nichts weniger als eine tief greifende kulturelle Umstellung: Für »normal« erachtete Lebensentwürfe, Biographiemodelle und Generationen-Ordnungen müssten in Frage gestellt werden und der Einzelne habe eine individualisierte Vorsorge-Mentalität zu entwickeln. »Riester« heißt das Gesetz, als dessen Resultat sich eine Technologie des *vor*sorglichen Selbstmanagements abzuzeichnen beginnt, eine Normalisierung der (Vor-)Sorge um sich (vgl. Foucault 2000, 1984; Rose 2000), bei der das eigene Alter einen zunehmend längeren (nicht nur finanziellen) Schatten auf die eigene Jugend zu werfen beginnt. Dass auf diesen *age-chill factor* vor allem in den Mittelschichten – und weniger im gesellschaftlichen Unten, wo Alter das größte gesundheitliche, soziale und ökonomische Risiko darstellt – zunehmend reagiert wird, zeigt sich auch darin, dass Bausparen wieder *cool* zu werden scheint. Der *demografische Alarmismus*, der sich in dem zurückliegenden Jahrfünft in den deutschen Feuilletons, den Programmen aller Parteien oder den Prospekten von Banken und privaten Risikoversicherungen verbreitete, ist inzwischen offenbar in einigen Alltagen angekommen. Es zeichnet sich mithin eine Normalisierung der demografischen Problemsicht ab, ein kollektiver Lern- und Umsteuerungsprozess, in dem Einzelne, Familien und schließlich ganze Gesellschaften lernen, sich als »alternd« zu redefinieren – als soziale Gebilde im Prozess ihrer *reflexiven Verriesterung*.

In dem Versuch, der reflexiven Komplexität des Problems gerecht zu werden, titelte etwa *Die Zeit* etwas holperig: »Unsere teuren Alten. Wir. Was hilft gegen Falten und den Krieg der Generationen: Liebe? Hormoncreme? Sozialreform?« (Mayer 2004) Auch dem Feuilleton der Frankfurter Allgemeinen Zeitung und ihrem Herausgeber, Frank Schirrmacher, kann nicht wirklich vorgeworfen werden, die demografischen Fakten verschwiegen oder verniedlicht zu haben. »Wer glaubt, [die gesellschaftliche Alterung] ... sei ein Problem von Rente und Altersvorsorge, irrt. Es handelt sich ... offenbar um einen *anthropologischen Sprung*. Wir haben [als Generation] die Aufgabe, unser Altern neu zu bestimmen.« (Schirrmacher 2004[b]: 79) Es ist bemerkenswert, dass Schirrmacher für die Charakterisierung der »Krise der sozialen Sicherungssysteme« und der sich ergebenden, umfassenden soziokulturellen »Revolution« den Begriff des *anthropologischen Sprunges* wählt. Denn aus seiner Sicht können die dramatischen sozialen, ökonomischen und kulturellen Veränderungsprozesse, vor denen alle westlichen Industriestaaten stehen, offenbar nicht angemessen mit dem normalen Vokabular der Sozialwissenschaften beschrieben werden. (Schirrmacher 2004[a]) Die Wendung »anthropologischer Sprung« wird dabei von ihm nicht nur als Steigerungsform des sozialen Wandels benutzt, sondern sie dient auch dem Verweis auf die Vielschichtigkeit und Mehrdimensionalität der ausgelösten Folgeprobleme.

Entsprechend hegt Schirrmacher wenig Hoffnung, das »Problem« sei durch die hergebrachten Mittel der Sozial-, Wirtschafts- oder Kulturpolitik in den Griff zu bekommen. Denn ein *menschheitsgeschichtlicher Bruch* erzwingt ausreichend fundamentale Umstellungen: in Selbstbildern, Gesellschaftskonzepten, Wirtschaftsweisen, Ausbildungsordnungen, Interaktionsformen und symbolischen Grenzziehungen zwischen den Generationen, in Lebensläufen und Alltagspraxen. »Altern« wird in der Deutung von Schirrmacher und Anderen als *Querschnittsproblem* charakterisiert, das notwendig in den Kompetenzbereich verschiedenster wissenschaftlicher Disziplinen fällt. Der Verweis auf die anthropologische Qualität des Problems – so scheint mir – kann auch als Hinweis auf die Unzufriedenheit mit den vorherrschenden wissenschaftlichen Segmentierungen und als Plädoyer für eine integriertere Vorgehensweise interpretiert werden.

Altern als interdisziplinäres Problem

Tatsächlich kann sich dieser Appell auf durchaus erfolgreiche Versuche berufen, etwa das wissenschaftliche Feld der *Gerontologie* neu und umfassend zu definieren. So bestimmen die Berliner Altersforscher Paul B. Baltes und Margret M. Baltes Gerontologie als interdisziplinäres Programm, das sich beschäftige »mit der Beschreibung, Erklärung und Modifikation von körperlichen, psychischen, sozialen, historischen und kulturellen Aspekten des Alterns und des Alters, einschließlich der Analyse von altersrelevanten und alterskonstituierenden Umwelten und sozialen Institutionen.« (Baltes/Baltes 1992: 8; vgl. zur medizinisch-anthropologischen Sicht Dittmar/Henke 1998) Diese Perspektive, unter der Alter und Altern als »systemisches Phänomen« verstanden wird, liegt auch dem interdisziplinären Projektverbund der Berlin-Brandenburgischen Akademie der Wissenschaften zugrunde, einer Arbeitsgruppe überwiegend aus Psychologen, Medizinern, Sozialwissenschaftlern und Philosophen, die sich für die empirische Arbeit an der »Berliner Altersstudie« zusammenschlossen. Die beteiligten WissenschaftlerInnen gehen dabei davon aus, dass »Alter und Altern gleichzeitig ein biologisches, psychisches, soziales und institutionelles Phänomen seien und dass es notwendig sei, gerontologische Studien so anzulegen, dass sie das gesamte Spektrum disziplinärer und interdisziplinärer Arbeit einschließen«. (Mayer et al. 1996: 627f.)

In den USA steuert insbesondere die *medical anthropology* einen festen Beitrag zu dieser interdisziplinären Erforschung des Alters und des Alterns bei, der in anderen Wissenschaften ebenso wie – in seiner oft anwendungsorientierten Ausrichtung – in den Institutionen des Gesundheits- und Sozialsystems sehr positiv aufgenommen wird.[1] Und die Analyse vor allem des »differentiellen Alterns« in der eigenen Gesellschaft oder in vergleichender Perspektive auf unterschiedliche Kulturen und soziale Lagen gehört dabei zu einem anerkannten Gegenstandsbereich der *cultural anthropology*.[2] So kann etwa Andreas Sagner bereits in seinem 1997 veröffentlichten Überblick ethnologischer Studien feststellen, dass vor allem im angloamerikanischen Raum »das höhere Lebensalter in seiner kulturellen Einbettung mittlerweile zu einem sehr großen Forschungsgebiet mit beträchtlicher empirischer Substanz angewachsen« ist. (Sagner 1997: 143) Für die deutschsprachige Forschungslandschaft gilt demgegenüber weitgehend das Diktum von Friedemann Schmoll, der eine »Abkoppelung« der Ethnologie von den interdisziplinären Diskussionen der Gerontologie oder Alterswissenschaft kon-

---

[1] Vgl. für einen Überblick über die unterschiedlichen Bereiche der Forschung etwa den Sonderband der Zeitschrift Medical Anthropology Quarterly, insbesondere die Artikel von Hurwicz 1995; Ory 1995; Becker/Kaufman 1995; Herskovits 1995.
[2] Vgl. insbes. Myerhoff 1978; Myerhoff 1979; Fry et al. 1980; Keith et al. 1994; Cohen 1998.

statiert.[3] Eine Zurückhaltung, die um so erstaunlicher sei, als doch gerade die Ethnologie sowie die Kultur- und Sozialanthropologie geradezu prädestiniert erschienen, einen eigenständigen, empirisch-fundierten Beitrag zum Verständnis von Alter(n) zu leisten, denn schließlich sei doch die Untersuchung von kultureller und sozialer Alterität in der Moderne der genuine Gegenstandsbereich der ethnografisch arbeitenden Wissenschaften. (Schmoll 2002: 10)

»Understanding Aging? Being Old Helps«

Allerdings stellt sich gerade für ein Fach wie die (Europäische) Ethnologie, das sich in seiner jüngeren Vergangenheit systematisch dem moralischen Selbstverdacht des »Othering« aussetzte, (Geertz 2000; Spiro 1990) die Frage, ob – und wenn mit welchem analytischen Gewinn – Ältere tatsächlich als »Andere«, als aus der modernen Konsum- und Arbeitsgesellschaft Ausgeschlossene und Marginalisierte, als anders Denkende, Fühlende oder Handelnde konzipiert werden sollten. Eine solche Perspektive scheint sich ja bruchlos in die Selbstsicht moderner Gesellschaften zu fügen: Barbara Myerhoff, eine der Pionierinnen im Feld der ethnografischen Studien des Alterns in der eigenen Gesellschaft, kritisiert denn auch die dominante, *externe* Sicht des Alter(n)s, das nicht nur in der US-Amerikanischen Kultur fast ausschließlich in der Rede über Dritte zum Thema werde und vor allem erscheine als eine »series of losses – money, freedom, relationships, roles, strength, beauty, potence, and possibilities. Aging is usually discussed from this point of view; whether compassionately or patronizingly, this stance is external, describing aging as it appears to one who is not old.« (Myerhoff 1979: 251)

Im Gegensatz dazu ziele die Ethnologie und Anthropologie auf ein Verständnis »how aging is experienced [...] ›from inside the native's head‹, so to speak.« (Ebd.) Statt angebliche Verlustgeschichten zu notieren rekonstruierten die ethnografisch arbeitenden Disziplinen die Innenperspektive auf die Erfahrungswelt alternder Menschen. Ganz in dieser Tradition versucht der Gerontologe und Mediziner Stanley M. Aronson in einem experimentell-dialogischen Buch zusammen mit der Medizinanthropologin Renée Rose Shield unter der Überschrift »Understanding aging – being old helps« nachzuzeichnen, wie sich der Bezug zur Welt und zum Selbst während des Alterns verändert:

»When one gets older, the youthful urges for expansion and acquisition abate and are then supplanted by the need for fewer surprises, fewer new excitements, certainly fewer adventures, even sexual adventures, with undetermined outcomes. (You know that you are old when you won't take yes for an answer.) [...] Things get smaller, desires diminish, needs become more modest. Standards, and

---

[3] Vgl. aber als viel versprechende Ansätze den Projektband eines von Friedemann Schmoll selbst in Tübingen durchgeführten Studienprojektes (Schmoll 2002) sowie Dracklé 1998.

even definitions, change with increasing age. [...] One must begin to give up that most unique of human attributes, egocentricity, and the companion belief that the world was created expressly for us humans. And finally, one must become accustomed to a hushed sadness that never departs, a lessening of hungers, an acceptance of a shrinking, finite existence, and a sensitivity to the utter humor and irony of life.« (Shield/Aronson 2003: 44f.)

Auch dieser Versuch einer sensiblen Schilderung entkommt den Fallen einer klischeereichen Verlustgeschichtsschreibung nicht – trotzdem wird hier ebenso wie schon in Myerhoffs ungleich reicheren und feinfühligeren Beobachtungen in einem jüdischen Altenheim in Los Angeles Noch-Nicht-Alten die Möglichkeit eröffnet, in einen Blick auf die je eigene sensorische, körperliche, kognitive, soziale und psychologische Zukunft zu werfen: Alter ist aus dieser Perspektive ein spezieller Modus der *körperlich-geistigen* Andersheit, die Jüngeren immer erst noch bevorsteht. Aber noch in einer anderen Hinsicht kommt eine fundamentale Alterität ins Spiel, wenn Alter zum Thema wird, ein Problem, das der Kunsthistoriker Wilhelm Pinder erstmals 1926 unter dem Begriff der »Ungleichzeitigkeit des Gleichzeitigen« oder der »Gleichzeitigkeit der verschieden-Altrigen« zu fassen suchte. Damit verwies er auf die eigentlich simple, doch sehr folgenreiche Tatsache, dass für alle Mitglieder einer Gesellschaft gelte, dass sie in verschiedenen Zeiten lebten, die sie exklusiv mit ihrer jeweiligen Generation teilten: »Jeder Zeitpunkt hat für jeden nicht nur dadurch einen anderen Sinn, dass er selbstverständlich von Jedem in individueller Färbung erlebt wird, sondern – als wirklicher ›Zeitpunkt‹, unterhalb alles Individuellen – schon dadurch, dass das gleiche Jahr für einen Fünfzigjährigen ein anderer Zeitpunkt seines Lebens ist, als für einen Zwanzigjährigen – und so fort in zahllosen Varianten.« (Pinder 1928: 11) Angehörige einer Generation sind nach Pinder – jenseits aller sozialen und individuellen Unterschiede – durch eine *gemeinsame Perspektive, gemeinsame, zeittypische Erfahrungen* und *einen gemeinsamen Zeitcharakter* verbunden, die einen generationsspezifischen Wahrnehmungs- und Interpretationsstil gegenüber der Wirklichkeit nahelegen.[4]

Obwohl bei Pinder nicht recht ausgearbeitet, hält dieser Begriff des (Erfahrungs-) Stiles in Bezug auf generationenspezifische Handlungs-, Wahrnehmungs- und Erfahrungsmuster ein passables Instrument bereit, mit dem sich Alter als eine besondere Alteritätsform verstehen lässt: Man kann sich ihr *als Praxisform* ethnografisch, wie Barbara Myerhoff es ausdrückt: »from inside the native's head«, nähern, wenn ein Erkenntnismodus angewandt wird, für den Ethnologie und An-

---

[4] Diese Idee der gleichzeitigen Existenz grundsätzlich anderer, oft inkompatibler Erfahrungs- und Wahrnehmungsstile, die sich vor dem Hintergrund sehr unterschiedlicher, *generationsspezifischer* Erlebnisse und Ereignisse herausbildeten, weist viele Parallelen zum Begriff des Denkstils auf, den der Mediziner und Wissenschaftstheoretiker Ludwik Fleck erstmals 1935 einführte (Fleck 1980).

thropologie die Methode der teilnehmenden Beobachtung entwickelten.[5] Voraussetzung ist, dass sich der Ethnograph in die paradoxe Situation begibt, sich zugleich vertraut mit den beobachteten Lebenswelten zu machen und fremd zu bleiben – *und* dass es ihm gelingt, diese Ambivalenz zur epistemischen Tugend zu machen: Etwa wenn Myerhoff dicke Handschuhe oder schwere, unbequeme Schuhe anzieht, um Gehbehinderungen oder Gicht für sich nacherlebbar und nachfühlbar zu machen; wenn sie aus den alltäglichen Kabbeleien der Heimbewohner ihre tief reichenden psychischen Verletzungen rekonstruiert; oder wenn sie Skurrilitäten, Schrulligkeiten und Absonderlichkeiten, Vorlieben und Abscheu als Ergebnisse höchst individueller, aber trotzdem generationenspezifischer sozialer und kultureller Erfahrungen, also von zeitlich sedimentierten Lebensstilen zu deuten lernt im Sinne einer *Kritik der generationellen Urteilskraft*.[6]

Ethnografische Annäherungen an ...

Die folgenden Aufsätze dieses Bandes können als Realisation der Chance angesehen werden, am Thema des Alter(n)s diese ethnografische Tugendhaftigkeit und die Praxis der partiellen Teilnahme auf Zeit einzuüben: Sie sind Ergebnisse eines dreisemestrigen Studienprojektes am Institut für Europäische Ethnologie der Humboldt-Universität zu Berlin, das unter dem Titel »Utopien und Dystopien des Alter(n)s« eine Gruppe von Studierenden in der zweiten Hälfte ihres Studiums in einen Prozess des »forschenden Lernens« verwickelte. Vor dem Hintergrund des kollektiv erarbeiteten Forschungsstandes formulierten die Teilnehmer eigenständig Forschungsfragen und wählten ein Forschungsfeld, in dem sie – als einzige methodische Auflage – Beobachtungen und Befragungen in ihrem Forschungsfeld kombinieren mussten. Die Auswertung des Materials und die Zusammenstellung zu geschlossenen Texten, in denen die Hauptergebnisse der individuellen ethnografischen Studien dargestellt wurden, bestimmte das letzte

---

[5] Mit diesem Erkenntnismodus der Feldforschung ist – wie Johannes Fabian (1983) analysierte – die implizite Annahme einer *coevalness*, eines »in-der-gleichen-Zeit-Seins« von Forschern und Beforschten verbunden; Fabian nimmt dies als Hinweis auf die praktischen Grenzen des *othering* in der Ethnologie. Im hier diskutierten Zusammenhang wäre genauer zu analysieren, ob diese Annahme einer *coevalness* nicht die Wahrnehmung grundsätzlicher Differenz in den Erfahrungs- und Interpretationsstilen der Wirklichkeit durch Angehörige unterschiedlicher Generationen erschweren kann – kurz: ob nicht bei der Analyse von Alter(n) ein wenig *othering* durchaus nützlich ist; dem kann hier jedoch nicht weiter nachgegangen werden.
[6] Eine solche Kritik der *generationellen Urteilskraft* müsste den von Bourdieu (1987) ausgeleuchteten »Raum der Lebensstile« intensiver auf die Wirkung zeitlicher Schichtungen – durch generationenspezifisch-kollektive Erfahrungen – analysieren, die *klassen*spezifische Wirkungen gelegentlich durchaus überlagern können.

Drittel des Projektes. Zusätzlich zu diesen Texten spiegelt sich die intensive, kollektive Arbeitsform im Projekt in vier knappen Texten, in denen auf Beobachtungs- und Interviewmaterial verschiedener Studien zurückgegriffen und Thematiken verfolgt werden, die sich erst im Prozess der Auswertung der individuellen Projekte ergab. Leider blieb wegen des engen Zeitrahmens nicht genügend Spielraum für eine Vertiefung dieses kollektiven Schreib- und Interpretationsmodus.

Bedingt durch die individuellen Präferenzsetzungen bei der Wahl der Forschungsthemen war keine stringente Gliederung des Bandes zu erwarten. Trotzdem ist es bemerkenswert, dass sich die nun vorliegenden Texte um korrespondierende und sich gegenseitig kommentierende Themenkomplexe gruppieren. So analysiert etwa Josefine Raasch auf der Grundlage von Gesprächen mit und Besuchen bei acht Frauen, wie diese an der Grenze zwischen dem dritten und vierten Lebensalter in Reaktion auf körperliche Veränderungen oder Verlusterfahrungen durch den Tod naher Angehöriger ihren Alltag aktiv umgestalten. Erscheint der allmähliche Rückzug aus sozialen Verpflichtungen im Lichte gängiger Theorien vor allem als Verlust, wird er hier als manchmal gewünschte, immer aber aktive und durchaus kreative Anpassungsleistung interpretiert. Altern wird als hochgradig differentieller Prozess kenntlich gemacht. Ähnlich arbeitet Brigitte Friederike Gesing auf der Basis ethnografischer Beobachtungen in einer Ost-Berliner Kirchengemeinde und fünf lebensgeschichtlichen Interviews heraus, wie der Glaube von den befragten Frauen zur Sinngebung erlebter Lebenskrisen und Veränderungen und/oder zur Konstruktion biografischer Kontinuität genutzt wird; mit Hilfe des Glaubens gelingt es den Befragten, *ihr* Alter sinnhaft zu entwerfen.

Judit Bartel greift in ihrer Studie ein bislang noch nicht bearbeitetes Thema auf: Sie führte Gespräche mit Freundschaftspaaren aus je alten und jungen Menschen und beobachtete, wie sie gemeinsam ihre Freundschaft erleben und inszenieren. Dabei untersucht sie das Spannungsverhältnis von Gleichheitsanspruch, wie er für Freundschaften geboten ist, und der durch den ungleichen Altersstatus bedingten Asymmetrie in den Beziehungen heraus. In das Zentrum ihrer Überlegungen stellt sie die Frage, ob und in welchem Maße gerade solche asymmetrischen Freundschaften gegenseitige Lernprozesse, die Weitergabe von Erfahrung und emotionaler wie praktischer Unterstützung ermöglichen. Das Motiv sozialer Anerkennung in altersungleichen Sozialbeziehungen ist auch Thema des Beitrages von Carola Pohlen. Ähnlich wie im Beitrag von Judit Bartel analysiert auch sie *Inszenierungen* und *Performanzen* – am Beispiel von gewerkschaftlichen Jubilarehrungen geht sie den Gegensätzen und Widersprüchlichkeiten nach, die aus generationsspezifischen Erwartungshaltungen und Stilpräferenzen bei der Ehrung entstehen.

Die folgenden beiden Texte greifen am Beispiel des Gesundheitsverhaltens die Frage der Konstruktion von Körperlichkeit und des Umgangs mit schwindenden Kräften und der Zunahme gesundheitlicher Probleme auf. Sophia Siebert rekonstruiert auf der Basis von Beobachtungen und Interviews *Gesundheitsstile* älterer Paare; dabei fragt sie vor allem danach, wie heterogene Wissensangebote und Praxisformen von den Befragten zu einem subjektiv konsistent erscheinenden Gesundheitsverhalten integriert werden. Und Maximilian Enzinger schildert am Beispiel einer im Seniorensport aktiven, 78jährigen Sportlehrerin Konzepte von »Fitness« und »körperlicher Widerstandskraft«, mit denen Alterungsprozessen aktiv und durchaus hartnäckig begegnet wird.

Tom Mathar und Mareike Mischke absolvierten für ihre Studien zur Heim- bzw. Hauspflege älterer Menschen jeweils mehrwöchige teilnehmende Beobachtungen. Der Fokus der Studie von Tom Matar ist auf die Frage gerichtet, wie Bewohner eines Altenheimes und die dort arbeitenden Pflegekräfte mit dem Spannungsverhältnis umzugehen lernen, das durch die Erfordernisse eines Heimbetriebes einerseits und die alltagskulturell ebenso wie den gesetzlich verankerten Leitwerten der Individualität und Autonomie andererseits ausgelöst wird. Mareike Mischke beobachtete im Alltag eines »interkulturellen Pflegedienstes« die Aushandlung dessen, was den Beteiligten – Patienten, Pflegekräften, Pflegedienstleistung – vor dem Hintergrund ökonomischer und zeitlicher Zwänge sowie unterschiedlicher Erwartungshaltungen und differenter Verständnisse als je »angemessene« Pflege erscheint. In den Auseinandersetzungen um das »richtige« Konzept von Pflege rekonstruiert sie die Spannungen zwischen Anspruch und der Realität »kultursensibler Pflege«.

In den beiden abschließenden Artikeln des Bandes wird die Problematik sozialer und kultureller Differenz und der doppelten, durch Altern nochmals verstärkten Exklusionserfahrung explizit aufgegriffen. Sulamith Hamra analysiert auf der Basis ethnografischer Beobachtungen und Interviews die Lebenswelt alternder Migranten in einem Berliner Viertel und sie kontrastiert deren Idealbilder eines glücklichen und geglückten Alterns mit der individuell oft wenig rosigen Realität. Dabei stellt sie heraus, dass das Viertel vielen älteren Migranten trotz aller Probleme einen Lebensraum bietet, den sie gemäß ihrer kulturellen Wertvorstellungen mitprägen können. Imke Wangerin schließlich analysiert die »Selbstpraktiken« homosexueller Männer im Hinblick auf ihren Umgang mit dem Altern und der dadurch bedingten Veränderungen in ihren sozialen Beziehungen. Was alle diese sehr unterschiedlichen Studien und Fragestellungen verbindet ist ihr Interesse, den Wahrnehmungen und Erfahrungen des Alter(n)s bei sehr unterschiedlichen Gruppen nachzugehen und differente Altersstile herauszuarbeiten.

Dank für die ideelle und finanzielle Unterstützung des Studienprojektes gebührt dem Kollegium des Institutes für Europäische Ethnologie; der Panama Verlag – Sabine Imeri, Marcus Merkel und Dominik Scholl – sorgte für eine reibungslose und umsichtige Drucklegung der Beiträge; und Felix Langhammer, Carola Pohlen und Imke Wangerin sowie dem Fotomodel Dodo von Randenborgh muss für die Bilder gedankt werden.

»Ich lebe eigentlich noch richtig gerne«
Über Alter und Rückzug

Josefine Raasch

Wie findet man Menschen für ein Interview, die nicht mit sich reden lassen wollen? Ein Forschungsvorhaben zum Phänomen des »Rückzugs« trifft schon beim Zugang zum Forschungsfeld auf Probleme. Leider gibt es keine Institution, in der »Zurückgezogene« organisiert sind. Je zurückgezogener eine Person lebt, desto schwieriger ist es, die Zusage für ein Interview zu erhalten. Ein ehemaliges Schauspielerpaar lehnte beispielsweise ein Treffen ab, da bereits die Verpflichtungen der Arzttermine genug Unruhe in ihren Alltag brächten; generell träfen sie nur noch sehr selten Verabredungen. Um Kontakt mit zurückgezogen lebenden alten Menschen aufzunehmen, nutzte ich überwiegend Briefe und Telefon. Bei vielen Adressen, die mir von Krankenpflegern und Ärzten vermittelt wurden, erreichte ich niemanden. Meine Telefonate waren erfolglos und meine Nachrichten auf dem Anrufbeantworter blieben unbeantwortet.

Gerontologen sprechen vom dritten und vierten Lebensalter, in denen unterschiedlich gealtert werde. Im dritten Lebensalter, so diese Sicht, besitzen die mobilen und aktiven Älteren vielseitige Ressourcen und zahlreiche Kompetenzen. Erst das vierte Lebensalter wird mit Hilfs- und Pflegebedürftigkeit verbunden. Ausgehend von meiner These, dass mit Zunahme dieser Bedürftigkeit im vierten Lebensalter ein Rückzug aus der Gesellschaft verbunden ist, untersuchte ich, wie der Übergang vom dritten zum vierten Lebensalter erlebt und gestaltet wird. Dabei gehe ich davon aus, dass der Rückzug doppelt wahrnehmbar ist: als *Prozess* und als *Zustand*. Im vorliegenden Aufsatz soll die Prozesshaftigkeit des Rückzugs im Vordergrund stehen: Wie wird dieser Prozess erlebt? Welche Strategien entwickeln die Älteren, um sich in dieser neuen Lebenssituation zu orientieren? Wie gestaltet sich in dieser Zeit die Beziehung zwischen alternden Menschen und ihrem sozialen Umfeld? Abweichend von der Annahme, Altern sei ausschließlich mit dem Abbau von Fähigkeiten und einer massiven Einschränkung der Lebensqualität verbunden, ging ich zunächst davon aus, dass mit zunehmender Erfahrung und Auseinandersetzung mit der eigenen Person alternde Menschen immer zufriedener und sicherer im Umgang mit sich werden würden. Zurückgezogene Menschen, so meine Ausgangsüberlegung, setzen sich mehr mit sich selbst auseinander, als mit anderen Personen in ihrem Umfeld. Entwickelt sich in Verbindung mit der relativen Ruhe, die ich zunächst bei alten Menschen beobachtete, eine Art Selbstgenügsamkeit, die dazu führen könnte, dass Kontakte aufgegeben werden? Möglicherweise befand sich meine

Zielgruppe in einem Spannungsverhältnis zwischen Verlusterfahrungen, also negativ besetzten Merkmalen des Alters einerseits, und einer Selbstgenügsamkeit als positiv besetztem Merkmal andererseits.

Die Anlaufschwierigkeiten bei der Suche nach Interviewpartnern und Interviewpartnerinnen konnte ich schließlich mit Hilfe von Kirchengemeinden, Seniorentreffs, Pflegediensten und Freunden überwinden. Acht Frauen zwischen 67 und 90 erklärten sich zu Gesprächen bereit. Es handelt sich um eine heterogene Gruppe mit unterschiedlichen Ausprägungen des Rückzugs. Die Frauen lebten zum Zeitpunkt des Interviews alle seit mindestens fünf Jahren in Berlin, in ihrem jeweiligen häuslichen Umfeld. Sie verbindet, dass sie sich im Gegensatz zu früheren Jahren als weniger aktiv beschreiben. Alle thematisieren, etwas aufgegeben zu haben: sie reduzierten weite Reisen, lange Fahrten und ausgiebige Spaziergänge und berichten von abnehmenden sozialen Kontakten sowie damit verbundenen Möglichkeiten, soziale Rollen auszufüllen. Vier meiner Interviewpartnerinnen erscheinen mir noch weitgehend mobil; sie verreisen und besuchen Gesprächskreise. Trotzdem schildern Frau Schneider und Frau Züge, Frau Stratzki und Frau Sommer, die als einzige Interviewte mit ihrem Mann zusammen lebt, dass sie früher weitaus aktiver, mobiler und leistungsfähiger gewesen seien. Diese Gruppe möchte ich aufgrund ihres erweiterten Aktionsradius die »mobilen Zurückgezogenen« nennen. Die vier anderen Frauen, Frau Wiesner und Frau Nelling, Frau Orkusi und Frau Segebrecht, verlassen ihr Zuhause kaum noch und sind bei der Bewältigung des Haushalts auf Hilfe angewiesen. Frau Wiesner lebt im Haushalt ihrer Tochter. Ich werde im Weiteren von diesen Frauen als den »immobilen Zurückgezogenen« sprechen. Die Unterscheidung zwischen mobilen und immobilen Zurückgezogenen habe ich trotz aller individuellen Unterschiede vorgenommen, da es in Bezug auf meine Fragestellung zwischen den Mitgliedern einer Gruppe größere Gemeinsamkeiten gibt als zwischen den Mitgliedern der verschiedenen Gruppen. Die Gruppeneinteilung soll bei der folgenden Analyse der Ursachen für einen Rückzug und der damit verbundenen Bilder vom Alter als Einordnungsschema dienen.

Rückzugsursachen

Anders als ich erwartet hatte, liegt dem Rückzug meist keine explizite eigene Entscheidung zugrunde. Viele der Frauen reagierten deshalb irritiert auf die Frage, warum sie sich zurückgezogen hätten. »Ja, also zurückgezogen habe ich mich im Grunde gar nicht,« erklärt beispielsweise Frau Orkusi, »das geht automatisch, nicht?« (I-Orkusi: 1) Stattdessen wird dieser ›Automatismus‹ anders begründet. Zunächst bräuchten sie für die Bewältigung ihres Alltags nun mehr Zeit, denn sowohl die Erledigung der grundlegenden Anforderungen als auch andere Aktivitäten seien durch die zurückgehende körperliche Leistungsfähigkeit beeinträchtigt.

Bewegungseinschränkungen würden sie ebenso behindern wie Schmerzen oder fehlende Kraft, Koordination und Ausdauer. Auch sensorische Einbußen sowie Gleichgewichts- und damit verbundene Gangunsicherheiten seien Ursachen für einen Rückzug. Manchmal sei auch der Verlust eines langjährigen Lebenspartners der Grund gewesen. Die meisten interviewten Frauen planten den Rückzug also nicht. Lediglich Frau Sommer, eine 71-jährige Akademikerin, zieht sich geplant zurück:

> »[Ich] habe aber [...] sowohl während meiner Berufstätigkeit und auch danach noch viel ehrenamtlich gemacht. Und daraus ziehe ich mich jetzt systematisch zurück [...] Ich hab eigentlich seit der Schule immer Verantwortung gehabt und ich will jetzt keine Verantwortung mehr haben. [...] dann sag ich: ›Wann werd ich das endlich mal los?‹ Ja, und jetzt hab' ich gesagt: ›Jetzt mach' ich nur noch Lust, also Kür und nicht mehr Pflicht.‹ [Ich] denk, [da] hab ich auch ein Recht darauf.« (I-Sommer: 2)

Systematisch zurückziehen heißt für Frau Sommer, immer mehr Aufgaben und Funktionen, die zu übernehmen sie gebeten wird, abzulehnen. Sie orientiert sich in ihrer persönlichen Tagesgestaltung nicht mehr an den an sie herangetragenen Anforderungen sowie der damit verbundenen Verantwortung und Rollenzuweisung, sondern an eigenen Vorlieben, Präferenzen und der Möglichkeit, täglich neu zu entscheiden, ob sie die Tätigkeiten ausführen möchte. Unverbindlichkeit wird ein neuer Maßstab für ihre Lebensgestaltung. Für Frau Sommer ist es nicht so wichtig, ihre Leistungen unter Beweis zu stellen und Verantwortung zu übernehmen.

> »Und jetzt bin ich müde und erschöpft und brauche Mittagsschlaf und abends kann ich dann 'ne Weile aufbleiben, aber ich habe auch gar nicht mehr die Lust, mich unter Druck zu setzen. Ich fühle mich unter Druck, wenn ich Verantwortung habe.« (Ebd.: 3)

In dieser Beschreibung deutet sich an, dass trotz zunehmender Erschöpfung Aktivität und die Souveränität eigener Entscheidungen aufrechterhalten werden können.

Alt sein – sich alt fühlen

Gleich zu Anfang fiel mir in den Gesprächen die große Bereitschaft auf, über das Alter zu reden, denn meine Interviewpartnerinnen wussten um mein Interesse an den Besonderheiten des Alterns. Ihre Erzählungen handeln von den Veränderungen, die das Alter mit sich bringt. Und sie zeigen, dass sich die Frauen, verglichen mit ihren gealterten Eltern und Großeltern, als aktiver und jünger empfinden. Frau Züge, eine 75-jährige Akademikerin, stellt beispielsweise fest,

> »auch wenn man die Leute heute so auf der Straße beobachtet, also auch die, sagen wir mal – die über 70-jährigen, wirken nicht so greisenhaft, wie die vor ein oder zwei Generationen. […] Ob man an die Mode denkt, oder die Haare, das sind alles so äußere Erscheinungen, die dazu beitragen, das die Leute nicht so alt [wirken].« (I-Züge: 6)

Ich zähle Frau Züge zu den mobilen Zurückgezogenen, weil sie sich noch in einigen sozialen Gruppen engagiert. Es ist ihr wichtig, in der Öffentlichkeit nicht »alt« zu wirken. Frau Sommer bestätigt: »Also meine Großelterngeneration, die waren so mit 60, wie wir jetzt mit 70 sind.« (I-Sommer: 5) Alle Interviewten fühlen sich weniger alt als sie sind; keine der Frauen identifiziert sich mit ihrem rechnerischen Alter. Die individuelle Bedeutung des sozialen Alters kann als typisch angesehen werden. Die 83-jährige Frau Orkusi zählt sich zwar zur Gruppe der Alten, empfindet sich aber gleichzeitig nicht als alt.

> »Ja, alt ist man eben an Jahren und alt ist man, [wenn] die körperlichen Kräfte abnehmen und manchmal ja leider auch die geistigen. Und das hat man auch nicht unbedingt in der Hand. Nicht? Aber, wie man sich fühlt, das ist eigentlich ganz was Anderes.« (I-Orkusi: 11)

Indem sie sagt, dass es *eigentlich ganz was Anderes* sei, wie alt man sich tatsächlich fühle, trennt sie, wie dies auch andere Interviewpartnerinnen tun, gefühltes Alter (als soziales) und rechnerisches (als biologisches) Alter klar voreinander. In Bezug auf ihre Umwelt – also gleichsam im ›Außenverhältnis‹ – schränkt sie allerdings ein:

> »Also man fühlt sich vielleicht manchmal alt den Jungen gegenüber. Also […] der ganzen Denkungs- und Lebensart der Jungen gegenüber. Ist schon zum Teil schwer verständlich für einen (lacht verlegen), die wird schon schwer verständlich, obwohl ich mir Mühe gebe.« (Ebd.: 11)

Frau Orkusi erlebt ihr Alter vor allem als lebensstilistisches Unterscheidungsmerkmal gegenüber Jüngeren, mit erschwerter Kommunikation, unterschiedlichen gesellschaftlichen Rollen und Perspektiven. Sie meint aber, dass sie es

»furchtbar finde, wenn man so furchtbar über die jungen Leute schimpft und sich so entrüstet über sie. Das finde ich nicht gut, also [die Jüngeren] wissen das einfach nicht besser, denke ich!« (Ebd.)

Frau Orkusi sucht nach Verständnis für jüngere Generationen und erwartet dieses auch von anderen alten Menschen. Alter unterscheidet aber nicht nur alte und junge Menschen von einander, sondern trennt auch die aktuelle Selbstwahrnehmung von früheren:

»Ich finde es eigentlich wunderbar, dass man doch viel menschlicher und viel reifer wird. Ich muss sagen, ich finde das Leben jetzt viel schöner, als ich es früher, als junger Mensch, gefunden habe. Da fand ich es schon oft sehr schwierig. […] Aber es gibt einfach noch viel Schönes und ich lebe eigentlich noch richtig gerne.« (Ebd.: 8)

Menschlicher und *reifer* zu werden hält Frau Orkusi für Merkmale des Alters, die die Lebensqualität gegenüber der früherer Jahre steigern würden und mit denen sie sich gern identifiziert. Obwohl sie mit dem *eigentlich* auch auf die Einschränkungen, die sie durch das Alter erlebt hat verweist, begründen die gewonnenen Fähigkeiten doch ihre Lebenslust. Auch die 90-jährige Frau Wiesner erlebt ihr zurückgezogenes Leben als positiv. Vor fünf Jahren zog sie nach dem Tod ihres Mannes mit ihrer behinderten, älteren Tochter aus einer ländlichen Gegend in den Haushalt ihrer jüngeren Tochter nach Berlin. Vor diesem Umzug war Frau Wiesner Bäuerin: »Ja, das ist für mich eine neue Welt. Das ist direkt noch mal ein neues Leben« (I-Wiesner: 5), stellt sie im Interview fest. Obwohl sie umzog, weil sie sich und ihre Tochter nicht länger allein versorgen konnte, empfindet Frau Wiesner dieses *neue Leben* als Bereicherung des Alters. Gerade ihre Hilfsbedürftigkeit ist es, die sie in den Genuss der neuen Umgebung kommen lässt. Die Mitglieder der Gruppe der immobilen Alten – so lässt sich bilanzieren – empfinden den Alltag im Alter zwar als beschwerlich, aber auch als erfüllend.

Biologisches Alter als verstrichene, objektive Zeit wird von meinen Interviewpartnerinnen nicht als negativ bewertet, wohl aber das in der Gesellschaft vorherrschende Klischeebild von Menschen mit hohem Lebensalter, das sie mit überwiegend negativen Bewertungen und Stigmatisierungen verbunden sehen. In den Interviews nennen sie aus ihrer Perspektive sehr unterschiedliche Indikatoren des Alters. Frau Segebrecht, die früher als Krankenpflegerin gearbeitet hat, hält etwa schlecht Sehen, Hören und Laufen für alterstypische Merkmale. Ich ordne die 82-jährige Frau Segebrecht den immobilen Alten zu, da sie nur noch selten das Haus verlässt. In ihrer kleinen Plattenbauwohnung hat sie für ihren Gehwagen wenig Platz, so dass sie meist in ihrem Sessel sitzt. Auch sie sieht keinen Widerspruch darin, sich selbst nicht als alt zu bezeichnen und gleichzeitig schlecht Laufen als ein

Zeichen von Alter zu deuten. Neben körperlichen werden auch geistige Einschränkungen als Merkmale des Alters genannt. Frau Sommer antwortet auf die Frage, welche Merkmale für sie alterstypisch seien:

>»Die Konzentration lässt nach, die Aktivität und das Durchhalten-Können lässt nach, und der Aktionsraum, der wird sehr viel kleiner, würd[e] ich sagen.« (I-Sommer: 5)

Solange die Befragten selbst noch aktiv sind, erleben sie sich als leistungsfähig und daher nicht als alt. Hier wird Alter als negativ konnotierter Begriff benutzt, der Menschen bezeichnet, deren Leistungsfähigkeit abnimmt. Ebenso wie im Beitrag Tom Mathars in diesem Band wird auch in vielen meiner Interviews deutlich, dass die Frauen es für wichtig halten, mir zu beschreiben, inwieweit sie ihren Alltag noch bewältigen können. Dahinter steht das Idealbild eines heroischen Körpers, der alle Aufgaben bewältigen kann. Auch der Geist gilt als leistungsfähig, wenn er noch aktiv ist und Neugier sowie Selbstdisziplin hervorbringt. Wenn nun Körper und Geist den Anforderungen nicht mehr nachkommen können, erleben sich die Interviewten als »alt« im negativen Sinn. Im Weiteren möchte ich zum einen der Frage nachgehen, inwieweit die in der sozialwissenschaftlichen Theorie entwickelten Modelle mit den von mir erhobenen empirischen Befunden im Einklang stehen. Zum anderen werde ich untersuchen, ob die Diskurse über das Altern von meinen Interviewpartnerinnen thematisiert werden.

Diskurse und Deutungen
Defizitäres Altern

Das in den Interviews angesprochene Klischee vom Altern ist meines Erachtens von der bereits in den 1960er Jahren in den USA entwickelten Defizittheorie geprägt. Da das Bild des defizitären Alters in allen Interviews angesprochen wird, scheint es mir wichtig, diese Theorie zu diskutieren. In ihr wird davon ausgegangen, dass mit zunehmendem Alter Leistung und Produktivität kontinuierlich abnehmen und ältere Menschen auf Kosten der Jüngeren leben würden. (Otto 1994: 26ff.) Betagte Menschen würden damit zur »Altersplage« (Ebd.: 28), da eine Gesellschaft, die vor allem auf Aktive und Mobile angewiesen sei, vorrangig diese unterstützen würde. Eine Investition in alte Menschen erschiene vor diesem Hintergrund als Ressourcenverschwendung. Dieser Theorieansatz weist den Alten nicht die Rollen der Erfahrenen und Weisen, sondern die gesellschaftlichen Ballastes zu. Die Soziologen Gertrud M. Backes und Wolfgang Clemens kennzeichnen diese Sicht als ein Produkt der Urbanisierung und der Industrialisierung, der damit verbundenen veränderten sozialen Rollen sowie Effizienzkriterien. (Backes/Clemens

1998: 115) Die von mir befragten Frauen *erleben* Altern nur zum Teil als Ursache von Verlust. Stattdessen erweitert Frau Sommer die Sicht auf das Alter, als sie sagt:

> »Und es wird eben – werden Dinge wichtig, die, wenn man jünger ist, nicht wichtig sind […] Also Vorsicht, mit Urteilen, ne? […] Aber man kommt in manche Dinge hinein, die man früher belächelt hat und abgelehnt hat und dann kommt man doch dahin.« (I-Sommer: 4)

Sie bezieht sich dabei indirekt auf den Diskurs des defizitären Alters und fügt eine andere Perspektive hinzu. Die sich neu entwickelnden Prioritäten werden ihrer Meinung nach nicht intergenerationell geteilt. Als Reaktion auf die Charakterisierung des Alters als ›defizitär‹ weist Frau Sommer die Definitionsmacht Jüngerer zwar zurück, doch da das Bild alternder Menschen generell mit dem Verlust von Fähigkeiten und Fertigkeiten verbunden wird, befürchtet sie, wegen mangelnder Leistungsfähigkeit stigmatisiert zu werden. In der Gruppe der immobilen Zurückgezogenen erfahre ich in den Interviews wenig über erlebte Defizite. Die Herausforderung, mit körperlichen Einschränkungen zu leben, wird hier als alltägliche Erfahrung akzeptiert. Die Frauen verlegen sich auf Aktivitäten, die von ihnen als ebenso bereichernd erlebt werden und nicht weniger anspruchsvoll sind, als die der mobilen Gruppe; sie werden nur räumlich und zeitlich anders organisiert: »Ich stricke – ich habe es in der Stube drin. Die kriegen hier alle ihre Socken.« Durch die Herstellung selbst gestrickter Socken erlebt sich Frau Wiesner als produktiv und aktiv. Ähnliches berichtet die 67-jährige Frau Nelling:

> »Und dann mache ich sehr viel Gedichte. Wenn ein Fest ist, mache ich ein Gedicht […] Und mein Nächstes ist Akupressur, wissen Sie? Ich hab nämlich so ein Buch und da habe ich erst so ein bissel verkürzt [Notizen] rein geschrieben […].« (I-Nelling: 2)

In ihrer Bewegungsfreiheit beeinträchtigt, sucht Frau Nelling nach Aktivitäten, die sie innerhalb ihrer vier Wände ausüben kann. Frau Segebrecht antwortet auf die Frage, was sie mit der Zeit mache, die sie zu Hause verbringe, dass nun alles ein wenig länger dauern würde und sie auch mehr Ruhe bräuchte – ein Bedürfnis das sie mit ihrem fortgeschrittenen Alter legitimiert. Es würden ihr wieder so viele Lieder einfallen, die sie früher gesungen habe und es gäbe so viel, über das sie noch nachdenken wolle, so viel Erlebtes, dazu brauche sie viel Ruhe. Sie, die sich aus gesundheitlichen Gründen klar vom öffentlichen Leben abkehre, erlebt den Rückzug als positive Konzentration auf sich selbst. In der Gruppe der immobilen Zurückgezogenen wird deutlich, dass der Rückzug nicht mit Passivität gleichgesetzt wird. Im Gegensatz dazu empfinden die Frauen aus der Gruppe der Mobilen das Alter deutlicher als defizitär:

> »Und natürlich, die Kraft lässt ja unheimlich nach. Die lässt unheimlich nach. Also seit ich – im letzten Jahr nun, hatte ich die beiden Operationen, also was ich vorher geschafft hab und was ich jetzt schaffe, ist doch gar kein Vergleich.« (I-Sommer: 3)

Der Verlust ihrer Kraft wird von Frau Sommer als sehr beunruhigend erlebt. Auch für Frau Züge ist die Diskrepanz zwischen ihren Fähigkeiten und ihren Möglichkeiten schwer zu verkraften:

> »Wenn ich denke, als ich aufhörte zu arbeiten, da hab' ich eigentlich noch mehr geschafft und war nicht so schnell ermüdbar oder so, und insofern merkt man schon, na ja, nach 10 Jahren, wenn man das so als größeren Zeitraum festmacht, man ist eben nicht mehr 65!« (I-Züge:6)

Das Nachlassen der Kräfte und Fähigkeiten wird von den mobilen Zurückgezogenen häufiger als bei den immobilen Zurückgezogenen angesprochen. Sie vergleichen ihre Leistungsfähigkeit mit jener zur Zeit der Berufstätigkeit und erleben hilflos deren Einschränkung.[1] Zwar gilt der simple Ansatz der Defizittheorie inzwischen wissenschaftlich als überholt, doch lässt sich sein Einfluss auch in neueren Theorien noch verfolgen. Ich werde im Weiteren auf zwei häufig zitierte Richtungen eingehen, die sich in den oben erwähnten Altersbildern wieder finden. Auch in ihnen wird die Vorannahme defizitären Alters fortgeschrieben. Die Aktivitätstheorie und die Disengagementtheorie wurden beide in den 1960ern entwickelt und thematisieren unter anderem die Verbindungen gesellschaftlicher Strukturen mit dem Alter. Abschließend möchte ich eine jüngere Theorie vorstellen, die Kognitive Theorie des Alterns, die mit dem Anspruch auftritt, diese Verbindung von gesellschaftlicher und individueller, von Makro- und Mikroebene besser integrieren zu können.

Die Aktivitätstheorie sucht das Wechselverhältnis von Alter und Gesellschaft zu erklären. Sie beschreibt dieses Wechselverhältnis als harmonisch, wenn alte Menschen »erfolgreich« und sozial integriert seien. (Backes/Clemens 1998: 114) Die Aktivitätstheorie geht davon aus, dass Aktivitäten den Altersprozess verzögern können. Ein aktiver Mensch, der in ein soziales Netzwerk eingebunden ist, Leistungen erbringt und soziale Rollen und Positionen einnimmt, werde in der Re-

---

[1] Alle mobilen Zurückgezogenen stellen jedoch fest, ein positiver Aspekt der Verrentung/Pensionierung sei es, regelmäßig die Rente/Pension zu bekommen und keine Sorge um den Arbeitsplatz haben zu müssen. Die Nähe zur Berufstätigkeit ist bei dieser Gruppe also deutlicher wahrnehmbar, als bei den immobilen Zurückgezogenen.

gel wesentlich zufriedener sein. Als das Hauptproblem des Alters wird deshalb dessen »Funktionslosigkeit« (Ebd.: 115) angesehen. Ziel eines jeden Menschen solle es daher sein, möglichst lange aktiv zu bleiben. In der Aktivitätstheorie sind Aktivität und Leistung identisch und immer nützlich für die Gesellschaft. (Otto 1994: 29f.) Wenn Fähigkeiten nachlassen, könnten durch Substitution neue Rollen geschaffen werden. Die Aktivitätstheorie besagt, dass ein alter, weniger leistungsfähiger Mensch, um zufrieden zu sein und Anerkennung zu erhalten, sich neue Betätigungsfelder suchen müsse, die der Gesellschaft nutzen sollten. Backes und Clemens weisen darauf hin, dass die Ausgliederung aus der Gesellschaft tatsächlich unfreiwillig geschehe. (Backes/Clemens 1998: 117) Schon vor der Beendigung der Arbeitstätigkeit und dem damit verbundenen Verlust eines wichtigen sozialen Bezugssystems würden alte Menschen als inaktiv stigmatisiert. Demnach

> »wird der ältere Arbeitnehmer durch Zuschreibung geringerer Leistungsfähigkeit und einer entsprechenden Behandlung mit subtilen Methoden seiner Arbeit entfremdet und bei ihm eine Unzufriedenheit mit dem Arbeitsplatz hervorgerufen. Durch entsprechenden sozialen Druck entledigen sich die Betriebe ihrer vermeintlich nicht mehr voll einsatzfähigen Mitarbeiterinnen und Mitarbeiter. Damit werden – so das Aktivitätskonzept – weitere Funktionsverluste, eine Reduzierung sozialer Aktivitäten und körperliche wie physische Abbauprozesse eingeleitet.« (Backes/Clemens 1998: 116)

In den Interviews thematisieren die mobilen Zurückgezogenen den Verlust der Kräfte, die sie während des Erwerbslebens noch hatten. Sie und andere Interviewte suchen, wie in der Aktivitätstheorie beschrieben, nach anderen Tätigkeitsfeldern. Zwar hängt die Zufriedenheit der Frauen teilweise mit dem Umfang und der Qualität der Tätigkeiten zusammen, jedoch sind für ihre Zufriedenheit weit mehr Faktoren Ausschlag gebend als die gesellschaftliche Relevanz ihrer Tätigkeiten. Aus dieser Perspektive muss der so behauptete Zusammenhang von Aktivität und Zufriedenheit als ein zu simpler, funktionalistischer Reduktionismus gekennzeichnet werden, der dem komplexen Prozess des Alterns nicht gerecht wird. In meinen Interviews waren einigen der interviewten Frauen die Grundthesen der popularisierten Aktivitätstheorie durchaus vertraut. Frau Stratzki beispielsweise charakterisiert sich als durchaus ›aktiv‹:

> »[Ich] bin an und für sich auch ein lustiger Mensch […] und habe […] vielseitige Interessen, bin nicht einseitig, so mit Scheuklappen, denke ich.[…] Also ich bild mir ein, [das] ist das Aktive, weil ich immer auch irgendwas vorhabe. ›Das musste und das musste!‹ Manchmal sagen meine älteren Damen [das] ist viel zu viel, was ich mache, ich sage: ›Nö,

ich fühl' mich wohl dabei.‹ Und [das] schreiben ja eigentlich auch die Zeitungen. Wenn die so über ältere Leute schreiben, dann, wenn man ein Ziel hat und etwas Vernünftiges macht, das ist lebensverlängernd. Wollen wir es hoffen!« (I-Stratzki: 11)

Sie orientiert sich in der Beschreibung ihrer Mobilität am Mediendiskurs über Aktivität und langes Leben. Dieser Überzeugung folgend haben sie und auch andere Interviewte eine Strategie entwickelt, mit der sie den altersspezifischen Abbau verzögern wollen. Ich werde im nächsten Abschnitt darauf eingehen. Als Antwort auf die Aktivitätstheorie postuliert die Disengagementtheorie, dass alte Menschen den Rückzug aus der Gesellschaft wünschten. (Otto 1994: 29) Es sei ihnen ein Bedürfnis, soziale Rollen und Positionen aufzugeben und sich den Aktivitäten und dem Leistungsdruck des Berufslebens zu entziehen. Ausgehend von dieser Annahme sei die zunehmende Isolation ein natürlicher und unvermeidlicher Prozess. Hier wird Rückzug also *naturalisiert*; den Vertretern dieser Theorie zufolge unterliegt er nicht den Entscheidungen der Individuen, sondern ist ihr »Schicksal«. Ebenso wie der Tod sei auch der Rückzug ein (finaler) Teil des natürlichen Alterns. Rückzug sei zudem funktional für das Individuum und die Gesellschaft. Die alten Menschen könnten sich so auf das endgültige Abschiednehmen vom Leben vorbereiten und auch die Gesellschaft profitiere vom Rückzug, weil durch die frei werdenden Positionen auch jüngeren Menschen Gelegenheit gegeben werde, Einfluss auszuüben. So könne sich die Gesellschaft ständig erneuern. (Otto 1994: 30) Die Disengagementtheorie postuliert also einen zeitgleichen Rückzug der Gesellschaft vom Individuum und des Individuums von der Gesellschaft. Doch ähnlich wie in der Aktivitätstheorie wird auch hier von einem Funktionsverlust im Alter ausgegangen und die Unterschiedlichkeit alter Menschen vernachlässigt. (Backes/Clemens 1998: 121) Solche Thesen wurden auch von einigen der interviewten Frauen indirekt thematisiert. Frau Sommer, die sich bewusst für den Rückzug entschied, sieht auch die gesellschaftlichen Auswirkungen ihrer Entscheidung.

> »Ich denke, ich hab genug Verantwortung gehabt in meinem Leben und man muss auch mal so leben können, mit weniger und […] man muss auch Nein sagen können und muss auch sagen: ›So, jetzt müssen andere ran.‹ Das hab ich nämlich gerade in sozialen Kreisen erlebt, dass die Leute nicht abtreten können und sie ziehen sich keinen Nachwuchs ran und merken dann auf einmal: ›Ja, nun ist keiner da!‹ Ja, wenn ich aber immer selber alles machen muss und immer alles am allerbesten weiß, dann kann das Nächste nicht wachsen.« (I-Sommer: 14)

Sie sieht sich der Gesellschaft gegenüber zum Rückzug verpflichtet. Die häufige Nutzung des Wortes *muss* zeigt, dass sie der Ansicht ist, keine Wahl zu haben, wollte sie sozial verantwortungsvoll handeln: Dass sie Verantwortung (und damit soziale Rollen) abgibt, hat nicht nur einen positiven Nutzen für sie, sondern auch für die Gesellschaft. Frau Sommer sieht den Rückzug wenn auch nicht als natürliche, so doch zumindest als notwendige Handlung an. Allen drei bisher genannten Theorien liegt die Vorstellung einer weitgehend homogenen Gruppe alter Menschen zugrunde.[2] Dabei leben alte Menschen weitaus heterogener als sich dies in den bisher vorgestellten Theorien berücksichtigt findet: Altern ist ein ausdifferenzierter Prozess, biologisches und soziales Alter sind nicht identisch und die Differenz scheint zu wachsen. Alte Menschen leben deutlich länger als noch vor einigen Jahrzehnten, sie leben aber auch häufiger alleine. Auch erleben Männer wie Frauen den Verlust der Erwerbstätigkeit schon vor dem Eintritt ins Rentenalter. Entsprechend nennen die Gerontologen und Soziologen Gerhard Naegele und Hans Peter Tews als Merkmale des Alters subjektive Verjüngung, Entberuflichung, Feminisierung, Singularisierung und Hochaltrigkeit. (Naegele/Tews 1993: 277) Diese Ausdifferenzierung macht es folglich schwerer, Alter als zeitlich und inhaltlich klar abgrenzbare Lebensphase zu definieren. Insofern bietet auch die Einteilung in das dritte und vierte Lebensalter nur eine grobe Orientierung an den Leistungsfähigkeiten und wird der Ausdifferenzierung des Alters wenig gerecht.

Altern als Entwicklungspotential

Die Kognitive Theorie des Alterns, in den 1990ern entworfen, konzentriert sich nicht auf das rechnerische Lebensalter, sondern auf die wechselnden Aufgaben, die Menschen in ihrem Lebenslauf zu bewältigen haben. Dieser Theorieansatz nutzt einen Entwicklungsbegriff aus der Konfliktpsychologie. (Otto 1994: 31) Danach ist Entwicklung immer dann gegeben, wenn Probleme auftreten, für die der Einzelne noch keine Lösungskompetenz besitzt. Entwicklung ist somit altersunabhängig und lebenslang zu erwarten. Im Mittelpunkt der Theorie steht die Wahrnehmung des eigenen Alterns. Sensorische und kognitive Leistungsabfälle, kleiner werdende Freundeskreise und Immobilität prägen laut dieser Theorie das Empfinden der Alten. Alte Menschen müssen sich daher umorientieren, um neue Kompetenzen zu erwerben. Der Umorientierung kommt in diesem Ansatz eine zentrale Rolle zu, sie wird als Anpassungsleistung an eine veränderte Situation interpretiert. So bietet etwa auch die zunehmende Immobilität durchaus eine Chance, sich weiterzuentwickeln: Neue Medien könnten etwa erschlossen werden, um sich der Isolation zu entziehen. Daneben impliziert die Theorie eine gesellschaftliche Umorientierung, denn es sei Aufgabe der sozialen und kulturellen Umwelt, die

---

[2] Backes und Clemens stellen fest, dass sie sich dabei vorwiegend an männlichen Lebenswelten mittlerer Sozialschichten orientieren. (Backes/Clemens 1998: 125)

Einzelnen bei ihrer Reorientierung zu unterstützen. Diese Theorie bietet einen Ansatz, Alter aus interaktiver *wie* individueller Sicht gleichzeitig zu betrachten. (Backes/Clemens 1998: 111f.) Sie verbindet die gesellschaftliche Makroebene mit der individuellen Mikroebene, indem sie nicht mehr nur im strukturfunktionalistischen Sinne interpretiert. Zudem wird Altern hier als allmählicher lebenslanger Lernprozess verstanden, der mit der Entwicklung neuer, individueller Strategien einhergeht. Auch die befragten Frauen entwickeln solche Strategien. Frau Schneider erklärt, dass es darum gehe, sich dem Alterungsprozess aktiv entgegen zu stellen:

> »Wenn jemand keine Neugier mehr hat, das ist alt. Aber nicht, wenn man noch Disziplin hat. Man muss sich disziplinieren.« (I-Schneider: 2)

Alter passiert nicht einfach – es kommt, wenn durch viele gelebte Jahre geprägte Menschen sich nicht *disziplinieren*. Für Frau Schneider erscheint Selbstdisziplin als Jungbrunnen, als eine Möglichkeit, das Alter aktiv aufzuschieben.[3] Dieser Selbstdisziplin würden lediglich durch Krankheiten Grenzen gesetzt. Auch für Frau Stratzki sind der Zusammenbruch der Selbstdisziplin und der damit verbundene Fatalismus entscheidende Charakteristika des Alters:

> »Na ja, wer sich aufgibt, wer sich fallen lässt, also wer eben sagt: ›Nee, es geht nicht, ich geh nicht mehr runter‹, dann werden sie immer dicker und immer rundlicher, dann geht es irgendwann wirklich gar nicht mehr. Und das sind Leute, die sind in meinen Augen alt.« (I-Stratzki: 12)

Demnach liegt es auch in der eigenen Verantwortung, wie schnell jemand altert. Selbstdisziplin wird zu einer zentralen Strategie, um die additive und quasi zwangsläufige Verlusterfahrung abzuwenden. Kommt nun zuerst das Alter, dem Selbstdisziplin entgegengesetzt wird, oder doch eine Form von Disziplinlosigkeit, die durch das Alter erst verursacht wird? Mobile Zurückgezogene begründen ihre noch erhaltene Autonomie mit ihrer nicht nachlassenden Selbstdisziplin, die im Falle schwerer Krankheiten jedoch wenig Einfluss habe. Immobile Frauen beschreiben, dass das Nachlassen von körperlichen und geistigen Kräften »nicht unbedingt in der [eigenen] Hand« (I-Orkusi: 6) liege. Indem sie aufzählen, welche Aufgaben sie noch bewältigen, heben aber auch sie hervor, was sie sich abfordern.

Am Übergang zwischen dem dritten und dem vierten Lebensalter verändert sich der Zweck der Selbstdisziplin. Es geht zunehmend nicht mehr darum, das Al-

---

3 Über die Erhaltung von Leistung im Alter schreibt Maximilian Enzinger in diesem Band.

ter zu vermeiden, sondern auf das Alter und die damit verbundenen Einschränkungen zu reagieren. Die von mir Interviewten haben, je nach Intensität des Rückzugs, konkrete Vorstellungen von ihrem Alltag und legen viel Wert auf die Erfüllung in einer konkreten, meist routinierten Art. Die eigenen Befindlichkeiten und Bedürfnisse haben so große Wichtigkeit angenommen, dass ein Abweichen von der Routine als Eingriff in die Selbstbestimmung verstanden wird. Immer wieder die gleichen Handlungen zu vollziehen, bietet Sicherheit im Umgang mit dem Alltag und soll vor Unerwartetem Schutz bieten. Außergewöhnliche Ereignisse werden zwar als Abwechslung, aber auch als Unsicherheiten wahrgenommen. Die Bereitschaft, sich z.B. riskanten Situationen auszusetzen, die die Gesundheit gefährden könnten, wird geringer. Frau Züge geht es um die Vermeidung von solchen Gefahren:

> »Das sind alles so Sachen, wo man sagt: ›Also, kein Risiko eingehen!‹ Aber das ist vielleicht natürlich auch durch meine persönliche Sache [einen Skiunfall] bedingt, andere sehen das vielleicht ganz anders. Ich [denke] dann immer, also, diese Erfahrung möchtest du möglichst nicht wieder machen.« (I-Züge: 8)

Etwas später beschreibt Frau Züge, dass sie ihre körperlichen Leistungsgrenzen schneller spüre und ihre Tätigkeiten darauf abstimme. Sie zu überschreiten, würde ihre Gesundheit gefährden. Gesundheit wird von den Zurückgezogenen als etwas Fragiles wahrgenommen, deren Schutz oberste Priorität hat. Um diesen Schutz zu gewährleisten, planen die befragten Frauen den Alltag konkret und erlegen sich eine Selbstdisziplin auf, von der sie sich den Erhalt ihrer Gesundheit und Leistungsfähigkeit, die Fähigkeit zur Auseinandersetzung mit der Umwelt und hohe Lebensqualität erhoffen oder die ihre Gesundheit stabilisieren soll, wenn trotzdem Einschränkungen auftreten.[4] Routine und Selbstdisziplin sind also Strategien, die vorwiegend zur *Erhaltung* der Fähigkeiten und Fertigkeiten eingesetzt werden. Alle interviewten Frauen fühlen sich unabhängig und genießen ihre Autonomie.

> »Ich kann jetzt lesen, solange ich will, kann kaufen was ich will – [ich] bin niemandem mehr Rechenschaft schuldig. Das ist schon schön.« (I-Stratzki: 7)

Frau Stratzki kann sich Wünsche erfüllen und erlebt sich dabei als unabhängig vom Einfluss anderer Menschen. Wichtig ist dabei, *niemandem mehr Rechenschaft schuldig* zu sein – Autonomie ist für sie die Freiheit, nach eigenen Prioritätssetzungen zu

---

[4] Zum Gesundheitsverhalten im Alter verweise ich auf den Aufsatz von Sophia Siebert in diesem Band.

leben. Auch Frau Sommer genießt es, Dinge zu tun, auf die sie während ihres Berufslebens verzichten musste:

> »Und jetzt sage ich: ›'Ne, da gehe ich mal lieber ins Museum‹, ja? Oder les' mal was anderes. Hab' ja jahrelang nur Fachbücher lesen können. Zu mehr blieb ja keine Zeit. Und ja aus dem Grunde mach ich das.« (I-Sommer: 3)

Das von Gerontologen definierte dritte Lebensalter wird von den Interviewten als die Zeit erachtet, in der sie die Möglichkeiten haben, sich Lebensträume zu erfüllen. Zu den bestehenden Fähigkeiten und Fertigkeiten kommen mehr Freizeit und die Unabhängigkeit von Anforderungen, die die eigene Erwerbstätigkeit oder die des Partners mit sich brachte. Die Befragten bewerten die altersbedingte Entscheidungsfreiheit eindeutig als Gewinn. Allerdings stellen sie auch fest, dass sie durch den Verlust körperlicher Fähigkeiten zunehmend in größere Abhängigkeiten geraten.

> »Ich mache schon noch einiges selber, koche schon noch selber. Zwar einfach und ... Aber das Saubermachen, da hat mir eben jemand geholfen. Und das ist eine psychisch kranke Frau. Und das wird jetzt so problematisch.« (I-Orkusi: 2)

Für Frau Orkusi ist das Hilfsangebot mit Eingriffen in die Privatsphäre verbunden. Eigene Vorstellungen müssen zurückgestellt werden, wenn die Unterstützung bei der Körperpflege oder eine Hilfe für den Haushalt notwendiger Bestandteil des Alltags werden. Das Nachlassen der Leistungsfähigkeit im vierten Lebensalter und der zunehmende Rückzug gefährden die Autonomie stark. Auch Frau Segebrecht wünscht sich eher ein Mehr an Zurückgezogenheit und fühlt sich durch die Besuche ihrer Helfer manchmal gestört: Die Frau vom Pflegedienst und die Physiotherapeutin würden ihr zu viel werden. Sie müsse sich ja mit den Leuten auch abgeben. Auch wenn ihr Sohn abends vorbei käme, um ihre Knie zu verbinden, dann rede er so viel. Da sei sie immer froh, wenn er wieder gegangen sei. Sie betont, dass sie das nicht böse meine, für sie sei jedoch wichtig, Freiraum einzufordern. Mit den Lebensbedingungen verändern sich also auch die alltäglichen Praxen der befragten Frauen. Zunehmende Routine und Selbstdisziplin sollen Fähigkeiten und damit Freiheit und Autonomie erhalten. Gerade deren Bewahrung und der Schutz der Gesundheit sind wesentliche Ziele im Alltag der Befragten. Unter dieser Prämisse verändert sich auch die Kommunikation.

Soziale Beziehungen

Rückzug bedeutet, dass meine Interviewpartnerinnen weniger Außenkontakte pflegen und sich auch hier Prioritäten verschieben. Frau Sommer erkennt eine deutliche Verlagerung der Gesprächsinhalte. Wenn sie mit ihren Geschwistern zusammen treffe, gehe es

> »natürlich erst mal um Krankheit. Zurzeit haben wir ringsum lauter Krebssachen und da hab ich gesagt: ›Also, ich kann es nicht mehr hören!‹ und trotzdem fühle ich mich verpflichtet, anzurufen: ›Wie geht's denn?‹ Aber eigentlich kann ich das nicht hören.« (I-Sommer: 3)

Etwas später sagt sie zur Notwendigkeit der Pflege sozialer Beziehungen:

> »Ich denke, das ist man sich auch schuldig, nicht? Ich freue mich ja auch, wenn ich wieder – nach der Operation, da konnte ich ja lange nicht laufen –, dass sie sich erkundigt haben, wie es geht, ob es besser wird. Und merkwürdiger Weise tut es einem dann am Anfang dann auch gut. Also darüber reden zu können. Also das ist auch so ein Wandel.« (I-Sommer: 3)

Frau Sommer beschreibt diesen Wandel als ambivalent. Einerseits belastet sie die Unterhaltung. Sie fühlt sich zur Kommunikation verpflichtet und dafür verantwortlich. Andererseits weiß sie es aber auch zu schätzen, wenn sich andere um sie kümmern. Geben und Nehmen wechseln sich hier ab. Die Pflege von sozialen Kontakten wird von ihr als normativer Anspruch vorausgesetzt. Ein Handel, ein *Kommunikationshandel*, entsteht. Ausgewogene soziale Kontakte, so die interviewten Frauen, seien ihnen ebenso wichtig wie Menschen, die sich nicht zurückgezogen haben. Durch die erzwungene Immobilität wird das Aufrechterhalten der Beziehungen jedoch schwerer. Einige Interviewpartnerinnen beschreiben kleiner werdende soziale Netzwerke: Freunde verstürben und durch zunehmende Immobilität und Inaktivität schlössen sie weniger neue Kontakte. Mit jedem Freund und jeder Freundin, der oder die stirbt, geht meines Erachtens eigene Geschichte, eigene Identität verloren. Frau Orkusi erklärt das Aufrechterhalten einer entfernten Freundschaft so:

> »Nee, das ist einfach nicht mehr meine Welt, was die so erzählt, da höre ich dann nur noch zu und finde es schön, dass sie treu ist, dass sie immer wieder den Kontakt hält.« (I-Orkusi: 5)

Diese Beziehung wird nur noch durch die gemeinsame Geschichte erhalten und hat damit Identität bewahrende Funktion. Über einen kleiner werdenden Freundeskreis wird das eigene Altern deutlicher wahrnehmbar:

> »Wir haben einen sehr großen Freundeskreis und auch Verwandtenkreis, den wir pflegen, […] Das ist das ganz Wichtige, sonst steht man auf einmal ganz allein da. Obwohl es jetzt auch so anfängt, dass einige sterben. Also das erleben wir auch schon. Und das war ja sonst gar nicht relevant, dass man jemand aus dem Freundeskreis verliert. Durch Tod! Das wächst auch, also bekommt Bedeutung.« (I-Sommer: 1)

Frau Sommer empfindet den Verlust ihrer Freunde auch deshalb als Bedrohung, weil intakte soziale Netzwerke ihr als Indikator für Beliebtheit, für Aktivität und soziale Kompetenz gelten. Das Leben würde vielen meiner Interviewpartnerinnen als erfolglos erscheinen, wenn es nicht in enge soziale Bezüge eingebunden wäre. Deshalb ist die Pflege von Freundschaften für meine Gesprächspartnerinnen eine so wichtige Aufgabe im Alter.[5] Freundschaften zu pflegen, könne dabei auch heißen, sich einem sanften Zwang zum Austausch zu beugen, denn die Hauptaufgabe von Freundschaften ist für Frau Stratzki

> »dass man sich auch unterhält – na ja, dass man eben vor allem ein Gespräch hat! Das ist das Allerwichtigste, das man nicht hier sitzt und stumm wie ein Fisch ist. Wenn Sie Kontakt haben, dann müssen Sie sich ja unterhalten. Sie können sich ja nicht anöden. Und, [dass man] was zusammen unternimmt. Eventuell.« (I-Stratzki: 13)

Freundschaften sind hier ein Mittel, der Gefahr eines übermächtigen Selbstbezugs zu entgehen. Für Frau Wiesner, sie lebt erst seit fünf Jahren in Berlin, ist außer Geselligkeit auch noch die Suche nach Neuigkeiten aus der alten Heimat wichtig.

> »Demnächst hat noch mal die eine [Freundin] Geburtstag. […] Da ruf' ich wieder mal an und dann werd ich ja wieder was Neues erfahren, was los ist. Die werden ja auch alle älter. Es werden immer weniger, nicht wahr? Und mit den jüngeren Leuten, da hab ich doch gar keinen Kontakt gehabt.« (I-Wiesner: 4)

52 Jahre lebte sie in Grünfeld, einem Ort, in den sie heute zwar nicht mehr fährt, an dem sie aber bei Gesprächen mit alten Freunden noch Interesse zeigen kann.

---

[5] Zu Freundschaften Älterer mit Jüngeren verweise ich auf den Artikel von Judit Barthel in diesem Band.

Wegen ihrer Immobilität hält Frau Wiesner telefonisch oder über Briefe den Kontakt zu ihren Freunden und Bekannten. Frau Nelling zeigt mir Ende September bereits gebastelte und fertig geschriebene Weihnachtskarten. Die Sorgfalt der Planung verweist auf die Wichtigkeit: Keinesfalls dürfen die Weihnachtskarten vergessen werden, auch nicht, wenn ihr etwas passieren sollte. Frau Segebrecht hingegen bedauert, durch ihre Immobilität auf die Informationen anderer angewiesen zu sein, selbst aber, weil sie ja ihre Wohnung kaum mehr verlasse, wenig neue Informationen zu Gesprächen beisteuern könne. Für sie sind Telefonate und eingeschränkt auch Briefe fast die einzigen Informationsquellen; doch kann der direkte Kontakt mit Anderen dadurch nur ungenügend ersetzt werden. Sie erfährt diese Situation als ein Ungleichgewicht zwischen dem Erhalten und dem Weitergeben von Informationen – ein Ungleichgewicht im *Kommunikationshandel*. Die von ihr wahrgenommene Abhängigkeit mindert Frau Segebrechts subjektives Wohlbefinden. Diese Hierarchie innerhalb von Freundschaften wird von Frau Segebrecht als demütigend und destruktiv empfunden. Alle Interviewpartnerinnen erleben Kommunikation als ambivalent. Einerseits genießen sie den sozialen Rückzug und suchen Ruhe und Sicherheit, um ihren Alltag nach ihren Vorstellungen gestalten zu können, andererseits befürchten sie soziale Isolation, die zu einer Beschleunigung des Altersprozesses beizutragen droht. Die gezeigten Beispiele machen deutlich, welchen hohen Stellenwert der Kontakt zu anderen erhält. Die zurückgezogen Lebenden verbringen trotz der Schwierigkeiten durch die eingeschränkte Mobilität viel Zeit mit der Pflege von Kontakten. Beziehungen werden dabei auf veränderte Weise aufrechterhalten – anstelle von Besuchen werden nun Telefonate und Briefe genutzt, aber auch Experimente mit neuen Reisemöglichkeiten gewagt. Frau Wiesner beispielsweise kann nicht mehr lange im Auto sitzen und flog darum zur Hochzeit ihrer Enkelin: »Na, das war das erste Mal in meinem Leben – mit 90 Jahren! Das erste Mal! Bis nach Augsburg!« (I-Wiesner: 6)

Schluss

Mir ging es um die Beantwortung der Frage, wie der mit dem Übergang in das vierte Lebensalter oft verbundene soziale Rückzug erlebt wird. Das Selbstbild meiner Interviewpartnerinnen beinhaltet eine Vorstellung vom eigenen Alter, das mit dem biologischen Alter nicht identisch ist. Diese Vorstellung vom sozialen Alter ist an Parametern orientiert, die im Gegensatz zum biologischen Alter nicht einheitlich definiert sind. In den Interviews werden vor allem die Bemühungen um den Erhalt geistiger und körperlicher Fähigkeiten und sozialer Kontakte deutlich. An beidem wird das soziale Alter gemessen. Mit deren zunehmendem Verlust ist die Identifikation mit dem biologischen Alter größer. Alter als Mangelzustand, als Prozess, der mit Abbau und Verlust verbunden ist, findet sich in der Defizittheorie wieder, die auch die Grundlage für die Aktivitätstheorie und die Disengagementheorie bildet. Alle drei Theorien stigmatisieren das Alter und etablieren eine negative Sicht, die sich – wie in den Interviews deutlich wurde – in der Selbstwahrnehmung der Frauen niederschlägt. Als Ansatz, die Verbindung zwischen Alter und Gesellschaft zu untersuchen, erscheint mir die Kognitive Theorie des Alterns als angemessener, da sie die Bemühungen der Frauen, sich mit den Problemen des Alltags auseinanderzusetzen, umfassender und vorurteilsfreier beschreibt. Als ein zentraler Begriff der Theorie findet sich *Umorientierung* in den zahlreichen Strategien wieder, die ich bei meinen Interviewpartnerinnen beobachten konnte. Auf der Suche nach Selbstgenügsamkeit begegnete ich Frauen, von denen nur wenige einen Zustand innerer Ausgeglichenheit erreicht hatten, wie ich das in meiner Ausgangshypothese eigentlich erwartet hatte. Die von den Frauen beschriebenen Umorientierungen an der Grenze zwischen drittem und viertem Lebensalter können als kreative Strategien verstanden werden, mit denen sie auf Veränderungen in ihren körperlichen Fähigkeiten oder auf Herausforderungen durch Brüche im Lebenslauf reagieren. Um den Widrigkeiten des Alters zu begegnen und die bestehenden Fähigkeiten zu erhalten, entwickeln die Frauen Strategien, wie Routinen und Selbstdisziplin, die darauf zielen, Autonomie und Kommunikationsfähigkeit zu erhalten. Dabei ändern sich Stellenwert und Funktion sozialer Beziehungen für die befragten Frauen deutlich: Die Pflege von Freundschaften soll nun auch vor zu großem Selbstbezug und Isolation zu schützen. Beziehungen zu alten Bekannten werden aufrechterhalten, gerade weil gemeinsame Geschichte mit immer weniger Menschen geteilt werden kann. Die Befragten halten sich für menschlicher und reifer als in jüngeren Jahren; die meisten Interviewten sind zufrieden mit ihrer Lebensführung. Der Rückzug erscheint also eher als eine Folge körperlicher Immobilität, aber doch auch der freiwilligen Abgabe von Verantwortung und der Aufgabe sozialer Rollen.

Freundschaften zwischen alten und jungen Menschen
Zum Austausch von Wertschätzung und Lebenserfahrung

Judit Bartel

Auf die Frage, wie sie sich den Kontakt zu jungen Menschen vorstelle, antwortet die 83-jährige Christa: »Na so wie ihr seid, wie ihr beide seid. Oder auch meine Enkelkinder, oder meine Familie. [...] Ihr sitzt hier mit 'ner alten 83-Jährigen und trinkt Kaffee. Wer macht denn das? Wer macht denn so was noch?« Wir, die wir in Christas Wohnung bei Kaffee und Kuchen sitzen, das sind die 28-jährige Janine, die mit Christa befreundet ist und ich, die ich mich mit den beiden Freundinnen zu einem Gespräch über ihre Freundschaft verabredet habe. Für Christa ist das Interesse junger Leute an Menschen ihrer Altersgruppe etwas Außergewöhnliches. Noch einmal betont sie: »Das ist doch heute in dem Zeitalter, wo Alter nichts mehr zählt, ist doch das wirklich eine Offenbarung«, worauf Janine einwendet: »Ja, aber dann haben wir eine Verbindung zueinander, das ist eine Gegenseitigkeit. Du gibst uns was und wir geben dir was, also ohne dass wir das bewusst –« Christa unterbricht: »Na ja, dass ihr das so *empfindet*[1]. Wir sind nicht verwandt. Wir sind befreundet.« (I-Christa/Janine: 4) In Christas Worten zeigt sich der Wunsch, ›die Jungen‹ mögen sich mehr für ›die Alten‹ interessieren. Gleichzeitig betont sie, wie ungewöhnlich Beziehungen zwischen Alten und Jungen außerhalb der eigenen Familie seien. Auch die sozialwissenschaftliche Forschung geht davon aus, dass in der Regel Menschen gleichen Alters mit gleichem sozialen Status und Lebensstil miteinander befreundet sind. (Vgl. Schütze 1997: 109, Nötzoldt-Linden 1994: 91) Christas junge Freundin Janine sieht die Grundlage für die Beziehung zueinander in der Tatsache, dass man sich gegenseitig etwas *gebe*.[2] Damit rekurriert sie auf einen Aspekt, der auch in sozialwissenschaftlichen Freundschaftskonzeptionen betont wird. So charakterisiert der britische Soziologe Graham Allan Freundschaft als eine Beziehung, in der die Beteiligten sich als gleichwertig behandeln und einen symmetrischen Austausch pflegen.

---

[1] Worte, die von den Sprecherinnen besonders betont wurden, sind in den Interviewzitaten kursiv gesetzt.
[2] Interessant ist, dass Christa und Janine mich in ihr Gespräch über Freundschaft in der Weise einbeziehen, dass sie mir die Rolle einer potentiellen jungen Freundin zuweisen. So spricht Christa meistens Janine und mich gemeinsam an. Janine antwortet zumindest in dieser Passage für mich mit (»Du gibst uns was und wir geben dir was«).

»Within the friendship, those who are friends treat each other as equal, even if outsiders do not, and make sure there is a general reciprocity and equivalence of exchange within their relationship.« (Allan 1989: 20)

Mit der Beobachtung, dass dies leichter zu bewerkstelligen sei, wenn die Freunde tatsächlich bezüglich Geschlecht, Milieuzugehörigkeit, Status, Alter, Lebensphase etc. in einer ähnlichen Lage seien, liefert Allan eine Erklärung für die Seltenheit generationsübergreifender Freundschaften. (Ebd.: 23) Vor diesem Hintergrund sind die in diesem Aufsatz untersuchten freundschaftlichen Beziehungen zwischen jungen und alten Menschen ungewöhnlich und möglicherweise mit besonderen Herausforderungen verknüpft. Doch scheint die Beziehungsform Freundschaft genügend Spielraum für derartige ungewöhnliche Konstellationen zu bieten. Mich interessiert, wie die einzelnen Freundschaften in ihrer Praxis aussehen und worin für die Beteiligten der Sinn dieser Beziehung besteht. Teilen die Freundinnen die oben skizzierten Ansprüche nach gegenseitiger gleichwertiger Behandlung und symmetrischem Austausch? Und wenn dies der Fall ist, welche Formen finden sie, trotz ihrer Verschiedenheit – bezüglich des Alters, der Lebensphase, unterschiedlicher Erfahrungen und der ihnen zur Verfügung stehenden Ressourcen – diesen Ansprüchen gerecht zu werden? Wie die Soziologin Ursula Nötzoldt-Linden deutlich macht, muss diese Heterogenität nicht nur als Hindernis einer Freundschaft angesehen werden, sondern auch als deren spezifisches Potenzial. Nötzoldt-Linden geht davon aus, dass Freundschaften im Spannungsfeld zwischen Ähnlichkeit und Verschiedenartigkeit entstehen. (Nötzoldt-Linden 1994: 114) Ein Aspekt der Verschiedenartigkeit zwischen jungen und alten Menschen besteht darin, dass letztere – so wird behauptet – über mehr Lebenserfahrung verfügen.[3] Lebenserfahrung wird von den Altersforschern Paul Baltes und Ursula Staudinger als Vorstufe von Weisheit bezeichnet. Diese definieren sie als Expertenwissen in fundamentalen Fragen der Lebensdeutung und Lebensführung. (Staudinger/Baltes 1995: 444f.) Im Unterschied zu dem Versuch einer allgemeinen Definition interessiert mich in der vorliegenden Arbeit, welches Wissen die Jungen an ihren alten Freundinnen schätzen. Lebenserfahrung wird dabei als Summe von Zuschreibungen angesehen, die in sozialen Beziehungen verhandelt

---

[3] »Ältere Menschen verfügen über einen umfangreichen und reichhaltigen Erfahrungsschatz, den sie im Laufe ihres Lebens in unterschiedlichen Lebensbereichen […] gewonnen haben« postuliert beispielsweise das Bundesministerium für Familie, Senioren, Frauen und Jugend in dem auf die Weitergabe dieses Wissens ausgerichteten Modellprogramm »Erfahrungswissen für Initiativen« (www.efi-programm.de/dokumente/projektsteuerung/ziele_und_akteure.pdf, S. 2).

werden. Weiterhin wird gefragt, inwieweit Freundschaft ein sozialer Zusammenhang sein kann, in dem Lebenserfahrung thematisiert und weitergegeben wird.

Ich habe dazu sieben Paarinterviews mit alten und jungen Menschen, die von sich sagten, dass sie miteinander befreundet seien, geführt. Alle Paare bis auf eins waren Frauenfreundschaften.[4] Die Interviews dauerten zwischen 40 Minuten und zwei Stunden. Ich bat die Freundinnen, mir gemeinsam von ihrer Freundschaft zu erzählen. Für manche Paare genügte dieser Impuls, um ins Erzählen zu kommen. Bei anderen machte ich stärker von einem vorbereiteten Frageleitfaden Gebrauch. Manchmal merkte ich deutlich, dass es für die Freundinnen eine ungewohnte Herausforderung war, gemeinsam von ihrer Freundschaft zu erzählen, zum einen wohl deshalb, weil das, was unhinterfragt da ist, nämlich die Freundschaft zueinander, expliziert werden sollte. Zum anderen gehört Freundschaft in die Privatsphäre, das heißt, es ist unüblich, Dritten detailliert Auskunft über diese Beziehung zu geben. (Paine 1969: 511) Noch unüblicher ist es, dies gemeinsam zu tun. Die durch das Interview erzeugte soziale Situation erforderte es, eine Darstellung der Freundschaft zu entwickeln, die sowohl für die jeweilige Freundin als auch für die externe Fragerin akzeptabel war. Mir erlaubte diese Form des Interviews, nicht nur die Repräsentation der Freundschaft zu erleben, sondern auch einen kleinen Einblick in ihre Praxis, d.h. in ihre Aushandlung, zu erhalten.

Im Folgenden werde ich vier der sieben Freundschaften vorstellen. Diese Auswahl ist bestimmt von der Absicht, einen Einblick in das breite Spektrum an Freundschaftsformen und Alterskombinationen zu gewähren. Aus diesen einzelnen Freundschaftsporträts heraus werde ich schrittweise und unter Berücksichtigung aller sieben Interviews Aspekte der oben aufgeworfenen Frageperspektiven vertiefend problematisieren.

»Innere Verbundenheit« und äußerer Rahmen – Adele und Karin

Die 86-jährige Adele[5] und ihre 42-jährige Freundin Karin haben sich in dem Seniorinnenchor kennen gelernt, den Karin leitet. Auf meine Einstiegsfrage eingehend erzählt Adele zunächst, wie sie vor zehn Jahren in den Chor kam: Sie sei angesprochen worden, ob sie nicht mitsingen wolle. Jedoch erst nachdem sie von ihrer Tochter dazu ermuntert worden war, sei sie hingegangen, habe aber dann

---

4 Deswegen werde ich im gesamten Text die weibliche Form benutzen. Ob Frauenfreundschaften tatsächlich häufiger auftreten oder ob die Ursache eher in meiner Form der Suche nach InterviewpartnerInnen zu sehen ist, kann ich nicht sagen.
5 Namen, deren Initialen am Beginn des Alphabets stehen (A bis F), wurden für die alten Freundinnen vergeben. Die Namen der jungen Freundinnen beginnen mit den Buchstaben J, K, L, R.

Bedenken gehabt, zu alt zu sein, da die anderen Chormitglieder alle »viel, viel jünger« wären, wie sie bei ihrem ersten Besuch feststellte. Trotzdem blieb sie dabei und betrachtet es rückblickend als Glück, in den Chor gekommen zu sein:

> »Und ich bin bis heute noch froh, dass ich damals hingehört habe, was meine Kinder [...] gesagt haben: Geh hin! Ich habe gemerkt, die Chormitglieder, [...] die haben so ein Verständnis [...] Die haben einen so in den Kreis aufgenommen. Das ist für mich so wunderschön.« (I-Adele/Karin: 1)

In Adeles Augen verdankt sie ihre Mitgliedschaft im Chor auch der Offenheit, die ihr von den jüngeren Chormitgliedern entgegengebracht wurde. Adele stellt hier ihre Beziehungen zu jüngeren Menschen als für sie bereichernd dar. Über ihre Freundin Karin sagt sie: »Und irgendwie hab ich mich gleich hingezogen gefühlt. Karin hat mich so an meine Enkeltochter erinnert. Gleich zu Anfang.« (Ebd.) Karin ergänzt, dass mit der Zeit und durch die Chorfahrten, auf denen es Gelegenheit zu Gesprächen gab, aus dieser spontanen Sympathie füreinander eine Freundschaft geworden sei. Im Vergleich zu den anderen alten Frauen, mit denen Karin durch den Chor Umgang hat, betrachtet sie Adele in ihrer »Toleranz gegenüber anderen Menschen, gegenüber anderem Leben« als eine »Ausnahme«. (Ebd.: 2) Karin bewundert vor allem, wie Adele, die zwei ihrer Kinder verloren hat, mit diesen Schicksalsschlägen umgegangen ist:

> »Zwei Kinder sind gestorben von ihr. Die eine hast du auch noch gepflegt, 'ne, bis zum – Ende. Und trotzdem ist sie also eine der optimistischsten Frauen im Chor und sie gibt allen andern noch Kraft, die viel jünger sind als sie und, ich sag mal so, lange nicht soviel erlebt haben.« (Ebd.)

Adele betont, wie wichtig ihr bei der Bewältigung dieser Schicksalsschläge der Chor und bestimmte Menschen im Chor gewesen seien:

> »Für mich war das, dass ich den Chor hatte, so wie ein Geschenk, nachdem meine Tochter gestorben war. Ich war so bedrückt, hab gedacht: Ach, machst sowieso gar nichts mehr. [...] Und da sagte Tanja [ein anderes Chormitglied] zu mir [...]: ›Wie gut, dass wir uns haben.‹ Das werde ich nie vergessen. [...] Und ich bin auch wieder geworden. Jetzt ist es sieben Jahre her, dass meine Tochter tot ist und –. Ich hab schon wieder meinen Mut gekricht, nich?« (Ebd.)

Eine Einschätzung, die Karin bestätigt. Die beiden Passagen veranschaulichen eine Überzeugung, die Adele und Karin verbindet: Im Leben kommt es darauf an, an den existentiellen Problemen, mit denen man konfrontiert ist, zu wachsen. Freunde können einen dabei unterstützen. An anderer Stelle betonen sie, dass man seine Freundschaften aber auch pflegen müsse, um in solchen schwierigen Phasen durch sie Halt finden zu können.

Freundschaft im sozialen Umfeld

Im Interview mit Adele und Karin spielt der Chor eine große Rolle als das soziale Umfeld, in dem ihre Freundschaft entstanden ist und gepflegt wird. Damit unterstreichen die beiden Freundinnen die Bedeutung eines sozialen Rahmens für das Entstehen einer Freundschaft. In ihren verschiedenen Alltagen treffen alte und junge Menschen, die nicht miteinander verwandt sind, jedoch selten aufeinander. Die Mehrzahl der interviewten Freundinnenpaare lernte sich in der Nachbarschaft oder auf Festen kennen, wo Freunde und Verwandte sich treffen. Für keine der alten Frauen ist die jüngere Freundin die einzige Ansprechpartnerin. Sie haben andere Freunde und stehen mit ihrer Familie in engem Kontakt. Die jungen Freundinnen erleben das als sehr entlastend. So sagt Karin: »Aber das Gute ist auch, ich weiß, dass Adele auch Hilfe hat. Ich weiß z.B. wenn du irgendwas zu fahren hast, ist Ruth [eine andere, ebenfalls jüngere Freundin] da.« (Ebd.: 6) Für die alten Frauen stellen die Freundschaften zu den Jüngeren eine Ergänzung zu den ebenfalls aktiv gepflegten Verwandtschaftsbeziehungen und zu anderen Freundschaften dar. Während die alten Frauen mit einem gewissen Stolz auf ihre guten freundschaftlichen wie verwandtschaftlichen Kontakte zu Jüngeren verwiesen, war es den jungen Freundinnen ein Anliegen herauszustellen, dass sie auch gleichaltrige Freunde haben. Wie oben beschrieben gelten Freunde im gleichen Alter als normal, und die Bemerkungen der jungen Freundinnen lassen sich als ein dahingehendes Signal verstehen. Demgegenüber scheint für die alten Freundinnen schon die Tatsache, in freundschaftlichem Kontakt zu den Jungen zu stehen, etwas Erstrebenswertes darzustellen. Eine mögliche Interpretation werde ich unten, im Porträt von Christa und Janine, vorstellen.

Innere Verbundenheit

Für Karin besteht die Freundschaft zu Adele nicht darin, dass sie viel gemeinsam unternehmen, sondern in einer »inneren Verbundenheit« (ebd.: 2), die sie empfinden. In ähnlicher Weise äußerten sich andere Freundinnenpaare. Worin könnte diese Verbundenheit bestehen? In der Mehrzahl der Interviews wurde deutlich, dass die Freundinnen bestimmte Überzeugungen davon teilen, worauf es im Leben ankomme und worin der eigene Lebensweg bestehe. Die Gesamtheit dieser Überzeugungen, das Ensemble von Einstellungen, Werten und Herangehensweisen einer Person zur von ihr als richtig empfundenen Lebensführung, nenne ich ihre *Lebensphilosophie*. Vor dem Hintergrund dieser – oft implizit bleibenden – Lebensphilosophie wird einerseits retrospektiv das eigene Leben gedeutet, andererseits hat sie richtungsweisenden Charakter für das weitere Leben. Die Tatsache, dass die Freundinnen einige Aspekte ihrer Lebensphilosophie teilen, kann meines Erachtens als eine Grundlage dafür angesehen werden, dass die Freundinnen sich trotz der Heterogenitäten, die aus dem Altersunterschied erwachsen, innerlich verbunden fühlen. Daneben spielen Gemeinsamkeiten wie gleiche Interessen, ähnliche Lebens- und Berufswege oder gleiche Milieuzugehörigkeit ebenso eine Rolle, auf die jedoch in der Literatur schon zur Genüge verwiesen wird (u. a. Nötzoldt-Linden 1994: 91f.) und die deshalb hier nicht im Fokus stehen.

Nicht nur in diesem Interview, in dem Adele ihre junge Freundin mit ihrer Enkeltochter vergleicht, wird die Beziehung zueinander mit Hilfe von verwandtschaftlichem Vokabular beschrieben. Da ist von der »Adoptivenkeltochter« die Rede (Vorgespräch Adele/Karin: 1) oder von »mütterliche[n] Gefühlen« (I-Christa/Janine: 3) gegenüber der jungen Freundin. Lena, auf die ich später noch näher eingehen werde, spricht ihre alte Freundin mit »Tante« an (I-Frieda/Lena: 2, 3, 7, 8, 9, 11, 14). Damit signalisiert Lena, dass sie quasi zur Familie gehört und sich ihrer Freundin innerlich verbunden fühlt. Aus dem Interviewkontext wird deutlich, dass sie Aufgaben der Sorge für ihre Freundin übernimmt, die allgemein der Familie zugeschrieben werden. Da Verwandtschaftsbeziehungen langfristig angelegt sind und in der Regel mehr als zwei Menschen umfassen, kann hier Reziprozität auch generalisiert über einen längeren Zeitraum bzw. im Austausch mit weiteren Verwandten hergestellt werden. Indem die Freundinnen auf Verwandtschaftsbeziehungen verweisen, entlasten sie also einerseits ihre Beziehung von dem für Freundschaften typischen Anspruch nach direktem, symmetrischem Austausch und betonen gleichzeitig die Beständigkeit und Verlässlichkeit der Beziehung. Andererseits greifen sie mit dem Bezug auf Verwandtschaft vielleicht auch auf vertraute Rollen zurück, die ihnen als Vorbild für die Gestaltung der ungewöhnlichen Beziehungskonstellation dienen und zugleich die Beziehung für Außenstehende nachvollziehbar machen.[6] Gestützt werden kann diese These durch die Beobachtung, dass den beiden alten Freundinnen, die kinderlos waren, solche Vergleiche fern lagen - vielleicht weil sie eben nicht auf die vertraute Rolle der Mutter zurückgreifen konnten.

---

[6] Vergleiche hierzu auch das Kapitel »Respekt vor Älteren« im Aufsatz von Sulamith Hamra in diesem Band. Im dort untersuchten migrantischen Milieu lässt sich ein vergleichbarer Rückgriff auf familiäres Vokabular beobachten.

Eine »feste Größe« – Frau Dietz und Frau Runge

Die etwa 40-jährige Frau Runge, die aus dem Ostteil Deutschlands stammt, traf die in Westberlin ansässige Frau Dietz[7] kurz nach der Wende. Die heute 86-jährige Frau Dietz stand zu diesem Zeitpunkt noch im Berufsleben. Gemeinsam mit ihrem Mann leitete sie ein Unternehmen mit über 100 Angestellten, weswegen Frau Runge und sie auch »nicht viel Zeit füreinander« (I-Dietz/Runge: 1) gehabt hätten. In der Nachwendezeit gab es für Frau Runge einige Umbrüche und Krisen zu bewältigen: Der Schritt in die berufliche Selbständigkeit zusammen mit ihrem damaligen Mann, die darauf folgenden Beziehungsprobleme, die Trennung und die dann erneut notwendige berufliche Umorientierung. In dieser Zeit waren Frau Dietz und ihr mittlerweile verstorbener Mann ihr immer »Ansprechpartner« (ebd.) gewesen. Für Frau Runge war diese Unterstützung maßgeblich, um ihren eigenen, nicht nur beruflichen, Weg zu gehen:

> »Als ich mich vor zehn Jahren durchrang, mich selbständig zu machen, hatte ich tolle Ideen und ich hatte –. Aber ich habe noch nicht an mich selbst geglaubt und Frau Dietz hat mir einen Brief geschrieben damals, den hab ich aufgehoben und –. Wissen Sie, sie gibt mir das Gefühl, dass sie an mich glaubt. Damals war das für mich unheimlich wichtig. Und bei Frau Dietz weiß ich, dass sie mich so mag, wie ich bin. Da muss ich mich nicht verstellen.« (Ebd.: 6)

Durch die Unterstützung der erfahrenen Unternehmerin Frau Dietz gewann Frau Runge genügend Selbstvertrauen für die eigene Firmengründung. Frau Dietz und ihr Mann gewährten ihr nicht nur ideelle, sondern auch materielle Hilfe, indem sie das nötige Startkapital zur Verfügung stellten. Auf die Frage, ob ihre alte Freundin für sie eine Art Ratgeberin sei, antwortet Frau Runge: »Wie soll ich sagen? Frau Dietz ist für mich 'ne feste Größe.« (Ebd.) Frau Runge schätzt die Verlässlichkeit der Beziehung. Sie betont, dass sie bei Frau Dietz immer Verständnis gefunden und diese ihr in schwierigen Zeiten Kraft gegeben habe. Im Gegensatz zu allen Unsicherheiten im Leben ist die ältere Freundin eine Person, mit der Frau Runge rechnen kann. Wenn die mittlerweile selbst erfolgreiche Unternehmerin von einer »festen Größe« spricht, so meint sie damit vielleicht auch, dass sie mit ihr nicht nur rechnen *kann* sondern auch *muss*. Hier zeichnet sich ab, dass Frau Runge ihre ältere Freundin als Autoritätsperson anerkennt und ihrem Urteil vertraut. So habe

---

[7] Im Gegensatz zu meinen anderen Interviewpartnerinnen, die sich mir mit Vornamen vorstellten und mir das ›Du‹ anboten, sprach ich Frau Dietz und Frau Runge mit ihren Familiennamen an. Deswegen spreche ich auch im Text von *Frau* Dietz bzw. *Frau* Runge.

sie Frau Dietz auch gebeten, sich ein zum Kauf in Betracht gezogenes Grundstück anzuschauen:

> »Bevor wir [das Grundstück] gekauft haben, hab' ich mir gewünscht, dass sie es inspiziert (lacht) und mir ihre Meinung sagt.«
> Frau Dietz: »Ich hab' mein Ja-Wort gegeben.«
> Frau Runge (lachend): »Sie hat ihr Ja-Wort gegeben und ich hab's dann hinterher gekauft.« (Ebd.: 10)

In der Beschreibung der Freundin als *fester Größe* wird auch der verbindliche Charakter der Beziehung deutlich. Frau Runge fühlt sich für die von Herrn und Frau Dietz erfahrene Unterstützung zu Dank verpflichtet. Für Frau Dietz, die aufgrund ihrer beruflichen Verpflichtungen auf eigene Kinder verzichtete und deren Betrieb in der früheren Form nicht mehr besteht, stellt die freundschaftliche Unterstützung von Frau Runges beruflichem wie privatem Lebensweg eine Möglichkeit dar, »generativ« zu handeln. Wie die Altersforscher Frieder Lang und Margret Baltes herausgearbeitet haben, steht hinter den verschiedenen Möglichkeiten generativen Handelns der Wunsch, jemanden oder etwas zu erschaffen, das den, der es erschaffen hat, überlebt. (Lang/Baltes 1997: 170) Die Ausübung von Generativität wird von den Autoren als sinnstiftende Entwicklungsaufgabe im Alter angesehen. (Ebd.: 161) Frau Dietz selbst grenzt die Freundschaft zu Frau Runge von ihrem Kontakt zu gleichaltrigen Freundinnen ab:

> »Und was sie mir erzählt, ist auch interessant, weil sie ja noch irgendwelche Veränderungen in ihrem Leben will. Während die andern so abgestempelt sind. Da wird frühmorgens angerufen, wird erzählt, dass der Kuchen angebrannt ist und weiß ich was. Das ist eigentlich für mich uninteressant. Aber ich nehm's entgegen, weil die so unglücklich dann ist. Dass die Birnen nicht weich geworden sind für den Kuchen und so weiter. Aber ist für mich an sich restlos uninteressant. Während sie [Frau Runge] mir irgendwie, dadurch dass sie ihr Leben vor mir ausbreitet, ist es natürlich interessanter. Ist klar. Die will ja auch noch was draus machen. Wir andern sind ja irgendwie stehen geblieben.« (I-Dietz/Runge: 7)

Frau Dietz verknüpft Leben mit dem Bestreben nach Veränderung, Altsein hingegen assoziiert sie mit Stillstand und der Fixierung auf nebensächliche Lappalien. Zunächst spricht Frau Dietz von *den anderen* (Alten), wechselt jedoch später zum *Wir*. Diese Unentschlossenheit, ob man sich selbst zu den Alten zählen solle, findet sich auch in den anderen Interviews. Sie ist Indiz für die zwiespältigen Gefühle, die meine alten Interviewpartnerinnen mit dem Altsein verbinden. Veränderung ist das, worum es im Leben geht. An diesem Punkt treffen sich die ›Lebensphilosophien‹ von Frau Dietz und Frau Runge. Frau Dietz nimmt jedoch auch die Rolle der skeptischen Beobachterin ein: »Man sieht, wie die Jungen alt werden, reifer werden. Meist werden sie nur älter.« (Ebd.) Auf Nachfrage unterscheidet sie ein Altwerden, das quasi automatisch geschieht, von einem Reiferwerden, das für sie bedeutet, bestimmte »Dinge zu lassen« und nicht denselben »Quatsch« immer wieder zu tun. (Ebd.)

Die Freundin als Mentorin

Die eingangs zitierte Feststellung, dass Freunde einander als gleichwertig behandelten und in symmetrischem Austausch stünden, lässt sich an der eben vorgestellten Beziehung nicht bestätigen. Statt symmetrischer Positionen haben die beiden Freundinnen die komplementären Rollen eines Mentorenverhältnisses inne. Die junge Frau Runge erkennt die Lebenserfahrung von Frau Dietz an, sie *breitet* vor der alten Freundin *ihr Leben aus* und lässt sie so an diesem teilhaben. Frau Dietz steht ihrer jungen Freundin beratend zur Seite. Voraussetzung für die Bereitschaft zur Offenheit auf der einen, zur Lebensbegleitung auf der anderen Seite scheint auch hier eine Übereinstimmung in der Frage zu sein, worum es im Leben gehe. Die ähnliche Lebensphilosophie kann hier als beziehungsstiftendes Moment angesehen werden. Die in einem Mentorenverhältnis implizierte Asymmetrie lässt sich sowohl im Kommunikationsstil wie auch auf der Deutungsebene wiederfinden. So siezt Frau Runge ihre ältere Freundin, während diese ihre jüngere Freundin duzt. Außerdem stellt Frau Runge sich ausschließlich als »die Nehmende« (ebd.: 3) in der Beziehung dar. Dennoch bezeichnen beide ihre Beziehung als Freundschaft. Dies legt die Vermutung nahe, dass mit der Bezeichnung nicht unbedingt Aspekte der Symmetrie und Gleichwertigkeit in einer Beziehung gemeint sein müssen. Darauf werde ich später zurückkommen.

Beziehung gestalten und Autonomie signalisieren

Der Anthropologe James Carrier weist darauf hin, dass das westliche Verständnis von Freundschaft als einer freiwilligen und selbst gewählten Beziehung bestimmte Grundannahmen impliziere. Eine dieser Annahmen sei die Konzeption eines autonomen Selbst. (Carrier 1999) Geht man davon aus, dass sich für alte Menschen die Frage nach Autonomie mit zunehmender Hilfsbedürftigkeit noch einmal anders stellt, liegt die Frage nahe, was es für sie heißen kann, Freundschaften zu führen. Frau Dietz, die an der Parkinson-Krankheit leidet, ist in ihrem Alltag auf die Unterstützung anderer Menschen angewiesen. Neben den professionellen Pflegediensten kommt ein weiterer Freund, Herr Hille, sie häufig besuchen oder geht mit ihr spazieren. Ich fragte Frau Dietz, ob es Unterschiede zwischen der Freundschaft zu Frau Runge und der zu Herrn Hille gebe. Sie antwortete:

> »Herr Hille ist sicher was sehr Wichtiges für mich, weil er sich um mich sorgt. Die Kleine [Frau Runge] kann sich ja nicht so furchtbar um mich kümmern. Das ist ja auch nicht angebracht. Ich würde das gar nicht in Anspruch nehmen. Denn jeder hat sein Leben und muss mit dem fertig werden.« (I-Dietz/Runge: 5)

Obwohl Frau Dietz anschließend behauptet, sie könne keine Unterschiede zwischen den beiden Freundschaften machen und damit sicher den Grad ihrer Wertschätzung für die beiden Beziehungen meint, unterscheidet sie zwischen den beiden Freundschaften und dem, was sie in ihnen für »angebracht« hält. Die in Frau Dietz' Aussage deutlich werdenden Ansichten darüber, was in den beiden Freundschaften erlaubt und erwünscht sei und was nicht, nennt der Anthropologe Robert Paine die »rules of relevancy« einer Beziehung. Er geht davon aus, dass es für jede Beziehungsform derartige Übereinkünfte gibt. Freundschaft ist laut Paine insofern ein Sonderfall, als die kultur- oder milieuspezifischen Regeln für diesen Beziehungstyp sehr vage sind, und die Freunde selbst solche (stillschweigenden) Übereinkünfte erst entwickeln. Die »rules of relevancy« in Freundschaften seien vielfach nach außen hin nicht sichtbar, was jedoch nicht heiße, dass es sie nicht gäbe. (Paine 1969: 508) Folgt man Paine, so beinhaltet das Führen von Freundschaften die Aufforderung zur Beziehungsgestaltung. Im obigen Zitat sagt Frau Dietz, dass sie Hilfsangebote von Frau Runge für »nicht angebracht« hält und auch »gar nicht in Anspruch nehmen« würde. Damit macht sie klar, dass sie die Regeln ihrer Freundschaften aktiv mitgestaltet. Voraussetzung für diesen Gestaltungsspielraum ist, dass sie nicht auf die Hilfe der Freundin angewiesen ist. Gerade darin, dass sie sich in der Freundschaft zu Frau Runge in erster Linie als Ratgeberin und Unterstützerin und nicht als Hilfsbedürftige erleben kann, liegt für sie der Wert dieser Beziehung. Folgt man Carriers und Paines Überlegungen, so kommt dem Führen von Freundschaften eine wichtige symbolische Funktion zu. Dies wird am Beispiel von Frau Dietz besonders deutlich, spielt jedoch auch in den anderen von mir beschriebenen Freundschaften eine Rolle. Wenn jemand Freunde hat, signalisiert er oder sie damit sich und anderen Autonomie, Individualität und soziale Kompetenz und genügt damit einem wichtigen Leitbild gelingenden Lebens in westlichen Gesellschaften.[8]

---

[8] In ähnlicher Weise argumentiert Josefine Raasch in diesem Band in Bezug auf Freundschaften zu Gleichaltrigen.

»Wir können uns auch so Bälle zuwerfen« – Frieda und Lena

Als Frieda und Lena sich kennen lernten, war Frieda 70 Jahre alt und Lena 42. Heute ist Frieda 100 und Lena mit ihren 72 Jahren für mich selbst eine alte Frau. In dieser Freundschaft ist sie jedoch die Junge. Ich treffe die beiden Frauen in Friedas Wohnung. Mir öffnet eine sorgfältig, aber dezent geschminkte, grauhaarige Frau in schickem knielangem Rock. Sie führt mich zu einer ebenfalls grauhaarigen, allerdings unauffälliger gekleideten Frau, die sich mit etwas Mühe aus ihrem Sessel erhebt. Seit einem Sturz mit Beckenbruch kann Frieda sich nur noch mit Hilfe eines Gehwagens bewegen und ihre Wohnung nicht mehr ohne fremde Hilfe verlassen. Frieda beginnt das Gespräch, noch bevor ich meine erste Frage gestellt habe. Wortreich thematisiert sie ihren Kontakt zu jungen Menschen – und meint damit sie die Pflegekräfte, die sie seit ihrem Sturz versorgen. Dieser Kontakt sei für sie die »Medizin, die ein alter Mensch braucht« (I-Frieda/Lena:1) und die sie geistig nicht altern lasse. Lena kommentiert lachend Friedas Redefluss: »Jetzt hast du uns 'n richtigen Vortrag gehalten«. Frieda verteidigt sich ebenfalls lachend: »Ja, ich muss ja mal. Jeder hört ja nicht zu. Und das ist ja die Hauptsache. Sie nehmen mich ja alle noch ernst.« (Ebd.) Noch ernst genommen zu werden, wird zum wiederkehrenden Motiv in Friedas Erzählungen. Sie benutzt Wendungen wie: »Solange ich das noch kann, bin ich noch normal.« (Ebd.: 10) Oder: »Also man kann sagen, ich bin noch nicht vertrottelt.« (Ebd.: 3) Frieda und Lena haben sich immer wieder bei verschiedenen Festen getroffen, bei denen Verwandte und Freunde zusammen kamen, bevor Lena begann, Frieda hin und wieder zu besuchen. Seit drei Jahren kommt Lena regelmäßig jeden Dienstag. Für diesen und die nächsten Tage kocht sie Essen vor, sie spricht sich mit Friedas Enkeltochter ab, was noch zu besorgen ist und verbringt den Tag mit Frieda. Lena sagt lachend zu dieser freiwilligen Selbstverpflichtung: »Und plötzlich war's ne Institution. Also jeden Dienstag, da hab ich hier anzukommen, ob ich will oder nicht.« (Ebd.: 2) Es scheint, als ob Lena in der Freundschaft zu Frieda ein Betätigungsfeld gefunden hat, um ihrem »Helfersyndrom« (Ebd.: 11), das sie sich an anderer Stelle selbst attestiert, gerecht zu werden. Im Gespräch wird deutlich, dass es außerdem zu ihren Wertvorstellungen gehört, dass man sich um alte Menschen kümmert. Frieda wiederum genießt Lenas Gesellschaft und die Art und Weise, wie Lena auf ihre Vorlieben und Interessen eingeht. Frieda betont: »Sie liest mir [aus der Zeitung] dann immer das vor, was *mich* noch interessiert.« Ebd.: 4)

Humor

Innerhalb der Beziehung gibt es eingespielte Rollen: Lena ist die Fürsorgliche, aber auch die Dominantere. Frieda lässt sich umsorgen. Beide verbindet ein ausgeprägter Humor, der es ihnen auch ermöglicht, die eigene Rolle selbstironisch zu thematisieren:

> Frieda: »Ich bin pflegeleicht!«
> Lena lachend: »Du bist pflegeleicht – parierst auf's Wort. Wenn ich sage: Gib mir mal den Zeigefinger, dann legst du ihn mir schön hin.«
> Frieda: »Ja, ich frag' dann aber immer noch: Welchen? Ich hab zwei von den Dingern.« (Alle lachen) (Ebd.: 3f.)

Bei unserem Interview herrscht eine ausgesprochen lockere Atmosphäre. Das lebhafte Hin und Her wird immer wieder von herzlichem Lachen begleitet. Beide Freundinnen haben sichtlich Freude daran, sich gegenseitig »die Bälle zu[zu]werfen«. (Lena, ebd.: 13) Im Wettlauf um die nächste Pointe konkurrieren sie ums Rederecht. Wenn die eine endlich selbst wieder an den ›Gesprächsball‹ ran möchte, weil die andere ihr schon zu lange redet, werde ich als Dritte angerufen: »Fragen Sie ruhig, Frau Bartel, fragen Sie ruhig!« (Frieda, ebd.: 11) Mich erstaunt, wie der humorvolle Ton zwischen Frieda und Lena auch die Behandlung heikler Themen wie Krankheit und Sterben zulässt. Als Frieda ihre Befürchtung äußert zu erblinden (»und eines Tages wird's dunkel um mich durch meine Augen«), spendet Lena Trost auf eine für mich ganz unerwartete Art. Sie antwortet lachend der Hundertjährigen: »So alt wirst du nicht mehr, dass das passiert, Tante Frieda, zehn Jahre noch und dann ist's sowieso vorbei«. (Ebd.: 3) Vielleicht kann Lena sich als eine, die selbst schon älter ist, eine solche Reaktion auch erlauben. Im Hin und Her der erzählten Geschichten aus dem gemeinsamen Alltag werden aber auch ernste Anliegen deutlich:

> »Ja, wissen Sie, ich möchte *einmal* im Leben –. Ich bin immer mit meiner Enkelin einkaufen gefahren. Die hat mich dann hier abgeholt. Und dann sind wir erst zu Aldi gefahr'n und da hab ich auch so meine gewissen Sachen. Und dann anschließend zu Reichelt. Und da hab ich verschiedene Scheiben von Wurst und von Käse und nachher alles eingefroren. Wunderbar. Das fehlt mir. Ich sage, ich möchte *einmal noch* einkaufen gehen. Ich möchte *einmal noch* schön zu Aldi und Reichelt gehen. Ich würde wie ein Raubtier kaufen.« (Ebd.: 8)

Darauf antwortet Lena trocken: »Na gut, dann fang mal schon an zu sparen.« Sie fügt aber auch hinzu: »Ich mach das mit dir.« (Ebd.) Es hat den Anschein, als erlaube der humorvolle Kommunikationsstil eine vielschichtige Reaktion und die Entscheidung, wie ernst man auf das Gesagte eingeht. Wünsche können zur Sprache gebracht werden, ohne dass die Freundin sich verpflichtet fühlen muss, diese zu erfüllen. Sie kann sie aber erfüllen, weil sie um die Wünsche weiß.

Kommunikationsstile

Die humorvoll lockere Atmosphäre zwischen Frieda und Lena lenkte meine Aufmerksamkeit auf die verschiedenen Kommunikationsstile der Freundinnenpaare. In den Interviews bat ich die Freundinnen, mir gemeinsam von ihrer Freundschaft zu erzählen, und überließ ihnen die Aufgabe zu entscheiden, wer reden solle. Die Sprechende stand damit vor der schwierigen Herausforderung, einerseits *über* die Freundin bzw. die gemeinsame Beziehung zu sprechen und dabei ein gemeinsames Außenbild der Beziehung zu entwerfen, andererseits aber die Freundin auch mit ins Gespräch *einzubeziehen*. Es wurden ganz unterschiedliche Lösungen gefunden, die – wie ich meine – viel über die Beziehungsdynamik aussagen. Bei Frieda und Lena lässt sich an mehreren Stellen beobachten, dass diejenige, die gerade nicht spricht, das Gesagte der anderen kommentiert und sich auf diese Weise in das Gespräch einklinkt. Das verweist zunächst auf einen symmetrischen Kommunikationsstil. Allerdings entscheidet Lena in den meisten Fällen darüber, was zum Thema gemacht wird, wogegen Frieda auch an manchen Stellen – eher scherzhaft als ernst – protestiert: »Du musst doch nicht alles erzählen, Lenchen! Was denkt denn Frau Bartel von uns!« (I-Frieda/Lena: 9) Lena lässt sich dadurch jedoch nicht beirren. So zeigt sich auch in der Interaktion, dass Lena die Dominantere ist, die den Rahmen der Beziehung stärker definiert. Frieda ist diejenige, die diese Setzung akzeptiert, jedoch die verbleibenden kleinen Entscheidungsspielräume für eigenständiges Handeln ausfindig macht. In der Freundschaft zwischen Frau Dietz und Frau Runge werden die Redebeiträge auf andere Weise verteilt. Nachdem ich meine Einstiegsfrage gestellt habe, fordert Frau Dietz, der aufgrund ihrer Krankheit das Sprechen schwer fällt, Frau Runge auf: »Dann leg' mal los!« (I-Dietz/Runge: 1) Sie überträgt ihrer jungen Freundin die Aufgabe, Formulierungen zu finden, die die Beziehung charakterisieren. Frau Runge spricht, Frau Dietz bestätigt. An manchen Stellen bittet Frau Runge ihre ältere Freundin sogar explizit um Bestätigung des Gesagten: »Würd ich so sagen, Frau Dietz, ja?« (Ebd.: 6) Im Sprechhandeln spiegelt sich wieder, dass Frau Runge die Aktive ist, die aus ihrem Leben »noch was [...] machen« will (Dietz, ebd.: 8), während Frau Dietz die Ausführungen ihrer jungen Freundin punktuell ergänzt und teilweise das Gesagte anders gewichtet. Frau Dietz beschränkt sich aus ihrer Autoritätsposition heraus auf diese begleitende Rolle, scheint sich aber aufgrund ihrer Krankheit auch darauf beschränken zu müssen. Zwischen Karin und Adele, dem zuerst vorgestellten Freundinnenpaar, sind die Redeanteile annähernd gleich verteilt. Um ihre alte Freundin in die eigenen Ausführungen mit einzubeziehen, wechselt Karin immer wieder zwischen dem Sprechen über die Freundin und der direkten Ansprache der Freundin. Gleichzeitig macht sie klar, dass es sich bei dem Gesagten um ihre Perspektive handelt:

»*Für mich* ist das 'ne innere Verbundenheit, die *wir* haben. Und die basiert bei mir darauf, dass ich zum einen also eine Hochachtung habe vor *dir* und *deinem* Leben, weil *die Adele* hat ganz viele Schicksalsschläge hingenommen.« (I-Adele/Karin: 2)

Adele begleitet und bestätigt das Gesagte mit einem wiederholten »Ja«. Die beiden Freundinnen gehen auf das ein, was die andere gerade sagt, und fragen nach, wenn sie etwas nicht verstanden haben. Die Beziehungscharakteristika und Kommunikationsstile, die sich in den einzelnen Freundschaftsporträts andeuten, korrespondieren hier direkt miteinander. Während sich zwischen Frieda und Lena bzw. Frau Dietz und Frau Runge komplementäre Rollen abzeichnen, findet sich bei Karin und Adele eine eher auf Symmetrie ausgerichtete Beziehungspraxis.

Inszenierte Gegenseitigkeit und gegenseitige Wertschätzung

In allen Interviews finden sich zum einen Sequenzen, in denen konkrete Begebenheiten aus der Freundschaft erzählt wurden und anhand derer ich mehr über die Beziehungspraxis erfahren konnte. Zum anderen gibt es Abschnitte, in denen die Freundinnen ihre Beziehung auf einer allgemeineren Ebene darstellten und deuteten. Wie mir besonders im Interview mit Lena und Frieda auffiel, sind gelegentlich Diskrepanzen zwischen konkreten Beziehungspraxen und Beziehungsdeutungen festzustellen. Frieda betont an mehreren Stellen das freundschaftliche ihrer Beziehung zu Lena und verknüpft damit Aspekte wie Gegenseitigkeit und Gleichheit, indem sie sagt:

»Wir verstehen uns beide. Lena versteht mich. Ich verstehe sie. Sie ist lieb zu mir. Ich bin lieb zu ihr. Warum sollen wir uns zanken. Männer kommen nicht mehr in Frage.«
Lena bestätigt: »Nee, die ham wir abgehakt.«
Frieda fährt fort: »Die ham wir abgehakt. Also wegen Männern ist keine Eifersucht mehr. Ich nehm ihr niemand weg. Sie nimmt mir meinen nicht weg.« (I-Frieda/Lena: 7)

Hier entwirft Frieda das Bild einer symmetrischen Beziehung und verweist auf einen Aspekt, in dem sich ihre und Lenas Lebenssituation gleicht. Humorvoll schlägt sie an anderer Stelle eine Umdeutung der bestehenden Asymmetrie zwischen Lena und ihr vor: »Und dann opfere ich mich auch für Lena sehr auf, dass ich alles esse, was sie mitbringt.« (Ebd.: 6) Frieda ist sich jedoch durchaus bewusst, wie viel Unterstützung sie durch ihre junge Freundin erfährt. Dies wird im folgenden Ausschnitt deutlich, in dem sie zunächst noch einmal auf das Symmetrische der

Freundschaft rekurriert, dann aber ihrer Dankbarkeit gegenüber Lena Ausdruck verleiht.

> »Ganz unwillkürlich: Freut sie sich, freu ich mich mit. Hat sie Kummer, tut mir auch leid. Also, das ist doch Freundschaft. Und dann merk' ich immer, mit wie viel Liebe sie das für mich macht und das für mich macht. Da ist ein bloßes Dankeschön manchmal zu wenig.«
> Lena: »Wie willste's denn bezahlen?«
> Frieda: »Soviel Geld gibt's ja gar nicht Lenchen (Lena lacht laut). Und Golddukaten gibt's auch nicht mehr.«
> Lena: »Du kannst mich in Gold aufwiegen lassen. Das ist noch 'ne Möglichkeit.«
> Frieda: »Ja, ich hab' keine Waage. Zeig mir mal die Waage, auf die du raufpasst.« (Lena lacht) (Ebd.: 4)

Auf selbstironische und humorvolle Weise präsentiert und inszeniert Frieda die Beziehung als eine gegenseitige, lässt dabei aber Lenas tatsächlich geleistete Hilfe und ihren Dank dafür nicht unter den Tisch fallen. In der Widersprüchlichkeit zwischen Friedas Beziehungsdeutung und den Erzählungen aus dem Freundschaftsalltag, die sich um Lenas tatkräftige Hilfe drehen, wird eine Spannung deutlich zwischen Beziehungsideal und -wirklichkeit. Die Beziehung wird im Deutungsrahmen einer auf Symmetrie ausgerichteten Freundschaft verhandelt. Damit wird festgeschrieben, was das Wesentliche an der Beziehung ist, nämlich die Gegenseitigkeit der emotionalen Zuwendung zueinander und die in der gemeinsamen Art des Humors liegende Gleichheit. Vor diesem Deutungshorizont kann Frieda Lenas Hilfe annehmen und sich trotzdem in erster Linie als Lenas Freundin und nicht als Hilfsbedürftige wahrnehmen. Während Frieda symmetrische Aspekte ihrer Beziehung zu Lena hervorhebt, rekurriert Frau Runge darauf überhaupt nicht, sondern betont die Asymmetrie. Sie bezeichnet Frau Dietz dennoch mit Bestimmtheit als ihre Freundin. Welche Bedeutung hat diese Aussage für sie? In mehreren Interviews fiel mir auf, dass die Freundinnen ihre Beziehung zueinander als etwas ganz Besonderes ansehen, das sie sehr wertschätzen. Mir scheint, dass mit der Aussage: »Das ist meine Freundin.« (I-Dietz/Runge: 12) genau dieser Wertschätzung Ausdruck verliehen wird. So schreibt auch Allan, dass die Bezeichnung ›Freund‹ keine Kategorie wie ›Nachbar‹ oder ›Verwandter‹ sei, die an äußeren Merkmalen festgemacht werde, sondern eine Beziehungs*qualität* bezeichne. (Allan 1989: 16) Um eine Beziehung als Freundschaft bezeichnen zu können, muss man sich also der Wertschätzung für die Beziehung sicher sein, der eigenen und der der Freundin. Dies legt den Schluss nahe, dass der Anspruch nach symmetrischem Austausch in Freundschaften in erster Linie auf der Ebene der Wertschätzung und der emotionalen Zuwendung zueinander eingelöst sein muss. Dann scheinen

Asymmetrien auf anderen Ebenen nicht so sehr ins Gewicht zu fallen. Der eingangs gestellten Frage, ob sich in Freundschaften zwischen jungen und alten Menschen die Wertschätzung auch auf den Aspekt der Weitergabe von Lebenserfahrung bezieht, möchte ich im Anschluss an das nächste und letzte Freundschaftsporträt nachgehen.

»Sie ist immer so'n positives Beispiel« – Christa und Janine

Die 83-jährige Christa und die 28-jährige Janine lernten sich vor fünf Jahren in Kroatien kennen, wo Janine gerade ein Auslandsjahr verbrachte und wohin Christa häufig in den Urlaub fährt. Auf dramatisierende Weise schildert Christa, wie sie nachts mit dem Flugzeug in Split ankam und aufgrund der Verspätung nicht mehr zu ihrem eigentlichen Urlaubsziel weiterfahren konnte. Janine war ebenfalls am Flughafen, um eine Freundin abzuholen. Christa erzählt, wie sie auf der Suche nach einer Bleibe Janine ansprach:

> »Jetzt hab ich zu ihr gesagt, ob sie mir 'n Hotel sagen kann. Ich weiß nicht, wie es kam, und da haben die gesagt, die beiden *Mädchen*: Komm mit zu uns. Du kannst bei uns schlafen. Da haben die mein *schweres* Gepäck und meine Koffer, wenn ich vier Wochen da bin und noch mitbringe und so weiter, *vier* Treppen hochgeschleppt. Ich glaube, es waren fünf Treppen sogar. So ist unsere Freundschaft entstanden.« (I-Christa/Janine: 1)

Die Art und Weise, wie die beiden *Mädchen* ihr geholfen haben, war für Christa völlig unerwartet. Janines Ergänzungen weichen etwas ab. Sie erzählt, dass sie Christa kein Hotel habe empfehlen können und ihr erklärt habe, dass sie und ihre Freundin eine Wohnung hätten. Daraufhin habe Christa sie gefragt, ob sie bei ihnen »auf dem Fußboden« (ebd.: 2) schlafen könne, was Janine und ihre Freundin nun wiederum von einer zu diesem Zeitpunkt 78-jährigen Frau nicht erwartet hätten. Beide Seiten waren offensichtlich überrascht von dem Verhalten des jeweiligen Gegenübers. Die positive Irritation ihrer Vorstellungen davon, wie alte bzw. junge Menschen seien, bildet die Grundlage dieser Freundschaft. Dafür spricht, dass das Thema Jung und Alt im Gespräch zwischen Christa, Janine und mir eine viel größere Rolle spielte, als es in den anderen Interviews der Fall war. Immer wieder lenkte Christa die Unterhaltung darauf, wie ihrer Wahrnehmung nach in unserer Gesellschaft mit alten Menschen umgegangen wird. Ihnen werde kein Respekt gezollt, es herrsche die Haltung vor, Alte seien »doof« (ebd.: 7) und sie würden in der Gestaltung des öffentlichen Lebens nicht berücksichtigt. So würden immer mehr englische Vokabeln in Medien und Werbung verwendet (ebd.: 5), nähere Informationen zu Veranstaltungen oder Produkten bekomme man fast nur noch über das Internet und man müsse in der Lage sein, sich an Automaten zurechtzufinden, um in der Stadt mobil zu sein. (Ebd.: 7) Ebenso ist für sie die Tatsache, dass sie ständig Briefe bekommt, in denen ihr suggeriert wird, sie habe (schon fast) bei einem Gewinnspiel gewonnen, Indiz für die respektlose Ausnutzung der Schwächen alter Menschen. (Ebd) Auch Janines Einwurf, dass solche Briefe junge Leute genauso bekämen, kann sie nicht von ihrer Meinung abbringen, dass solche Briefe eine bewusste »Verarschung« alter Menschen seien. (Ebd.) Für Christa ist Janine eine *Ausnahme* von dem ansonsten für sie überall zu beobachtenden respektlosen Umgang der Jungen mit den Alten. Für Janine ist die Art und Weise, wie Christa ihr Leben als verwitwete alte Frau aktiv gestaltet, etwas anderes als das, was sie von ihren Eltern und Großeltern kennt:

> »Sie ist immer so 'n positives Beispiel. So positiv denkend. Bei uns in der Familie ist es irgendwie schon ein bisschen deprimierender. Oder meine Oma und meine Mutter sind so, ich will nicht sagen: wehleidig, aber schon nicht so positiv eingestellt. Da muss ich immer so 'n bisschen kämpfen oder sagen: Ja blick doch mal dahin oder mach doch mal auch was für dich, was Schönes, was dir gefällt, und lass dich nicht von der Arbeit so fertig machen. Ich meine, das ist leichter gesagt als getan. Aber sich halt auch was Gutes tun und zu leben. Dafür muss man halt auch was machen. Das kommt nicht von allein. Und das find ich halt bei Christa.« (Ebd.: 6)

Die beiden Freundinnen verbindet die Vorstellung, dass man das eigene Leben aktiv gestalten müsse, wenn man wolle, dass es einem gut gehe. Tatsächlich führt Christa ein für ihr Alter außergewöhnlich aktives Leben: Ihr Terminkalender ist dicht gefüllt mit Verabredungen, geplanten Reisen und Besuchen bei ihren Kindern und Enkelkindern. Sie besucht eine Tanzgruppe und geht zum Gedächtnistraining. Entsprechend langfristig geplant werden auch die verschiedenen Unternehmungen mit Janine. So waren sie im Theater, zum Brunch, im Tanzcafé und in der Sauna. Während Christa ihr ausgefülltes Leben in Verbindung bringt mit ihrem »Glück«, noch gesund zu sein (ebd.), ist es für Janine ein Beispiel dafür, dass man als alter Mensch auch ein anderes Leben führen kann, als sie es von ihren Großeltern, die auch gesund seien, kennt. Christas Leben hat für sie Vorbildcharakter für ihr eigenes Altwerden. (Ebd.: 5) Christa und Janine sind füreinander positive Gegenbeispiele dessen, was sie sonst mit alten bzw. jungen Menschen erleben. Auf Christa trifft die weiter oben angesprochene Beobachtung zu, dass die alten Frauen mit Stolz und Dankbarkeit von ihren Freundschaften zu Jüngeren sprachen. Vor dem Hintergrund der auch in vielen anderen Interviews kritisierten gesellschaftlichen Abwertung alter Menschen genießt sie es, bei Janine wie auch in ihrer Familie Wertschätzung zu erfahren. Sie ist aber auch stolz darauf, dass sie – im Gegensatz zu anderen alten Menschen – anziehend und interessant für jüngere Menschen ist, wie ihr die Freundschaft zu Janine zeigt.

Lebenserfahrung – erzähltes und gelebtes Leben

Das Treffen mit Christa und Janine hatte weniger den Charakter eines Interviews, sondern eher den eines Gesprächs unter Freundinnen. Vor allen Dingen Christa hat mich als eine, die sich für ältere Menschen interessiert, gleich mit zur (potentiellen) Freundin erklärt. Auf diese Weise erhielt ich stärker als in den anderen Interviews Einblick in das Miteinander der Freundinnen. Christa erzählt immer wieder Begebenheiten aus ihrem Leben. Anhand dieser Geschichten wurde ihre Lebensphilosophie sichtbar, die man wie folgt zusammenfassen könnte: Für die eigene Lebenszufriedenheit kann und muss man selbst etwas tun. Sie ist jedoch nicht allein das eigene Werk. Man braucht auch Menschen, die einen fördern (Christas Zieheltern) und lieben (Christas verstorbener Mann) sowie »Glück«. Für die Zuhörerin füllen diese Geschichten abstrakte Begriffe wie beispielsweise »Selbständigkeit« und machen sie anschaulich (ebd.: 5); sie sensibilisieren für das Gewordensein dieser Lebenseinstellungen, für deren Geschichtlichkeit.[9]

Fast alle meine Interviewpartnerinnen kamen im Verlauf des Gesprächs auf das Ratgeben zu sprechen und thematisierten daran die Frage, wie Lebenserfahrung angemessen weitergegeben werden kann. Fast alle widersprachen der Ansicht, dass alte Menschen allein schon wegen ihres fortgeschrittenen Alters jungen Menschen etwas zu sagen haben. In einem hier nicht näher ausgewerteten Interview zeigte sich, dass das Gegenteil der Fall sein kann und die Jüngere auch in Fragen der Lebensführung und des zwischenmenschlichen Umgangs zur Ratgeberin der Älteren werden kann, wenn sie diesbezüglich in einem bestimmten sozialen Umfeld mehr Erfahrung gesammelt hat. (I-Grete/Nadine: 1ff.) Lebenserfahrung kann also nur insofern mit Altsein verknüpft werden, als mit zunehmendem Alter die Wahrscheinlichkeit größer wird, dass jemand in seinem Leben mit tief greifenden Problemen konfrontiert war und diese entsprechend bearbeitet hat. Andererseits sind alte Menschen aufgrund des gesellschaftlichen Wandels mit bestimmten Problemlagen, mit denen sich die Jüngeren auseinander setzen müssen, gar nicht konfrontiert gewesen. Im Gegensatz zu expliziten Ratschlägen wird eher ein implizites Ratgeben geschätzt, z.B. indem die Ratgebende von ihren eigenen Erfahrungen berichtet oder die Ratsuchende die Möglichkeit nutzt, mit der Freundin über das

---

[9] So äußert Janine nach dem Interview auf dem gemeinsamen Nachhauseweg Verständnis für die im Interview kritisierte *wehleidige* Einstellung ihrer Großmutter und erklärt sich diese aus deren Lebensgeschichte.

Problem zu sprechen. Die Weitergabe von Lebenserfahrung läuft also nicht nur von Alt zu Jung, sondern kann durchaus auch ein wechselseitiger Prozess sein.

Obwohl das Ratgeben auf einer allgemeinen Ebene hauptsächlich unabhängig vom Altersunterschied verhandelt wurde, schreiben dennoch die meisten meiner jungen Interviewpartnerinnen ihren alten Freundinnen Lebenserfahrung zu bzw. erzählen von Situationen, in denen sie sie explizit um einen Rat gebeten haben. Erinnert sei an Frau Runge, die ihre Freundin bat, sie beim Grundstückskauf zu beraten. Die Jungen sehen ihre alten Freundinnen also – folgt man der eingangs gegebenen Definition zu Weisheit und Lebenserfahrung – als kompetente Ansprechpartnerinnen in wichtigen Fragen des Lebens an. Es stellt sich die Frage, woran sie diese Zuschreibung festmachen. Zwei Beobachtungen seien hier genannt: Zum einen wird an den Interviews deutlich, dass die Freundinnen ähnliche Lebensphilosophien entwickelt haben. Zum anderen zeigten sich die alten Freundinnen zufrieden mit ihrem Leben. Möglich wäre, dass die ähnlichen Lebensphilosophien die Voraussetzung dafür bilden, dass jemand das, was die Freundin oder der Freund über das Leben zu sagen hat, überhaupt als relevant für das eigene Leben ansieht. Darüber hinaus sehen die Jungen möglicherweise in der Lebenszufriedenheit ihrer alten Freundinnen einen Indikator dafür, dass diese tatsächlich Strategien für einen positiven Umgang mit den Herausforderungen des Lebens gefunden haben, die es wert scheinen, weitervermittelt zu werden.

Besteht also die Weitergabe von Lebenserfahrung neben dem Modus des (umstrittenen) Ratgebens im Erzählen von Geschichten aus dem eigenen Leben und in der Möglichkeit, mit der Freundin bestimmte Probleme zu besprechen und so von ihr implizit einen Rat zu erhalten? Janine verweist auf einen zusätzlichen Aspekt: »Vielleicht auch Lebenserfahrung, indem ich sehe, wie sie [Christa] halt lebt, wie sie ihr Leben gestaltet.« (I-Christa/Janine: 5) Hier geht es nicht nur um das Gespräch *über* das Leben, sondern genauso auch darum, durch das Zusammensein und die gemeinsam verbrachte Zeit Anteil am Leben der Freundin zu haben. Meiner Meinung nach besteht das Besondere einer Freundschaft zwischen Alt und Jung in der Verknüpfung dieser beiden Aspekte: Einerseits der Möglichkeit, anhand der Lebensgeschichte(n) zu erfahren, was die Freundin erlebt und welche Schlüsse sie daraus gezogen hat, und andererseits durch den alltäglichen Umgang mit der Freundin deren Lebenspraxis kennen zu lernen. So kann man prüfen, ob sich die Schlüsse, die die Freundin aus dem Leben gezogen hat, in ihrer Lebenspraxis wiederfinden lassen, und man kann eine Vorstellung davon erhalten, wie diese Praxis lebensgeschichtlich geworden ist. Freundschaften sind also ein sozialer Kontext, in dem Lebenserfahrung durch einen spezifischen Modus, der Sprechen und Handeln verknüpft, sichtbar und transferierbar gemacht wird.

Schluss

In den einzelnen Freundschaftsporträts sind ganz unterschiedliche Beziehungspraxen und Rollenverhältnisse sichtbar geworden. Freundschaft stellt einen relativ offenen sozialen Rahmen dar, innerhalb dessen die BeziehungspartnerInnen angehalten sind, gemeinsam die konkrete Form ihrer Beziehung zu gestalten. Da eine wesentliche Voraussetzung für diese Gestaltungsfähigkeit Autonomie und soziale Kompetenz der an diesem Prozess Beteiligten sind, hat die erfolgreiche Pflege von Freundschaften auch eine wichtige symbolische Funktion.

Da die alten und jungen Freundinnen hinsichtlich ihrer Ressourcen und ihres Lebensumfelds sehr verschieden sind, erscheinen die zum Teil komplementären Rollen in der Beziehung angemessen. Diese stehen in manchen Fällen jedoch dem allgemeinen – und auch von den Freundinnen geteilten – Freundschaftsverständnis, das auf Gegenseitigkeit und Gemeinsamkeit ausgerichtet ist, entgegen. Ein symmetrischer Austausch zwischen den Freundinnen findet jedoch auf der Ebene der gegenseitigen Wertschätzung sowie auf der Ebene der emotionalen Zuwendung statt. Grundlage der Wertschätzung kann eine ähnliche Lebensphilosophie oder auch ein gemeinsamer Kommunikationsstil sein. Der entscheidende Charakter des Beziehungstyps ›Freundschaft‹ scheint somit in der symmetrischen Respektsbekundung für die jeweilige Freundin als individueller Person zu bestehen. Auf diese Weise behandeln sich die ungleichen Freundinnen als gleich(wertig).

In den Interviews wird deutlich, dass Freundschaft ein sozialer Rahmen ist, in dem in doppelter Weise Lebenserfahrung sichtbar gemacht wird. Zum einen kann sie in Gesprächen, Ratschlägen und Erzählungen verbalisiert werden. Zum anderen kann man der Freundin Einblick in die eigene Lebenspraxis – die Organisation des Alltags, die Gestaltung zwischenmenschlicher Beziehungen, die Herangehensweise an Probleme – gewähren. Die Möglichkeit der Verknüpfung dieser beiden Ebenen macht das Besondere von Freundschaften aus. Gegenstand weiterer Forschung könnte die Frage sein, welche Modi des Sichtbarmachens und Aneignens von Lebenserfahrung in anderen sozialen Konstellationen hervorgebracht werden. Einerseits ließe sich dadurch eine differenziertere Perspektive über Formen der Weitergabe von Lebenserfahrung entwickeln und andererseits könnte eine solche Forschung Aufschluss über die dazu auf beiden Seiten notwendigen Kompetenzen geben.

Glauben in Zeiten der Krise
Die Glaubensbiografie als Entwicklungserzählung

Brigitte Friederike Gesing

Die Religiosität älterer Menschen ist Forschungsfeld vieler unterschiedlicher wissenschaftlicher Disziplinen – so beschäftigen sich etwa Theologie, Psychologie und Soziologie mit der Kirchenbindung älterer Generationen, mit religiöser Entwicklung über die Lebensspanne und den Möglichkeiten, die der Glaube bei der Bewältigung von Leben und Alter(n) bieten kann. Aus der Perspektive der Europäischen Ethnologie ist die *Religiosität* als Praxis von der *Religion* als einem komplexen kulturellen Muster zu unterscheiden. Der amerikanische Sozialanthropologe Clifford Geertz definiert Religion als ein Symbolsystem, das nicht nur als Modell *von* Wirklichkeit die Welt interpretiert, sondern auch als Modell *für* Wirklichkeit bei der Hervorbringung der als wirklich gedachten Welt wirke. Symbole

> »verleihen der sozialen und psychologischen Wirklichkeit Bedeutung, d. h. in Vorstellungen objektivierte Form, indem sie sich auf diese Wirklichkeit ausrichten und zugleich die Wirklichkeit auf sich ausrichten.«
> (Geertz 1991: 53)

Mit Geertz verstehe ich Religion als ein System von Deutungsangeboten, aus dem Menschen schöpfen und das sie sich aneignen, um die an sie gestellten Lebensanforderungen zu bewältigen und sinnhaft zu verstehen. Durch diesen aktiven Aneignungsprozess wird das religiöse Symbolsystem in Religiosität als Praxis umgesetzt. Um diesen Prozess besser zu verstehen, habe ich den Fokus meiner ethnografischen Forschung auf die Nutzbarmachung des Kulturmusters Religion für die Deutung des eigenen Lebens gelegt. Hierfür verwende ich den Begriff der *Glaubensbiografie*, die ich als eine Form der *Selbstnarration* verstehe. Ich habe dazu eine evangelische Kirchengemeinde im Nordosten Berlins ethnografisch beobachtet und narrative lebensgeschichtliche Interviews mit fünf Frauen geführt, die zwischen 1920 und 1929 geboren und Mitglieder dieser Gemeinde sind.[1] Alle sind ehemalige DDR-

---

[1] Ergänzt wird das Material durch Aufzeichnungen fortlaufender teilnehmender Beobachtung im monatlich stattfindenden Seniorenkreis, in einem wöchentlichen Bibelkreis und im Gottesdienst sowie durch ein Gespräch mit dem Pfarrer. Am Seniorenkreis nehmen alle Befragten teil. Drei der Interviewpartnerinnen besuchen auch den Bibelkreis. Dieser ist nicht explizit an ältere Menschen gerichtet, wird aber fast ausschließlich von Frauen zwischen 70 und 85

Bürgerinnen; sie leben alleine, vier sind seit Jahrzehnten verwitwet, eine ist ledig und hat keine Kinder. Alle besuchen den Gottesdienst und nehmen an den sozialen Angeboten teil, die innerhalb der Gemeinde in Form regelmäßig stattfindender Kreise angeboten werden.

In ihrer rückblickenden Erzählung des Lebens in und mit der Religion wurden von den Frauen krisenhafte Lebensereignisse als wichtige Momente ihrer Glaubensbiografie thematisiert. Anhand solcher Erlebnisse strukturieren sie ihre Lebensdeutung und richten sie nach bestimmten Motiven aus. Das Alter(n) tritt so implizit und explizit in den Blickpunkt. In Anlehnung an Paul Baltes *Psychologie der Lebensspanne* (Baltes: 1990) gehe ich davon aus, dass sich jede Lebensphase durch spezifische Entwicklungsaufgaben auszeichnet, die meist in Form von Krisen aktuell werden. Das höhere Alter ist regelmäßig mit krisenhaften Erfahrungen wie dem Verlust von LebenspartnerInnen und FreundInnen oder der Konfrontation mit Krankheit und Gebrechlichkeit verbunden. Alter ist damit nicht einfach als Erreichen eines bestimmten Lebensalters zu verstehen, sondern zeichnet sich durch die Anhäufung von spezifischen Erfahrungen und Lebensereignissen aus, mit denen Menschen im Rahmen ihrer persönlichen Möglichkeiten und Ressourcen unterschiedlich umgehen können und müssen. Durch diesen theoretischen Rahmen wird das Älterwerden als ein komplexer körperlicher, emotionaler und sozialer Entwicklungsprozess interpretierbar.

Die zentrale Bedeutung, die Krisen in der Lebensentwicklung zukommt, ist auch Ansatzpunkt meiner Interpretation der Glaubensbiografien. Im ersten Kapitel zeige ich, wie die Funktion von Schlüsselerlebnissen in der Lebensdeutung aus dem von Geertz eröffneten theoretischen Blickwinkel auf Religion gefasst werden kann. Im Anschluss daran analysiere ich mein empirisches Material unter diesem Fokus; Anknüpfungspunkt der Analyse wird dementsprechend die Thematisierung von Krisen sein. Dabei werde ich versuchen, zentrale Motive zu rekonstruieren, die von den Interviewpartnerinnen sowohl in ihrer Glaubensbiografie als auch in Bezug auf andere Lebensthemen verwendet werden. Dadurch wird deutlich werden, wie unterschiedlich die (Selbst-) Interpretationen des gelebten Lebens durch die von der Religion bereitgestellten Deutungsanbote sind. Abschließend werde ich den von Geertz und Baltes gesteckten theoretischen Rahmen nutzen, um meine These der Notwendigkeit eines differenziellen Verständnisses von Glauben im Alter zu entwickeln.

---

besucht, teilweise seit über 20 Jahren. Meine Forschungsphase dauerte von Oktober 2004 bis Februar 2005.

Zweifel und Krisen – das Sinnproblem

Krisenhafte Lebensereignisse werden im Rahmen der Balteschen *Psychologie der Lebensspanne* als zentral für die menschliche Entwicklung in jedem Lebensalter angesehen. Aus religionsethnologischer Perspektive können solche Momente der Krise als Prüfsteine interpretiert werden, an denen sich die wirklichkeitsstrukturierende Fähigkeit eines Symbolsystems bewähren muss. Die Religion hat hier die Funktion,

> »die Unvermeidlichkeit von Unverständnis, Schmerz und Ungerechtigkeit im menschlichen Leben zu bejahen oder zumindest anzuerkennen, während gleichzeitig verneint wird, dass diese irrationalen Züge der Welt insgesamt eigen seien.« (Geertz 1991: 72)

Geertz nennt drei Problemkomplexe, die das religiöse Symbolsystem aufzufangen in der Lage sein muss: Sinnkrisen entstehen demnach an der Grenze der analytischen Fähigkeiten des Verstandes, an der Grenze der Leidensfähigkeit von Körper und Seele und an der Grenze der ethischen Sicherheit, »der Kluft zwischen Dingen, wie sie sind und wie sie sein sollten«. (Ebd.: 69) Dadurch, dass dem scheinbar Sinnlosen in der symbolischen Ordnung der Religion eine Sinnhaftigkeit zuerkannt wird, kann es zugleich diese Ordnung bestätigen. Die Grenzerfahrungen können so in zweifacher Weise wirken: Einerseits wird die verstörende Erfahrung anerkannt und ertragbar, andererseits wird das Symbolsystem stabilisiert. Die beschriebenen Sinnkrisen stellen damit den »wichtigsten Anwendungsbereich« (Ebd.: 72) des Glaubens dar. Wie bereits angedeutet, bringen die befragten Frauen in ihren Lebensgeschichten die Funktion und Entwicklung ihres Glaubens mit bestimmten verunsichernden und verstörenden Lebensereignissen in Verbindung. Diese Krisen verstehe ich als Sinnkrisen im Geertzschen Sinne. Ob das religiöse Symbolsystem diesen Erschütterungen jeweils standhalten konnte, soll dabei durch die Frage nach aufgetretenen Glaubenszweifeln untersucht werden. Was mir berichtet wurde, deute ich als eine Rekonstruktion der Lebensgeschichte mithilfe eines Instrumentariums von Sinnelementen, die aus der Religion geschöpft werden. Ein solches Vorgehen bezieht sich auf Theorien der sozialwissenschaftlichen und kulturanthropologischen Biografieforschung, die in der Selbstnarration einen Versuch der Bedeutungszuschreibung sehen, bei dem Menschen sich in Bezug zu bestimmten kulturellen Mustern setzen. Dies erfordert immer ein Gegenüber:

> »Der in autobiographischen Äußerungen vorgebrachte Versuch einer Bedeutungsverknüpfung der eigenen Handlungen und Erlebnisse erhält seinen Sinn erst dadurch, dass sie von relevanten Anderen verstan-

den werden. Verstehen setzt einen gemeinsamen Erfahrungs- und Sinnhorizont voraus.« (Gestrich 1988: 11)

Religion soll hier also als ein solcher mit der Welt verbundener Horizont verstanden werden, auf den die befragten Frauen zurückgreifen, um ihrer Selbstnarration Sinn zu verleihen. Um dieser individuellen Form der Aneignung kultureller Muster gerecht zu werden, verwende ich den Begriff der *Motive*. Darunter verstehe ich strukturierende Elemente, die in den Erzählungen erkennbar werden und ihnen einen jeweils spezifischen Charakter verleihen. Im folgenden Abschnitt gruppiere ich die befragten Personen anhand zweier Hauptmotive, die ich tendenziell als gegenläufige Achsen der Selbstdeutung interpretiere und die mit einem unterschiedlichen Verständnis von Entwicklung einhergehen. Im Kapitel *Glaube als Fundament* sind die Narrationen auf das Motiv der Kontinuität ausgerichtet, während im Kapitel *Glaube als Projekt* das Motiv der Neuorientierung im Zentrum steht.

Glaube als Fundament
In die Kirche reingewachsen – Frau Anton

Schon als wir am Telefon den Interviewtermin vereinbarten, charakterisierte Frau Anton ihr religiöses Leben als Kontinuum: »Ja, das fing schon bei der Taufe an, und dann die Konfirmation. Das ganze Leben.« Im Interview selbst führt sie genauer aus:

> »Ja, also ich bin ja schon jung getauft, und hab 'ne Zwillingsschwester, wir sind zusammen getauft worden. Dann haben mich meine Eltern dem Glauben zu – weiterhin zugeführt, und auch meine Patentante, und da sind wir dann, wie wir dann [...] drei, vier Jahre alt waren, da sind wir zum Kindergottesdienst gegangen, und so bin ich in die Kirche reingewachsen.« (I-Anton: 1)

Auch ihre eigene Tochter hat Frau Anton christlich erzogen; zufrieden berichtet sie, dass diese aufgrund des tiefen Glaubens nie gelogen habe. Selbst nachdem sie bestraft wurde, habe sie nicht versprochen, in Zukunft nichts mehr anzustellen – für Frau Anton Ausdruck eines tiefen Respekts vor dem Gebot, nicht zu lügen. In Frau Antons Ausführungen werden moralisches Verhalten und Christlichkeit so zu Synonymen. Im selben Maße, wie das Befolgen der Gebote als Gradmesser der religiösen Überzeugung verstanden wird, ist aber auch die Gefahr des Verstoßes immer präsent:

»Also, wir versuchen, eine gläubige Familie zu sein, aber das ist nicht gesagt, dass wir ausgewählte Menschen sind, oder ... so gute Menschen sind wir auch nicht – man verfällt immer wieder in die Sünde!« (Ebd.:5)

Diese Glaubensvorstellung geht von einem Verhältnis des sündigen Menschen zum richtenden Gott aus. So deutet Frau Anton den Schlaganfall, den sie erleiden musste, auch als eine Prüfung Gottes:

»Es war schwer, das anzunehmen. Wenn ich da nicht so 'nen tiefen Glauben gehabt hätte, hätte ich das nie gepackt. Ich hab zehn Kilo abgenommen, bis ich das angenommen hab, wissen Sie? Dass mir das Gott geschickt hat. Also, da war ich verzweifelt, ganz unten am Boden, da habe ich dann so inbrünstig immer gebetet, hab gesagt: ›Lieber Gott, du hast so viel Wunder getan, tu doch an mir auch Wunder, dass ich wenigstens laufen kann, dass ich wenigstens alleine zur Toilette gehen kann.‹ Und von da an ging das besser. Also, ich glaub, dass das von, dass das geschickt ist. Dass ich wieder laufen konnte, aber mit viel Mühe, aber ich war auch sehr eisern, hab tüchtig mitgemacht in der Therapie. Die Ärzte, die haben sich immer gefreut, dass ich so alles mitgemacht hab. Ja, und nun hab ich das eben annehmen müssen.« (Ebd.: 2)

Durch die Interpretation des Schlaganfalls als eine von Gott gestellte Aufgabe wird das Leiden für sie begreifbar und annehmbar. Gott hat ihr nicht nur diese Prüfung auferlegt, der Glaube und das Gespräch mit Gott sind für sie zugleich eine Möglichkeit, die Situation zu meistern. Damit gelingt Frau Anton, was Geertz als den Rückgriff auf das religiöse Symbolsystem an der Grenze der Leidensfähigkeit beschreibt. Frau Antons Glaube wurde durch die bisher größte Krise ihres Lebens nicht erschüttert, denn durch die Deutung als göttliche Prüfung erhält die Krankheit einen Sinn. Ihr Glaubensverständnis und ihre Beziehung zu Gott sieht Frau Anton deshalb bestätigt. Neben der positiven Wirkung, die das Gebet auf ihre Rehabilitation hatte, sieht sie auch aus anderen Gründen die Notwendigkeit, ihre religiöse Praxis zu intensivieren:

»Also, ich hab schon immer gebetet, aber es hatte auch Zeiten, wo man das eben manchmal übersehen hat und gar nicht gemacht hat, aber jetzt, seit ich den Schlaganfall gehabt hab, und wirklich, dass ich so 'ne Hilfe gekriegt hab', bin ich irgendwie verpflichtet zu danken. Und ist ja auch gut, wenn man an Christus glaubt, dann ist auch das Sterben leichter.« (Ebd.: 3)

Auch der Tod verliert durch den Glauben an Jesus und die damit verbundene Aussicht einer Erlösung etwas von seiner Bedrohlichkeit. Frau Anton beruft sich auf die christliche Rhetorik des Annehmens, die ihr hilft, auch die Schwierigkeiten des Alterns zu bewältigen:

> »Das Altwerden ist auch 'ne Kunst für sich, glauben Sie's mir. Weil man eben alles, es ändert sich alles, und ich bin der Ansicht, dass eben das Allerbeste ist, dass man sich nicht sträubt, dass man alles annimmt, dann hat man es leichter, das Tragen.« (Ebd.: 4)

Der Glaube ist damit zugleich Grundlage wie Ausdruck einer empfundenen Kontinuität des Lebens. Die Veränderungen und Krisen des Alter(n)s können bewältigt, weil sinnhaft gedeutet werden. Die stabilisierende Wirkung von Religiosität wird von Frau Anton auf verschiedenen Ebenen bestätigt: explizit durch die Thematisierung täglicher Rituale wie dem Beten, Singen und ihrer abendlichen »Gewissensprüfung« in Zwiesprache mit Gott, implizit dadurch, dass sie den Glauben immer wieder in Verknüpfung zu ihrer familiären Eingebundenheit setzt.

Eine Gemeinde, ein Stück Geborgenheit – Frau John

Frau John ist als Tochter eines Pfarrers seit frühester Kindheit mit dem christlichen Glauben vertraut. Ihr Aufwachsen sieht sie durch einen »tiefen«, aber nicht strengen Glauben charakterisiert, durch den sie stark in die Kirchengemeinde integriert wurde. Sie bringt eine spürbare, durchgängige Präsenz Gottes in ihrem Leben zum Ausdruck, die für sie auch die Antwort auf meine Frage nach möglichen Glaubenszweifeln darstellt:

> »Zweifeln, doch, kann man schon. Aber irgendwie denke ich immer wieder, es gibt eben eine Macht, die stärker als alles Böse ist, und die einen durchträgt. Man erlebt es ja auch immer wieder. Plötzlich kommt dann zur rechten Zeit jemand über'n Weg. Letztens, da rutsche ich aus, kriege beinah Spagat, und da steht auf einmal jemand hinter mir und fasst mich unter'n Arm. Hat jemand eine Appelsinenschale einfach auf den Weg geschmissen. Und ich rutsch – auf einmal, bumm, zieht mich jemand hoch [...] So erlebt man doch immer wieder was. Und dann sagt man sich, so von ohne ist doch das nicht! Das ist doch keine Selbstverständlichkeit, sondern das ist dann doch – hier bist du wieder behütet worden, ja? Das kommt doch nicht von selbst!« (I-John: 15)

Indem bestimmte Ereignisse als Zeichen für Gottes schützende Hand erlebt werden, wird der Glaube immer wieder von Neuem bestätigt. Zunehmendes Alter bedeutet damit zugleich einen beständig anwachsenden Schatz an Erfahrungen, deren Deutung den Glauben zunehmend stärker und sicherer macht. Frau John greift auf das religiöse Symbolsystem auch zurück, um dem Tod ihres Ehemannes einen Sinn verleihen zu können. Schweren Herzens hatte sie ihre Heimatgemeinde verlassen und war mit ihrem Mann nach Berlin gegangen, um dort dessen verwaiste Enkeltochter zu betreuen. Nur wenige Zeit später wurde ihr Mann schwer krank und starb. Frau John kann aus diesen traurigen Ereignissen jedoch auch positive Schlüsse ziehen:

> »Aber wenn man das dann erlebt, wie man durch solch eine schwere Zeit dann Menschen an die Seite gestellt kriegt, die einem helfen, und dass man das alles gar nicht so furchtbar empfindet und bei allem Schweren eben auch sagt, ja, so war's richtig. Denn wie hätte ich einen kranken Mann, mit dem ich nicht mehr runter gehen kann, und so'n kleines Ding zusammen versorgen können? Ich hätte es nicht gewusst, wie ich das schaffen sollte. Aber, es ist doch viel, wenn man da irgendwie so durchgetragen wird, dass die Kräfte reichen und dass das alles geht.« (Ebd.: 16f.)

Letztendlich fügt sich alles zusammen: Wenn Gott ihr die Sorge um die Enkeltochter anvertraut hat, dann bestimmt er auch darüber, unter welchen Umständen dies möglich ist. Auch hier funktioniert die Religion als ein geschlossenes System, innerhalb dessen erlebte Krisen als Leiden anerkannt werden und eine Sinnhaftigkeit erhalten. Darin beweist sich zugleich für Frau John die Wirklichkeit der religiösen Weltauffassung: Sie sieht keinen Widerspruch darin, sowohl die Ursache ihres Leidens als auch die Möglichkeit seiner Überwindung in der göttlichen Autorität zu sehen. Nicht nur in Krisenzeiten ist für Frau John die Verankerung in der Gemeinde ein wichtiger Aspekt. Sie schätzt die gegenseitige Sorge umeinander, etwa, dass ihre Nachbarin bei ihr nach dem Rechten sieht, sollte sie einmal nicht zum Gottesdienst kommen, oder dass die Teilnehmenden der Kirchenkreise einander unterstützen. Diese Einbindung ist für sie das zentrale Merkmal, das die Kirche als Gemeinde, also die Gemeinschaft der Gläubigen, auszeichnet:

> »Und was Kirche bedeutet, das ist ja eben doch irgendwas, irgendwie eine Gemeinde, ein Stück Geborgenheit. Und das ist schon was wert.« (Ebd.: 5)

Eine wichtige Rolle spielt für Frau John die gemeinschaftliche tatkräftige Unterstützung der Kirche. Sie erinnert sich an Renovierungsarbeiten in der Kirche und betont, wie alle mit angepackt hätten – besonders die Junge Gemeinde und der Bibelkreis. Das gemeinsame Arbeiten am Gebäude erscheint dabei eine Möglichkeit, die empfundene innere Verbundenheit mit der Gemeinde umzusetzen und greifbar zu machen. Erwähnt wird auch »die ganze Klinkenputzerei, um das Geld zusammenzuschaffen«. (Ebd.: 8) Damit spricht Frau John an, wie die Unterstützung der Kirchengemeinde zum Ausdruck gebracht wird, auch wenn nicht mehr aktiv mitgeholfen werden kann: durch Geldspenden. Bei der Teilnahme an den verschiedenen Kreisen wurde ich immer wieder davon überrascht, für einen neuen Bibeleinband oder christliche Entwicklungsarbeit zu einer Spende aufgefordert zu werden, eine Bitte, der ich mich nicht zu widersetzen wagte. Im Bibelkreis ließ zu diesem Zweck die dafür zuständige Teilnehmerin einen Zinntopf herumgehen, in den jede etwas hineinfallen ließ und der am Ende der Runde auf den Tisch geleert und ausgezählt wurde. Auch dies ist ein Aspekt der Inszenierung von Gemeinschaft, deren vielleicht wichtigstes Merkmal die Beständigkeit der immer wiederkehrenden Rituale ist. Wenn Frau John die Junge Gemeinde thematisiert, weist sie auch auf die generationenintegrierende Funktion der Kirche hin. So stellt sie an anderer Stelle heraus, dass sie die Enkelin vor 25 Jahren mit in den Flötenkreis nahm, der in fast unveränderter Besetzung seitdem jede Woche zusammenkommt. Frau John streicht damit die Kontinuität heraus, die sie als Aspekt ihres eigenen Lebens wertschätzt und in der Beständigkeit der Kirchengemeinde gespiegelt sieht.

»Meinen Glauben hab' ich mir nicht nehmen lassen« – Frau Grün

Auch Frau Grün betont die wichtige Rolle ihrer Eltern bei der Vermittlung des Glaubens, sie unterscheidet aber zwischen der kirchlichen Aktivität, die sie auf eigene Initiative im Verlauf des Lebens aufgenommen hat, und deren Voraussetzung in Form der elterlichen Erziehung:

> »Aktiv bin ich erst später geworden, aber meine Eltern haben mich zur Kirche geführt. Meine Mutter hat morgens und abends mit mir gebetet. Ich wurde also christlich erzogen, kurz gesagt, und wurde ja auch konfirmiert. Und dann etwas später habe ich mich erstmal für den Kirchenchor beworben, bin auch angenommen worden.« (I-Grün: 1)

Dieses Moment des Aktivwerdens kommt besonders deutlich in Frau Grüns Verweis auf mögliche staatliche Repressionen in der DDR zum Ausdruck. In diesem Kontext interpretiert sie das Bekenntnis zum Glauben als Akt individueller Auflehnung:

> »Ich war aber weiter in der Kirche tätig, und im Chor dann auch, das war immer ganz wichtig. Und dann hat man mir die Frage gestellt im Betrieb, warum ich denn noch zur Kirche gehe und warum ich denn noch in der Kirche bin, ich könnte doch austreten, wir leben doch hier

in einem sozialistischen Staat! Das vor der versammelten Mannschaft! Ich bin aufgestanden und habe gesagt: ›Tut mir leid, aus der Kirche trete ich nicht aus!‹ Der guckte erst, hat aber keiner mehr was gesagt, komischerweise.« (Ebd.: 3)

Indem Frau Grün immer wieder herausstellt, dass sie ihren Glauben verteidigt hat und der Kirche »treu geblieben« (Ebd.: 4) ist, weist sie auf ihr aktives religiöses Handeln hin. Dieses wird als Ausdruck von Autonomie beschrieben, jedoch einer durch Gott vermittelten. Entsprechend formuliert Frau Grün: »Aber trotzdem habe ich zur Kirche gehalten, meinen Glauben nicht verloren, Gott sei Dank.« (Ebd.: 11) Frau Grüns Ehemann ist früh gestorben, ein für sie sehr schmerzhafter Verlust, den sie auch im Vorgespräch mit mir thematisiert. Im Interview führt sie aus, dass ihr Glaube in dieser Situation eine zentrale Rolle spielte:

»Als mein Mann auf dem Sterbebett lag, das war in Buch, und ich rief jeden Tag an, weil ich nicht immer hinfahren konnte, ich musste ja auch meine Kinder betreuen. Da hatte dann der Arzt den einen Tag gesagt, ›Frau Grün, kommen Sie bitte sofort her, so schnell wie es geht.‹ Erstmal meine Kinder beruhigt – ›Mutti muss mal ganz schnell nach Buch‹ – und da bin ich hin, und da lag er im Sterben. Da sagte mir der Arzt, ›Das ist die letzte halbe Stunde, Frau Grün.‹ Und da hab ich mich an sein Bett gesetzt, er konnte nicht mehr sprechen, aber er hat mich verstanden. Und da sagte ich zu ihm, ›Komm, wollen wir beide noch das Vater Unser beten?‹ Seh ich noch wie heute. Da haben wir beide, also er hat nur die Hände gefaltet, und ich hab gebetet, das Vater Unser, ich war grade fertig, da hat er die Augen zugemacht [flüstert] – war tot.« (Ebd.: 10)

Es war ihr möglich, im Moment der existenziellen Verlusterfahrung Rückhalt und Unterstützung aus ihrer Verbindung zu Gott zu beziehen. Dadurch, dass die wachsende Lebenserfahrung und das damit verbundene Durchleben von Krisen immer wieder auch die Bedeutung des Glaubens bestärkt, wird er als zunehmend vertieft erlebt. Frau Grün betont in der Konstruktion ihrer Glaubensbiografie wie auch Frau Anton und Frau John die Kontinuität der Einbettung von Religiosität in ihr Leben. Dieses Motiv verbindet sie mit den Aspekten der Treue und des Festhaltens am Glauben auch gegen äußere Widerstände:

»Das macht die ganze Erfahrung, die man im Leben gesammelt hat. Kleines bisschen habe ich ja schon gesagt, dass viel an einen herangetragen worden und gemacht worden ist, aber meinen Glauben hab ich mir nicht nehmen lassen! Nein. Und der wird, je älter man wird, immer stärker.« (Ebd.: 8)

Dieses Motiv der Beharrlichkeit ist zentral für die Art und Weise, mit der Frau Grün sich selbst in den Blick nimmt. Für sie ist die Verlässlichkeit die zentrale Eigenschaft ihrer Person, die sich für sie sowohl in ihren Beziehungen zu anderen Menschen, als auch in ihrer Beziehung zu Gott ausdrückt.

Glaube als Projekt
Und da hab' ich den Glauben verloren – Frau Sonnenberg

Frau Sonnenberg bedauert rückblickend, dass ihre sozialdemokratisch geprägten Eltern wenig für die Religion übrig hatten. Von ihrer Einschulung 1928 bis zur Machtübernahme Hitlers besuchte sie eine Schule, in der kein Religionsunterricht angeboten wurde. In ihrer Erzählung grenzt sich Frau Sonnenberg deutlich gegen die mangelnde Religiosität der Mutter ab und betont, aus eigenem Antrieb Interesse an der Religion entwickelt zu haben:

> »Und wenn wir so an Kirchen vorbeikamen, also familienmäßig, dann hab ich immer gesagt, ich möchte gerne mal gucken, wie's da drin aussieht, und was wird da gelehrt. Na also, ich wurde immer so abgetan, also Mutter hatte dafür gar nichts übrig. Aber ich hatte immer so den Drang, ich möchte wissen, was da los ist und, naja, [...] als Kind haben Sie ja keinen Einfluss, wie es läuft.« (I-Sonnenberg: 2)

Nach dem Wechsel auf eine andere Schule konnte sie ihre Teilnahme an Christenlehre und Konfirmandenunterricht durchsetzen.

> »Ich fand das so toll. Also, die Geschichten, die vom Alten Testament und vom Neuen. Ich fand das so toll. Es hat mich irgendwie so fasziniert, ich dachte, Mensch, es gibt doch noch was! Na klar, zu Hause erzählen die dir das nicht, aber hier hörst du es, also ich fand's ganz toll, so dass ich sogar heimlich in die Kirche gegangen bin. Durfte Mutter gar nicht so wissen. Aber letzten Endes hat sie sich doch mit abfinden müssen. [...] Weihnachten haben sie gesagt, das ist alles was für Fromme, das wurde mir zu Hause immer so abgetan. Und ich hab's denn doch schon als junges Menschenkind 'n bissel anders gesehen. [...] Also, ich fand das alles sehr schön und habe auch den Glauben, den Glauben zu Gott, eigentlich gefunden.« (Ebd.: 3)

Der Zugang zum Glauben steht in Frau Sonnenbergs rückblickender Erzählung für eine Verwirklichung eigener Vorstellungen vom richtigen Leben; er wird als trennend, nicht verbindend im Verhältnis zur Familie thematisiert. Anders als die im vorangegangenen Abschnitt vorgestellten Interviewpartnerinnen spricht Frau Sonnenberg im Zusammenhang mit Lebenskrisen von sich aus das Thema Glaubenszweifel an. Sie berichtet vom Verlust ihrer nächsten Angehörigen am Ende des Krieges; innerhalb weniger Monate musste sie den Tod ihres Mannes, ihres zweieinhalbjährigen Kindes und ihrer Mutter erleben. Im Zustand vollkommener Verlassenheit waren der Schmerz und die empfundene Ungerechtigkeit so stark, dass sie – wie sie heute sagt – damals den Glauben verloren habe:

> »Da hab ich gedacht, nee! Also, hört sich vielleicht jetzt nicht gut an, aber es war so. Ich denke, nee, es scheint doch keinen zu geben, der für dich da ist. Ja, da war ich irgendwie ganz weit ab vom Glauben. Dachte, du hast keinem Menschen was getan, und trotzdem wirst du bestraft für etwas, für nischt. Für nischt und wieder nischt! Ja, da war ich ganz weit weg von.« (Ebd.: 3)

Der Bruch in ihrem Leben wurde auch zum Bruch im Glauben. Das »große Alleinsein« (Ebd.: 3), das über sie hereinbrach, erstreckte sich auch auf die Beziehung zu Gott, die grundsätzlich in Frage gestellt war. Frau Sonnenberg konnte in dieser Zeit weder einen Sinn in ihrem Leid erkennen, noch half ihr der Glaube dabei, es zu tragen. Es war ihr nicht möglich, diese Grenzerfahrung mit ihrer Religiosität zu vereinbaren – die wirklichkeitsstrukturierende Funktion des Symbolsystems Religion war für sie außer Kraft gesetzt: Sie konnte diese Sinnkrise im Geertzschen Sinne nicht innerhalb ihres Glaubenssystems lösen. Erst Jahre später wurde Frau Sonnenbergs Interesse am Glauben wieder geweckt, nachdem sich ihre Lebenssituation grundlegend verändert hatte. Sie heiratete erneut und bekam zwei Kinder. Frau Sonnenberg begleitete sie zur Christenlehre und konnte für sich dadurch einen neuen Zugang zur Religion finden:

> »Und dadurch, durch das Lesen der Bibel, und mit dem Alten und Neuen Testament, bin ich einfach wieder zurückgekommen zum Glauben. Und da hab ich eben doch gedacht, es hat vielleicht alles seinen Grund gehabt. Also, es hat vielleicht 'nen Sinn gehabt, dass mir alles genommen wurde, damit ich jetzt wieder von Neuem, irgendwie 'ne bessere, bessere oder schönere Zukunft habe.« (Ebd.: 4)

Wie schon in der Kindheit nimmt hier die Auseinandersetzung mit religiösen Erzählungen die Funktion einer Brücke zum individuellen Glauben ein. In der Rückschau bettet Frau Sonnenberg das Erlebte nun in eine religiöse Sinnstruktur ein. Obwohl sie davon spricht, im Moment der Krise den Glauben verloren zu haben, bezieht sie heute bei der Beurteilung der damaligen Situation an vielen Punkten die Existenz Gottes ein: Gott habe sie bestraft, ihr alles genommen, er sei nicht mehr für sie da gewesen. Damit vereinbart Frau Sonnenberg zwei Perspektiven in ihrer Erzählung. Die Rekonstruktion ihres Erlebens im Moment der Krise unterscheidet sich von der Interpretation aus heutiger Sicht. Deshalb verwahrt sie sich auch gegen die Aussagen des Pfarrers über das damals Geschehene:

> »Ich habe es dem Pfarrer mal, also es ist schon wieder ein paar Jahre her, da hat er mich hier mal besucht, und da, naja, Sie wissen ja, ein Pfarrer spricht ja doch mal noch ein bissel anders, ja, [...] man muss es eben hinnehmen, oder naja, ist Gottes Fügung, und Sie wissen ja, wie darüber das gesagt wird. Es hört sich im Moment gut an, aber als er weg war, mein Gott, war alles wie vorher.« (Ebd.: 20)

Auch wenn sie heute die existenzielle Krise nicht mehr als Widerspruch zu ihrem Glauben an Gott sieht, erscheint doch die seelsorgerische Intervention des Pfarrers als wenig hilfreich, denn sie verleugnet die Erfahrung der Sinnlosigkeit, wie sie Frau Sonnenberg zum Zeitpunkt der Krise erlebt hatte. In ihrer Forderung nach einer Anerkennung ihres Zweifels zeigt sich, dass hier ein Bruch im Glauben stattgefunden hat, den sie nicht vergessen kann. Anders als in den im vorangegangenen Abschnitt dargestellten Glaubensbiografien, in denen die Kontinuität des Glaubens betont wurde, vermochte hier die religiöse Orientierung der Erschütterung nicht standzuhalten – die Grenze der Leidensfähigkeit, wie Geertz sie beschreibt, wurde überschritten. Der Verlust ihres zweiten Ehepartners vor 21 Jahren war für Frau Sonnenberg dann jedoch kein Anlass mehr für eine Glaubenskrise, sondern Auslöser einer verstärkten Integration in die Kirchengemeinde. Seit dieser Zeit besucht sie den Seniorenkreis:

> »Und dann, dann aus dieser Einsamkeit heraus, irgendwas unternehmen, wissen Sie, mit 'nem Mann können Sie ja nicht irgendwo hingehen, wo Sie selber möchten. Der sagte, geh' mal, geh' mal, geh' mal, und alleine bin ich dann nicht gegangen, dann bin ich erst gegangen, als ich wirklich alleine war. Und seitdem gehe ich ja ständig.« (Ebd.: 6)

Der Wunsch nach sozialer Einbindung scheint dabei noch immer als problematisch empfundene Aspekte in den Hintergrund zu rücken: Frau Sonnenberg äußert wiederholt Zweifel an einigen Glaubenssätzen, ein Zweifel, den sie in christlichen Kontexten jedoch kaum ansprechen könne – eine Tatsache, die sie als trennend von anderen Gläubigen erlebt. So erwähnt sie etwa ihre Probleme, sich die Auferstehung Christi vorzustellen. Ein Gespräch mit dem Pfarrer konnte ihre Verunsicherung nicht ausräumen und sie fragte auch mich nach meiner Meinung. Ihren Zweifel stellt Frau Sonnenberg in kirchlichen Zusammenhängen jedoch zurück, denn ihre Einbindung in das Gemeindeleben ist für sie sehr wichtig:

> »Ich hab mich sehr bemüht, ja. Naja, zumindest hab ich versucht, den Anschluss von früher wiederzubekommen. Und jetzt bin ich eigentlich froh, dass ich den Mut hatte und die Kraft hatte, wieder von vorne anzufangen. Und jetzt fühl ich mich so wohl in dem Kreis, und wenn uns die Geschichten erzählt werden, oder wenn eben Lichtbildervorträge sind da im Seniorenkreis, also ich fühl mich da so geborgen mit allem, und ich bin 100%ig bei der Sache, auch wenn wir zusammen beten. Ich finde das alles jetzt sehr schön.« (Ebd.: 12)

Im Seniorenkreis sind religiöse Praxis und soziales Moment untrennbar verbunden, er ist für Frau Sonnenberg der Mittelpunkt ihres kirchlichen Lebens. Sie findet es dort »urgemütlich«: »Es geht mir nicht um den Kaffee, es geht mir nicht um die Kuchen, aber es ist irgendwie so'n bissel familiär.« (Ebd.: 17) Darüber hinaus beinhaltet die Integration in die Gemeinde auch, sich beim Einkaufen oder beim Friseur zu treffen und so im täglichen Leben auch außerhalb der Kirche Kontakte zu anderen Gemeindemitgliedern zu haben.

Frau Sonnenbergs Erzählung kreist um den tiefen Bruch, den sie als junge Frau erlebt hat. In der erzählenden Rekonstruktion des Lebens unterscheidet sie zwischen ihrem damaligen Empfinden und der heutigen rückblickenden Deutung des Geschehenen. Auch für sie spielt Mut eine wichtige Rolle in der Glaubensbiografie, dieser Mut jedoch bedeutet keine Abgrenzung nach außen, wie sie Frau Grün thematisiert, sondern steht für den Kampf mit der eigenen Verzweiflung. Die Entwicklung, die Frau Sonnenberg schildert, ist gelungen in dem Sinn, dass die von ihr gewünschte Einbindung in die Kirche wieder möglich geworden ist. Dieser Wunsch wird zu einem Leitmotiv ihres Lebens, durch das sie ihre biografische Erzählung strukturiert. Von der kindlichen Neugier am Christentum über das Finden, Verlieren und Wiederfinden der Verbindung zu Gott durchzieht die Suche nach einer lebbaren Religiosität Frau Sonnenbergs Glaubensbiografie. Dabei werden christliche Erzählungen immer wieder zu einem zentralen Anknüpfungspunkt. Frau Sonnenberg beschreibt sowohl in Bezug auf ihre Kindheit wie auch hinsichtlich der erneuten vorsichtigen Annäherung in den 1950er Jahren, dass das Hören und Lesen der Bibel die Entwicklung ihres Glaubens zumindest begleitet, wenn nicht gar möglich gemacht habe. Auch heute scheint das Gefühl der Geborgenheit in engem Zusammenhang mit den im Seniorenkreis erzählten Geschichten zu stehen. Diese biblischen Erzählungen deute ich als einen Schlüssel, der Frau Sonnenberg den Zugang zum Symbolsystem Religion ermöglicht und ihr als Werkzeug dient, um eine religiöse Deutung ihres Lebensweges vornehmen zu können.

»Dass es den Menschen wirklich Lebenshilfe wird« – Frau Becker

Frau Beckers Kontakt zur Kirche entstand im Alter von sieben Jahren über einen Spielkameraden, der sie mit in den Kindergottesdienst nahm. Ihre Mutter kam zwar selbst aus einem christlichen Elternhaus, hatte aber ein wenig ausgeprägtes Verhältnis zum Glauben.

> »Und da muss ich sagen, dass mich das alles sehr angesprochen hat, also ich bin da sehr ernsthaft gewesen als Kind und das hat mich alles so angesprochen irgendwie, obwohl ich zu Hause das nicht so kenne – die Mutter, die ging zwar, Mutter war's wichtig, die kannte das eben aus ihrem Elternhaus auch, wir gingen Weihnachten, gingen wir zur Kirche, aber sonst, hier zu Hause, also wie man sagt ein christliches Leben – wir hatten nicht mal 'ne Bibel. Ich weiß nicht warum.« (I-Becker: 4)

Frau Becker beschreibt das Gläubigwerden als einen Moment der Individualisierung und Ablösung von der Familie. Es bedeutet zugleich das Knüpfen einer neuen und überaus starken emotionalen Bindung:

> »Ich bin also, ohne meinen Kindergottesdienst war kein Leben [...] Mir hat es gefallen. Irgendwie liegt mir das. Ich bin da sehr, sehr immer gleich mitgegangen, und mir war das sehr wichtig [...] Und da hab ich dann so als Kind angefangen, mein eigenes Leben zu leben. Das war ganz eigenartig. Wenn Weihnachten war, dann war das für mich ganz wichtig. Aber meine Eltern haben praktisch nicht daran teilgenommen. Die haben auch mal Weihnachtslieder gesungen, und immer mussten wir ein Gedicht aufsagen, kann ich heute noch manche... Aber ansonsten hab ich da so mein, schon als ganz Kleine, mein persönliches Leben gelebt.« (Ebd.: 5)

Auch wenn der Glaube für sie Ausdruck ihrer Individualisierung war, erinnert Frau Becker ihn doch als eher kindlich-naive Überzeugung:

> »Als ich vierzehn Jahre war, hab ich mich vor der ganzen Klasse hingestellt und hab gesagt, Gott kann eben alles. Und die Maria kann auch ohne 'nen Mann ein Kind kriegen. Ja, also, das war mein Glaube mit vierzehn. Da war ich fest davon überzeugt, dass all die Dinge, die da drinstehen, so sind, wie sie drinstehen. Da fehlte mir völlig die Umsetzung, irgendwie. So ist es, und das war mein ganz fester Glaube. Mit vierzehn.« (Ebd.: 7)

Diese fraglose Art des Glaubens geriet im frühen Erwachsenenalter ins Wanken. In den ersten Nachkriegsjahren arbeitete Frau Becker in einem Kinderheim kirchlicher Trägerschaft, das Teil einer größeren Einrichtung außerhalb Berlins war. In einer Zeit des Mangels wurde sie mit der Diskrepanz zwischen christlichen Normen und der Alltagspraxis in der Institution konfrontiert. So beobachtete sie, wie der Diakon für sich und seine Familie Essen hortete, während die Heimkinder hungerten. Durch diesen offensichtlichen Verstoß eines Kirchenvertreters gegen die Gebote der Gerechtigkeit und Nächstenliebe sei ihr Glaube erschüttert worden:

> »Und da hab' ich gesagt, was ist das für 'ne Christlichkeit, nicht, [...] diese äußere Ungerechtigkeit in so einem Haus, das hat mir ganz schön zu schaffen gemacht.« (Ebd.: 9)

Diese Verunsicherung benennt Geertz als die Erfahrung der *Grenze der ethischen Sicherheit*, d. h. als eine Sinnkrise, die durch das Auseinanderlaufen von moralischen Werten des religiösen Symbolsystems und tatsächlich erlebter Ungerechtigkeit ausgelöst wird. In der Rückschau deutet Frau Becker ihre Erfahrung in ihrer Erzählung als Auslöser einer religiösen Weiterentwicklung, die deshalb einen wichtigen Platz in ihrer Glaubensbiografie einnimmt:

> »Ich bin eigentlich nie davon abgekommen, für mich persönlich, also ich hab immer noch davon gelebt, dass es einen Gott gibt auch für mich, aber irgendwo war die Sache dann nicht mehr in Ordnung. Und da bin ich auch nicht mehr zurechtgekommen mit dem, was ich mit 14 Jahren geglaubt habe.« (Ebd.: 10)

Immer wieder setzte sich Frau Becker mit der Suche nach einer für sie angemessenen Form des Glaubens auseinander, etwa durch die gemeinsame Lektüre anthroposofischer Texte im Kolleginnenkreis. Als sie schließlich Leiterin eines Kindergartens wurde, fühlte sie sich auch für die Vermittlung religiöser Inhalte verantwortlich. Angeregt durch ihren Wunsch, den Kindern einen Zugang zum Glauben zu ermöglichen, profitierte sie von der Beschäftigung mit christlicher Literatur auch selbst:

> »Und da muss ich sagen, da ist das dann so langsam so – so angewachsen. Ja, und dann nachher, na ja, bin wirklich bald Anfang dreißig gewesen, dass man dann sagen konnte: Ja, also jetzt weiß ich eigentlich, wo ich hingehöre.« (Ebd.: 15)

Frau Becker schildert damit einen langen Aneignungsprozess, in dem persönliche und religiöse Entwicklung Hand in Hand gehen. Der Entwicklungsgedanke als Leitmotiv durchzieht ihre gesamte Erzählung. Dabei ist der Aspekt der persönlichen Erfahrung für sie entscheidend, wobei Erfahrung bei Frau Becker synonym für die Entwicklung des Glaubens in bewusster Auseinandersetzung mit erlebten Verunsicherungen steht. Dies ist ihr zentrales Motiv, das sie explizit als ihre Form des Glaubens stark macht, denn sie gesteht anderen Gläubigen zu, einen je eigenen, etwa eher ritualisierten Zugang zur Religion zu entwickeln:

> »Es gibt Menschen, die ständig immer ihre Morgenandacht machen, die ihr Tischgebet machen, die ihre Bibel lesen, die im Grunde aber nicht die Erfahrung haben, die persönliche Erfahrung. Das sind ganz fromme Menschen! Für die ist das Stütze, Halt, die leben damit. Die brauchen das auch! Aber die können manchmal nicht die Erfahrung damit machen. So gibt eben X verschiedene Möglichkeiten. [...] Also wäre für mich nicht das Entscheidende, dass ich nun ständig Morgenandacht haben müsste, und ständig Tischgebete haben müsste und alles so machen müsste. Das wäre nicht das Entscheidende. Wenn ich das will, dann bin ich ganz intensiv dabei, und dann suche ich mir meine Bibel, und dann gucke ich, was ich wissen möchte, und was mich bewegt im Augenblick.« (Ebd.: 32)

Aus ihrem Blickwinkel des sich Entwickelns in Leben und Glauben weist Frau Becker der Funktionalität von Glauben eine generelle Wichtigkeit zu. Sie sieht den Glauben dann als sinnvoll an, wenn er als eine hilfreiche Form der Lebensbewältigung genutzt werden kann:

> »Ja, wichtig ist, das man seine eigene Linie [hat]. Und ich seh das ja auch immer sehr psychologisch. Für mich ist die Bibel auch irgendwie sehr von der Psychologie her. Was bringt es, also ich seh es immer auch so, was kann es den Menschen bringen? Überhaupt, diese ganzen Texte, was kann es den Menschen bedeuten, oder was kann es dem Menschen helfen, wozu ist Glaube überhaupt da. Dass ich irgendeine schöngeistige Unterhaltung habe, oder dass es den Menschen wirklich Lebenshilfe wird. Das ist bei mir immer das Entscheidende, wie das dem Menschen irgendwo helfen kann.« (Ebd.: 34)

Das schließt eine individuell unterschiedliche Handhabung ein. Die Herangehensweise des Pfarrers, wie sie sich im Konzept des Bibelkreises offenbart, erscheint Frau Becker jedoch wenig sinnvoll:

> »[Der Pfarrer] macht ja immer so Glaubenskunde oder so mehr oder weniger. Manchmal sind wir'n bisschen unglücklich darüber, wir haben gesagt, wir möchten was fürs Herz haben, wir sind schon alt, wir gehen alle dem Ende zu und möchten auch ein bisschen, da ein Stückchen was anderes haben. 'n bisschen Führung und 'n bisschen tägliches Leben ansprechen. Naja. Und da haben wir jetzt eben den Plato besprochen.« (Ebd.: 25)

Es wird deutlich, dass Frau Becker kaum Sinn in der intellektuellen Auseinandersetzung mit philosofischen Texten erkennen kann. Im Gegensatz zur Auffassung des Pfarrers, der auf diese Weise eine Vertiefung des Glaubens erreichen möchte, ist aus ihrer Perspektive die Vermittlung von Wissen keine Unterstützung bei der Lebensbewältigung. Gerade im Alter ist ein solcher Anspruch aber zentral in Frau Beckers Erwartungen an den Glauben. Bezogen auf das Baltessche Konzept der lebenslangen Entwicklung kann die These formuliert werden, dass Frau Becker in ihrer jetzigen Lebenssituation die Aussöhnung mit dem Alter(n) und dem nahenden Tod als wichtigste Entwicklungsaufgabe ansieht, in der sie durch den Glauben gestützt und getröstet werden möchte. Eine Möglichkeit, diese Erwartungen zu verwirklichen, ist es, mit anderen Gläubigen in Austausch zu treten. Frau Becker setzt ihr Empfinden religiöser Inhalte in kreative Gestaltung um. Auf Plastiken und Karten, die sie herstellt, wünscht sie sich die Resonanz anderer Menschen, die ihre Weltauffassung teilen und sie deshalb verstehen können:

> »Ich möchte das, was ich selber erlebe, irgendwie gestalten. Und weil ich das nicht sinnlos machen will, ich sage, dann kann ich auch anderen eine Freude damit machen, und dann mache ich eben Fotos, und mache Karten, und gebe die dann weiter. Ich will nicht unbedingt sagen, dass ich das nun unbedingt weitergeben will, aber das ergibt sich, nicht? Ich will ... mitteilen, wollen wir mal so sagen.« (Ebd.: 17)

Innere Verbundenheit und soziale Eingebundenheit in die Gemeinde gehen auch bei Frau Becker Hand in Hand. Sie gestaltet das Angebot der Kirchengemeinde seit Jahrzehnten aktiv mit und sagt von sich selbst, dass die Kirche ihr Zuhause sei. Heute empfindet Frau Becker ihren Glauben als stabil. Die Wichtigkeit, die sie ihrem persönlichen Entwicklungsprozess einräumt, spiegelt sich in ihrer stringenten und chronologischen Erzählung der Glaubensbiografie. Ähnlich wie bei Frau Sonnenberg hat die geschilderte Suche nach einem lebbaren Glauben auch hier eine Finalität, sie wird von der gesicherten Position der Gemeinde als Zuhause rückblickend als Weg in die Kirche gedeutet.

Differenziell glauben und altern

Die von mir befragten Frauen verbindet viel: Sie haben einen Großteil ihres Lebens in der DDR verbracht, sind Teil einer aktiven Kirchengemeinde, gehören der gleichen Altersgruppe an und wohnen alleine. Sowohl das soziale Angebot der Gemeinde als auch die jeweilige individuelle Glaubenspraxis nehmen einen wichtigen Teil in ihrem Alltag ein. Trotzdem unterscheiden sich die analysierten Glaubensbiografien erheblich – die Unverwechselbarkeit des gelebten Lebens und Glaubens drückt sich in den Erzählungen aus, die das gemeinsame Thema der Religiosität von jeweils spezifischen Blickwinkeln inszenieren. Dabei spielt die Thematisierung des Umgangs mit Lebenskrisen für alle Interviewpartnerinnen eine wichtige Rolle in der Rekonstruktion ihrer Glaubensbiografie. Dies stützt Geertz' These, dass solche Grenzerfahrungen zugleich die größte Herausforderung und den wichtigsten Anwendungsbereich für den Glauben darstellen. Kann die Krise innerhalb des religiösen Symbolsystems als sinnhaft gedeutet werden, verstärkt sich dessen Autorität. Der Interpretation von Leidenserfahrungen als göttliche Prüfung kommt eine solche Funktion zu. Betrachtet man mit Baltes krisenhafte Lebensereignisse als Schlüsselmomente der menschlichen Entwicklung, kann die Glaubensbiografie als eine individuelle Entwicklungserzählung beschrieben werden, in der jeweils bestimmte Motive vorherrschen.

Dabei meine ich zwei grundlegende Tendenzen erkennen zu können. Die zuerst vorgestellten Frauen verleihen ihrer Glaubensbiografie schon durch die Verankerung des Glaubenszuganges in der Herkunftsfamilie eine stärker kohärente Struktur. Wenn sie von Sinnkrisen im Geertzschen Sinne berichten, machen sie keine Unterscheidung zwischen damaligem und heutigem Empfinden. Sie entwerfen eine alles Geschehen durchziehende, religiös begründete Sinnhaftigkeit des Erlebten, die durchgestandenen Herausforderungen des Lebens werden nicht als Momente des Zweifelns, sondern fokussiert auf eine Vertiefung des Glaubens und die Intensivierung religiöser Praxis gedeutet. Durch die verwendeten Motive wie Treue, Beharrlichkeit und Beständigkeit im Glauben wird zugleich der Biografie Kontinuität und Stabilität verliehen. Das religiöse Symbolsystem wird durch krisenhafte Erfahrungen nicht in Frage gestellt, sondern in seiner Autorität bestätigt. Dagegen kreisen die danach vorgestellten Interviewpartnerinnen in ihren Erzählungen um Brüche in Leben und Glauben, die eine Neuorientierung erforderten. Hier werden die ersten Erfahrungen mit dem Glauben bereits als Erlebnisse der Abgrenzung zur eigenen Familie thematisiert. Aus der Perspektive des aktuell als bereichernd erlebten Glaubens zeigen die Frauen eine Diskrepanz zwischen der Erzählung von in der Vergangenheit als verunsichernd und verstörend empfundenen Erlebnissen und der in der Rückschau vorgenommenen Umdeutung dieser Krisen. Dementsprechend sind in diesen Glaubensbiografien Motive vorherrschend, die auf die Prozesshaftigkeit eines Suchens und sich Entwickelns verweisen. Erst aus heutiger Sicht werden in diesem Zusammenhang stehende Schlüsselereignisse mit der religiösen Weltauffassung vereinbar und bekommen einen Sinn zugeschrieben. So unterschiedlich, wie die als Brüche beschriebenen Erlebnisse dargestellt werden, fällt jedoch auch die rückblickende Bewertung aus. Frau Becker sieht den Verlust ihres Kinderglaubens als einen richtigen und wichtigen Entwicklungsschritt an, während Frau Sonnenberg herausstellt, dass sie wieder an den ihr verloren gegangenen Glauben anknüpfen wollte.

Möglicherweise erklärt sich die Tendenz zu einer eher auf Kontinuität oder aber auf Veränderungen zentrierten Erzählung der Glaubensbiografie durch die Rolle religiöser Sozialisation in der Herkunftsfamilie. Darüber kann jedoch auf der Grundlage meines empirischen Materials keine Aussage getroffen werden. Deutlich wird jedoch, dass das Phänomen des differenziellen Alterns, also die Auffächerung möglicher Lebensentwürfe auch im fortgeschrittenen Alter, für das religiöse Leben und Erleben älterer Menschen eine große Bedeutung hat. Religiosität als ein subjektiver und selektiver Aneignungsprozess spiegelt jeweils individuelle, in der Lebensgeschichte der Einzelnen wurzelnde Bedürfnisse der Gläubigen. Die Form und Funktionalität des Glaubens im Alter ist deshalb ebenso von den für das Alter typischen Entwicklungsaufgaben abhängig, wie die geschilderten Glaubensbiografien durchdrungen sind von den Motiven, die von den jeweiligen Personen als relevant für ihr Leben als Ganzes angesehen werden. Differenziell zu altern heißt dementsprechend auch, differenziell zu glauben.

»Bleibt weiter aktiv und bei Verstand«
Gewerkschaftliche Jubilarehrungen als Ort der gesellschaftspolitischen Auseinandersetzung

Carola Pohlen

Die Bühne im Festsaal ist schwarz, nur zwei rote Fahnen hängen im Hintergrund. Der 2. Bevollmächtigte des IG Metall Verwaltungsbezirks, Herr Bundt, tritt ans Rednerpult, um die jährlich stattfindende Jubilarehrung zu eröffnen. Das Gemurmel im Saal ebbt ab und er begrüßt die anwesenden JubilarInnen und Gäste sehr förmlich. Die Gewerkschaft sei stolz, in diesem Jahr insgesamt 2157 Jubilarinnen und Jubilare ehren zu können; davon seien heute 1173 Mitglieder eingeladen worden, deren Mitgliedschaft in der Gewerkschaft sich zum 40., 50. oder 75. Mal jähre.[1] Er fährt fort:

> »Es ist gut zu wissen, viele langjährige Mitglieder zu haben, die ihrer IG Metall die Treue halten, die als Gewerkschafterinnen und Gewerkschafter für soziale Gerechtigkeit in den Betrieben und außerhalb eingetreten sind und das immer noch tun und die ihre gewerkschaftliche Erfahrung an Jüngere weitergeben. In Zeiten wie heute ist das Bekenntnis zur Gewerkschaft und das Einstehen für gewerkschaftliche Werte und Ziele nötiger denn je. Zur Jubilarfeier hat der Ortsvorstand eingeladen, um mit den Jubilarinnen und Jubilaren und ihren Gästen in würdigem Rahmen ein paar schöne Stunden hier zu verbringen.«[2]

Vor einer Kulisse, in der durch die Reduktion auf Wesentliches die Ernsthaftigkeit und Würde des Anliegens unterstrichen wird, beschwört Herr Bundt die Einigkeit der GewerkschafterInnen und die Notwendigkeit gewerkschaftlicher Arbeit. Besonders hervorgehoben wird die Bedeutung des Erfahrungstransfers zwischen Alt und Jung: Die Gewerkschaft erscheint hier als Organisation, die sich im Zusammenwirken ihrer Mitglieder über die Generationen hinweg für soziale Gerechtig-

---

[1] Die 25-jährige Mitgliedschaft wurde in den Betrieben geehrt.
[2] Alle Zitate stammen, sofern nicht anders gekennzeichnet, aus meinen Transkripten und Mitschriften. Ich habe sie alle mehr oder weniger stark geglättet, um den Lesefluss zu erleichtern.

keit einsetzt und deren grundsätzliches Anliegen vor dem Hintergrund aktueller politischer Entwicklungen als verteidigungswürdiger denn je verstanden wird. Flexibilisierte und zunehmend prekäre Arbeitsverhältnisse erschweren der Gewerkschaft die politische Arbeit und für viele ArbeitnehmerInnen ist der Eintritt in die Gewerkschaft nicht mehr selbstverständlich. Mittlerweile machen SeniorInnen und Arbeitslose die Hälfte der Gewerkschaftsmitglieder aus. Frau Schneider, eine aktive ver.di-Gewerkschaftsseniorin, charakterisiert diesen Wandel:

> »Die heute ganz alten Leute, die sind ja in eine kämpferische Phase hineingeboren, wo also damals noch viel erstritten werden musste und wo sie schon als Lehrlinge meistens in die Gewerkschaft gingen. [...] Heute ist es schwer, Jugendliche überhaupt für die Gewerkschaft zu interessieren.« (I-Schneider 1: 12)

Die Gründe, aus denen sich Menschen für den Beitritt zur Gewerkschaft entscheiden, sind heute andere als früher, die »kämpferische Phase« sei vorbei. Aber nicht nur die politischen und ökonomischen Entwicklungen fordern die Gewerkschaft heraus, auch das ›Altern der Gesellschaft‹ hat direkte Konsequenzen für gewerkschaftliche Arbeit. Die Gewerkschaft als Institution verliert gesellschaftlich an Bedeutung und die demografische Entwicklung schlägt sich in der Zusammensetzung der Mitglieder nieder. Der durch beide Entwicklungen bedingte Verlust an organisatorischer Schlagkraft spielt in der gewerkschaftlichen Selbstwahrnehmung eine große Rolle. Welche Konsequenzen ergeben sich aus diesen aktuellen Prozessen und wie werden sie auf einer Jubilarfeier ›zur Sprache gebracht‹? Wie werden Menschen in der Gewerkschaft alt und welche Bedeutung hat eine Jubilarehrung für diese Institution? Ich hatte im Rahmen meiner Forschung die Möglichkeit, an Jubilarehrungen teilzunehmen und mit Menschen zu sprechen, deren Einschätzung der Ehrungen ebenso wie ihr ›Gewerkschaftshintergrund‹ stark variierte. Außerdem bot sich mir die Möglichkeit, durch einige andere Veranstaltungen und Gespräche Einblick in die SeniorInnenarbeit einer Gewerkschaft zu bekommen.[3] An diesem Material möchte ich zeigen, wie die Jubilarehrung in verschiedenen gewerkschaftlichen Kontexten diskutiert wird, welche Konflikte mit ihr verbunden sind und wodurch diese ausgelöst werden. SeniorInnen, Hauptamtliche, FunktionärInnen, Arbeitslose und ›einfache‹ Mitglieder haben unterschiedliche Erwartungen an und Verständnisse von Gewerkschaft. Die Jubilarehrung ist ein Ort, an dem einige dieser Unterschiede sichtbar werden. Die erlebte Geschichte, die verschiedene Generationen jeweils mit der Gewerkschaft verbindet, kann eine Erklärung für diese Unterschiede sein. Die Funktion der Jubilarehrung scheint in der

---

[3] So konnte ich an Veranstaltungen der IG Metall SeniorInnen teilnehmen und hatte Gelegenheit, mir von verschiedenen Aktiven ihre Strukturen und Aktivitäten erklären zu lassen.

Ehrung von Einzelpersonen zu bestehen. Ich gehe jedoch davon aus, dass entgegen diesem Eindruck nicht die Inszenierung der Individuen als solche relevant ist, sondern vielmehr ihre Inszenierung im sozialen Kontext einer Gewerkschaft. Indem die Organisation ihre JubilarInnen ehrt und ihre Lebensleistung *als Gewerkschaftsangehörige* anerkennt, erhöht sie auch sich selbst. Organisation und Individuum werden somit wechselseitig aufeinander bezogen. Besonders interessant war dabei für mich, wie eine Organisation langjährige Mitglieder, die größtenteils RentnerInnen sind, in einer als krisenhaft erfahrenen politischen Situation ehrt, in der die Gewerkschaft selbst an Bedeutung verliert. Um diese Problematik untersuchen zu können und einen Eindruck gewerkschaftlicher SeniorInnenarbeit zu vermitteln, möchte ich zunächst die Tätigkeitsbereiche der aktiven SeniorInnen bei ver.di und in der IG Metall[4] beschreiben, bevor ich auf die Inszenierung der Ehrungen eingehe.

Die aktiven SeniorInnen

> »Eine Gewerkschaft ist eine derartig wichtige Organisation in einem Staat. Die was bewegen kann für die Menschen, egal in welcher Altersgruppe, egal an welcher Stelle, aber man sollte aktiv sein, ist meine Meinung.« (I-Schneider 1: 15)

Frau Schneider, 67 Jahre alt und ehrenamtlich aktive Gewerkschaftsseniorin bei ver.di, betont die aus ihrer Sicht zentrale gesellschaftliche Bedeutung der Gewerkschaft und ihre Rolle als Vertreterin der Interessen von Alt und Jung. In meinen Gesprächen mit aktiven GewerkschaftsseniorInnen und mit TeilnehmerInnen der Jubilarehrung tauchte dieses Motiv einer umfassend verstandenen Interessenvertretung als einendes Moment immer wieder auf.[5] Der selbstformulierte Anspruch gewerkschaftlicher SeniorInnenarbeit geht damit weit über das klassische Tätigkeitsfeld einer Gewerkschaft hinaus. Neben der Organisation von Ausflügen und ähnlichen Aktivitäten, die in der Arbeit der aktiven SeniorInnen viel Raum einnehmen, wird der Thematik einer alternden Gesellschaft große Bedeutung beigemes-

---

[4] Meine Forschung beschränkte sich auf diese beiden Gewerkschaften. Sie werden in dieser Arbeit kaum voneinander abgegrenzt, weil für meine Fragestellung die Ähnlichkeit der SeniorInnenarbeit entscheidend ist.
[5] Interessenvertretung und die gesellschaftliche Bedeutung von Gewerkschaft sind natürlich nicht die einzigen Gründe, die alte Menschen dazu veranlasst, Mitglied in der Gewerkschaft zu bleiben. Harald Künemund unterscheidet die Gründe für eine Gewerkschaftsmitgliedschaft im Alter in drei Dimensionen: Individuelle Nutzenerwägung, politische Überzeugung und Aufrechterhaltung biografischer Kontinuität. (Vgl.: Künemund, 1994)

sen. Man dürfe die Alten nicht aus dem Blick verlieren, eine Gruppe, die ein immer größerer Teil der Gesellschaft und auch der Gewerkschaft werde. Es sei »verdammt noch mal nötig, immer mehr und immer besser die Rechte dieser älteren Menschen richtig zu vertreten.« (I-Schneider 1: 10) Man müsse sich darum kümmern, dass die Gesetzgebung die Alten nicht vergesse, Einfluss auf seniorenrelevante Themen gewinnen und den SeniorInnen zeigen, »dass sie sich weiterhin in der richtigen Gewerkschaft befinden.« (I-Becher 1: 5) Herr Becher, ein aktiver Gewerkschaftssenior, 75 Jahre alt und seit fast 50 Jahren Gewerkschaftsmitglied, formuliert seinen Anspruch:

> »Und wenn es nur darum geht, dass man den älteren Menschen die Gelegenheit gibt, in ihren Kreisen weiterhin zusammenzukommen, sich auszutauschen. Gestern haben wir zum Beispiel hier eine Busfahrt gemacht von den Senioren aus dem Bezirk an die Ostsee. Da trifft sich ein Kreis von 40 Personen einmal im Monat und das ist dann keine trockene Versammlung. Dass die alten Menschen, bis sie nicht mehr können, das Gefühl haben, da sind welche, die warten auf mich, oder ich kann mich da einbringen. Dass sie noch so ein bisschen Lebensinhalte verspüren, auch für sich selbst.« (I-Becher 1: 16f.)

Die Gewerkschaft erscheint hier als Forum für ein Zusammentreffen, in dem die SeniorInnen nicht in erster Linie GewerkschafterInnen, sondern Menschen sind. Sie haben die Möglichkeit aktiv zu werden, und in einem sozialen Rahmen würdig zu altern, der Geborgenheit und Wertschätzung vermittelt.

Die Arbeit der aktiven SeniorInnen umfasst aber auch die klassischen Felder gewerkschaftlicher Politik: Interessenvertretung der Arbeitenden, der Kampf gegen ungleiche Behandlung und schlechte Arbeitsbedingungen, die Einflussnahme auf Gesetzgebung und die Vertretung ihrer Mitglieder vor Gericht sind zentrale Arbeitsbereiche. (Vgl. Wolf et al. 1994) Für Frau Schneider ist die Sensibilisierung und Mobilisierung der SeniorInnen für diese politischen Themen sehr wichtig. Aus ihrer Sicht stellen erst Krankheit oder Pflegebedürftigkeit legitime Gründe dar, sich aus dem politischen Kampf zurückzuziehen. Ein Kampf, der auch in den inneren Auseinandersetzungen der Gewerkschaft eine große Bedeutung habe – so fänden die SeniorInnen durch ihr mangelndes Engagement und weil sie sich nicht genügend ins politische Geschehen einmischten, auch in der Gewerkschaft zu wenig Gehör. Auch wenn andere SeniorInnen die Schuld vielleicht nicht in erster Linie ihrer eigenen ›Gruppe‹ zuweisen würden, über ihre ungünstige Position in der gewerkschaftsinternen Hierarchie machten sich meine GesprächspartnerInnen keine Illusionen. Frau Sarek, aktive Seniorin in der IG Metall, erläutert etwa am Beispiel der Auseinandersetzung um das Statut der IG Metall, wie schwer es sei, sich aktiv in die gewerkschaftliche Arbeit einzubringen. Es sei wiederholt gescheitert, dort zu verankern, dass die IG Metall die Interessen der abhängig Beschäftigten *und aller anderen Mitglieder* vertreten solle. Zwölf Jahre habe es gedauert, bis sie sich durchsetzen konnten und die politische Praxis entspreche immer noch nicht dem geänderten Statut.

Die Situation stellt sich bei ver.di ähnlich dar: Es ist aus Sicht von Frau Schneider nicht immer einfach, seniorenpolitisch aktiv zu sein. Die SeniorInnenarbeit werde »immer so ein bisschen abgewertet.« (I-Schneider 1: 22) Weder als zahlende Mitglieder und Basis, die eine Gewerkschaft stark macht, noch als erfahrene MitstreiterInnen würden die SeniorInnen genügend geschätzt. Es gebe zwar durchaus den Wunsch nach Zusammenarbeit, gerade mit der Gewerkschaftsjugend, aber dies gestalte sich in der Realität als sehr schwierig. Der Einfluss der älteren Mitglieder in der Gewerkschaft sei gering, und dies selbst bei Themen wie Jubilarehrungen, die in erster Linie die SeniorInnen selbst beträfen. Tatsächlich diskutiert bei ver.di eine eigens zu diesem Zweck gebildete Kommission über den Charakter der Jubilarehrung, mit dem Ziel, eine gemeinsame Form der Ehrung zu entwickeln. Denn im Gegensatz zur IG Metall ist ver.di ein relativ neuer Zusammenschluss und die Ehrung der JubilarInnen wurde in den Ursprungsgewerkschaften unterschiedlich gehandhabt. Die Auseinandersetzung um eine neue, gemeinsame Form der Ehrung verläuft teilweise kontrovers und bildet unterschiedliche Prioritäten und Gewerkschaftsbilder der FunktionärInnen und TeilnehmerInnen ab: Geschäftsführer Tremper etwa setzte aus praktischen Erwägungen durch, dass die Urkunden vor der Veranstaltung per Post an die JubilarInnen geschickt werden, weil eine persönliche Übergabe aufgrund der immer stärker steigenden Anzahl der JubilarInnen nicht möglich sei. Herr Becher, der an den Diskussionen teilnahm, sieht dies anders – er hält eine »würdige Ehrung durch Übersendung der Urkunden mit der Post« (I-Becher 2: 4) nicht für möglich. Den Vorteil des neuen Verfahrens, das im letzten Jahr eingeführt wurde, mag er allein darin erblicken, dass so die Urkunden zu den Geehrten gelangten, ohne auf der Veranstaltung oder dem Weg nach Hause Schaden zu nehmen. Aber eine solche ›logistische‹ Lösung kann den Wunsch nach einer demonstrativen und würdigen Ehrung in den Augen des Gewerkschaftsseniors Becher nicht erfüllen. Für ihn hat die angemessene Inszenierung einer Jubilarehrung eine hohe Bedeutung für die gewerkschaftliche Selbstdarstellung: »Man erkennt eine Gewerkschaft auch daran, wie sie mit ihren Jubilaren umgeht.« (I-Becher 1:10)

Im Spannungsfeld zwischen Individuum und Organisation wird im ritualisierten Handeln einer Jubilarfeier eine gemeinsame Identität ausgehandelt. Wie sieht diese Identität aus und wer wird auf welche Art repräsentiert? Um Antworten auf diese Fragen zu finden, werde ich zentrale Momente der Jubilarehrung der IG Metall beleuchten.

Die Jubilarehrung der IG Metall

Ich betrete das Foyer des Veranstaltungssaales und werde von einem freundlichen Mann begrüßt. Etwas weiter hinten sehe ich eine Frau, die Informationsblätter des SeniorInnenarbeitskreises verteilt. Es ist schon ziemlich voll, die Menschen sind relativ schick gekleidet, die meisten Männer tragen Anzug, manche sogar einen Hut. Sofort fällt der Blick auf die im Halbkreis angeordneten Tische, jeder von ihnen ist mit einem gelben Schild gekennzeichnet, auf dem einzelne Buchstaben zu lesen sind. Dort können sich die JubilarInnen ihre Urkunden abholen, wird mir erklärt. Am Tisch mit dem Anfangsbuchstaben ihres Namens zeigen sie ihre Einladungen und bekommen eine Ehrennadel und ein Geschenk[6], das Programm der Veranstaltung und ihre Urkunde. Die Umschläge mit den Urkunden werden in Postkisten aufbewahrt, was mir nicht sehr feierlich erscheint. Als ich meinen Mantel an der Garderobe abgebe, stelle ich fest, dass einige die Veranstaltung schon verlassen, bevor sie richtig angefangen hat.[7] In Hinblick auf den Umgang mit einer so großen Zahl von JubilarInnen wurde eine pragmatische Lösung gefunden, denn obwohl nur ungefähr die Hälfte der geladenen 1173 Gäste erschien, bedeutet eine solche Feier einen enormen Organisationsaufwand.

Wie persönlich muss eine Ehrung sein?

Der Charakter der Ehrung als Massenveranstaltung steht im Konflikt mit dem Wunsch nach einer ›persönlicheren‹ Ehrung, der verschiedentlich laut wurde. Wie stellt sich das Verhältnis von Massenorganisation und individueller Ehrung dar? Warum ist die *persönliche* Ehrung so wichtig und woran scheitert sie? Ein erster Befund ist, dass der Wunsch nach mehr Individualität in der Ehrung von meinen GesprächspartnerInnen sofort unter Verweis auf die dadurch entstehenden Kosten wieder zurückgenommen wurde: Das von den TeilnehmerInnen empfundene moralische Recht auf persönliche Ehrung wird zugunsten der Organisationsraison und vorwiegend ökonomischer Gründe in den Hintergrund gerückt.[8] Trotz allem

---

6 Im Falle einer 40-jährigen Mitgliedschaft einen Kugelschreiber, für 50 Jahre eine Uhr. JubilarInnen, die für 75 Jahre geehrt werden, erhalten im Rahmen eines persönlichen Besuchs einen Betrag von 150 EUR. Ab 2005 gibt es keine Geldprämien mehr, über Alternativen wird derzeit nachgedacht.

7 Die Frage, welcher Moment die Ehrung kennzeichnet, wann also die Veranstaltung für wen beginnt und endet, werde ich in diesem Rahmen nicht weiter verfolgen. Ganz offensichtlich sind die Prioritäten und Vorstellungen unterschiedlich verteilt. Die Bedeutung der Urkunden- und Geschenkübergabe schien allerdings für die, mit denen ich sprach, zentral zu sein.

8 Warum diese Argumentation so erfolgreich ist, kann verschiedene Gründe haben. ›Sachzwänge‹, die sich aus scheinbar unabänderlichem Geldmangel ergeben, sind eine gesellschaftlich hegemoniale rhetorische Figur. Die Frage nach den individuellen Prioritäten, die

wird der Wunsch immer wieder formuliert und auch Herr Becher spricht sich für einen kleineren Rahmen der Feiern aus: Wenn man die JubilarInnen gezielter ansprechen könne, fühlten sie sich »geehrter« (I-Becher 2: 18). Einen Erklärungsansatz für die Bedeutung der Inszenierung von Individualität bietet die Jenaer Kulturwissenschaftlerin Christel Köhle-Hezinger in ihrer Untersuchung betrieblicher Jubilarfeiern, deren Verbreitungsbeginn sie auf die 1880er Jahre datiert. Sie beschreibt unter anderem den Übergang von eher kollektiven zu immer individuelleren Festkulturen,[9] in deren Rahmen es nicht mehr ein Firmenkollektiv sei, das zusammen feiere, sondern eine einzelne Person bei einem feierlichen Anlass geehrt werde. Die Festigung der »Betriebsgemeinschaft« werde ab Ende des 19. Jahrhunderts zunehmend über die Anerkennung Einzelner betrieben, die in der Fabrikkultur Angehörige klar voneinander geschiedener sozialer Gruppen (ArbeiterInnen und Angestellte) seien. (Köhle-Hezinger 2004: 299) Die von allen meinen GesprächspartnerInnen betonte Bedeutung der Individualität der Ehrung kann damit auch als historisch gewachsenes Ergebnis dieser betrieblichen Festkultur verstanden werden. Ob Ehrung einer Gründerfigur oder Anerkennung einzelner Angestellter und ihres Beitrags zum Erfolg des Unternehmens – stets ist die Funktion betrieblicher Jubiläumsfeiern die Demonstration und Sicherung einer betriebsinternen Hierarchie sowie die Stärkung des Zusammenhalts und Bindung der Angestellten und ArbeiterInnen an die Firma; wobei die Vorhersehbarkeit und Ritualisierung dieser Anerkennung eine wesentliche Rolle spielen. (Vgl. Kleiderling 2004) Auch gewerkschaftliche Jubilarehrungen funktionieren nach diesem Muster. Im Folgenden werde ich die Ehrung in Hinsicht auf diese Prozesse und Funktionsweisen genauer beschreiben.

Ritual und Repräsentation

Nachdem die Veranstaltung im Festsaal mit der Rede von Herrn Bundt eröffnet wurde, übernimmt ein Ensemble aus Dresden die Moderation und gestaltet das kulturelle Rahmenprogramm. Die eigentliche Ehrung findet ungefähr nach einer halben Stunde statt. Herr Hager, 1. Bevollmächtigter der IG Metall, leitet sie mit einer Rede ein und bittet danach die sechs JubilarInnen auf die Bühne, die für 75 Jahre Mitgliedschaft in der IG Metall geehrt werden. Stühle werden aufgestellt und es dauert eine Weile, bis alle auf der Bühne sitzen. Der 1. Bevollmächtigte schildert

---

durch den Verzicht auf die erwünschte ›persönlichere‹ Ehrung sichtbar werden, kann hier nicht weiter verfolgt werden.
[9] Im Zusammenhang mit dem ›Aufstieg‹ des bürgerlichen Individuums im 19 Jh. findet sich auch in der allgemeinen Entwicklung von Jubiläumskultur, wie sie Winfried Müller untersucht, die Hinwendung zu Persönlichkeiten (Gutenberg, Dürer, Goethe), die geehrt werden. (Vgl. Müller 2004: S.36).

kurz den Verlauf des Arbeitslebens und die Hobbys des ersten Jubilars. Nachdem er dann noch am Rednerpult stehend zu 75 Jahren Mitgliedschaft in der IG Metall gratuliert hat, geht er zu dem Jubilar und gratuliert persönlich, während eine Frau Blumen überreicht und ihm eine Nadel angesteckt wird. Der Vorgang wiederholt sich bei allen sechs JubilarInnen nahezu identisch. Manche von ihnen stehen dabei auf, manche winken. Nachdem alle JubilarInnen geehrt worden sind, erhebt sich einer der Jubilare offensichtlich unabgesprochen noch einmal und geht zum Rednerpult. Im Namen aller JubilarInnen bedankt er sich bei den Veranstaltern und wünscht allen Anwesenden alles Gute und Gesundheit. Bevor es mit dem kulturellen Programm weitergeht, bittet der 1. Bevollmächtigte die anderen Gäste noch um ein bisschen Geduld, denn er wolle es sich nicht nehmen lassen, sich mit »unseren Jubilaren« fotografieren zu lassen.[10] Aus Sicht der Organisation geht es hier weniger um einzelne Personen, sondern vor allem um das, was sie verkörpern. In ihnen konkretisiert sich die Institution Gewerkschaft und ihre Geschichte, die im Rahmen der Feier inszeniert wird. Mit dem Religionswissenschaftler Jan Platvoet kann die Jubilarehrung als Ritual verstanden werden, das den JubilarInnen eine bestimmte Rolle zuweist:

> »Das Ritual distanziert die Teilnehmer [...] von ihrem eigenen spontanen Selbst, ihren privaten Gründen für die Teilnahme und ihren Interpretationen des Rituals. Während des Rituals sind die Teilnehmer auf die Rollen, die das Ritual ihnen vorschreibt, als auch auf die Theorie und den Zweck des Rituals beschränkt.« (Platvoet 1998: 176)

Das *inszenierte* Gewerkschaftsmitglied und das *Selbst* der JubilarInnen fallen nicht zusammen. Auf der Bühne sitzen die JubilarInnen, die für 75-jährige Mitgliedschaft in der Gewerkschaft geehrt werden, zugleich stellvertretend für alle anderen JubilarInnen. Zwar werden ihr Name und ihre Biografie kurz genannt, aber an keiner Stelle geht es um ihre individuelle Beziehung zur Gewerkschaft. Aus Sicht der Organisation werden sie auf die Bühne gebeten, um Kontinuität zu symbolisieren. Eine Woche nach der Jubilarehrung spreche ich mit Herrn Luhrmann, der bei der oben beschriebenen Veranstaltung für seine 75-jährige Mitgliedschaft in der IG Metall geehrt wurde. Es sei das erste Mal gewesen, dass er auf einer Bühne gesessen habe; er habe sich »gebumfiedelt« gefühlt, erzählt er mir. Trotzdem scheint er etwas unzufrieden zu sein. Als ich ihn frage, warum ihm nicht gefallen habe, was über ihn gesagt wurde, begründet er sein Unbehagen: Er stelle sich nicht gerne in den Vordergrund und sei eher zurückhaltend.

---

[10] Das dort entstandene Foto dient auch zur Dokumentation der Ehrung im darauf folgenden *Seniorenreport*, dem Informationsblatt des Seniorinnenarbeitskreises der IG Metall.

»Ein Außenstehender, der kann doch sowieso alles nicht so, wie soll ich mich jetzt ausdrücken, verfolgen oder so wahrnehmen, wie man das selber erlebt hat. Ja, das kann man ja gar nicht. Und das einem so beibringen, ist nicht so einfach.« (Luhrmann 1: 7)

Auf der Bühne ist seine Rolle beschränkt auf die Verkörperung von Gewerkschaftsgeschichte. 75 Jahre in einer Inszenierung zu bündeln, die für alle Seiten funktioniert, ist fast unmöglich. Herr Luhrmann befindet sich in einer ambivalenten Situation. Einerseits wird er durch die Hervorhebung seiner Person geehrt, andererseits kann die Inszenierung nicht mit Erlebtem in Übereinstimmung gebracht werden. Er nimmt im Rahmen der Ehrung eine Stellvertreterposition ein, die mit der eigenen Wahrnehmung seiner Rolle und Perspektive im Kontext der Gewerkschaft wenig zu tun hat. Besonders deutlich wird die Repräsentationsfunktion der JubilarInnen im Akt des Ansteckens der Ehrennadel, die ein ganzes System von Grundsätzen und den Geltungsanspruch einer Institution symbolisiert. Über die JubilarInnen wird die Gewerkschaft als abstrakte Institution sichtbar. Im Individuum repräsentiert sich die Allgemeinheit, im sichtbaren Symbol das Unsichtbare einer Institution. Hier findet eine »Versinnlichung abstrakter Organisationen« statt, wie sie Ludgera Vogt am Beispiel von Ordensverleihungen untersucht. (Vogt 1997: 247ff.) Obwohl der Orden als Gratifikation einer einmaligen, außergewöhnlichen Leistung angesehen werden muss, die nicht dem Gleichheitsgrundsatz unterliegt, kann diese Charakterisierung auf die Ehrennadel teilweise übertragen werden, auch wenn sie im Gegensatz zum Orden weniger individuell herausragende Leistung, sondern erlebte Zeit versinnbildlicht. Die Feier, der Rahmen, in dem die Ehrung stattfindet, funktioniert selbst nach Prinzipien, die nach Winfried Gebhardt dadurch charakterisiert sind, dass mit ihnen alltäglicher Wirklichkeit Sinn und Bedeutung zugesprochen wird. (Gebhardt 1987: 63ff.) In einem festen zeitlichen Rahmen – sowohl was seinen Ablauf, als auch was seine alljährliche Wiederkehr betrifft – wird verbindlicher Sinn erzeugt. So strukturiert die Feier Zeit und bietet den Rahmen zur Selbstinszenierung. Die Jubilarehrung kann im Sinne Gebhardts als eine soziale Situation beschrieben werden, an dem eine Institution ihren Handlungsrahmen, ihre Werte und ihren Sinn innerhalb eines gesellschaftlichen Ganzen festzulegen sucht. Mit Blick auf Vergangenheit und Zukunft positioniert sich die Gewerkschaft in der Gegenwart durch die Stiftung historischer Kontinuität und kultureller Einheit – Sinn wird neu belebt und auf Dauer fixiert.

Festigung der Gemeinschaft

Die große Bedeutung der Vergangenheit für die inhaltliche Bestimmung und Bewertung der Gewerkschaft in der Gegenwart wird sehr deutlich in der Festrede des 1. Bevollmächtigten der IG Metall: Es geht ihm darum, die Gewerkschaft als Organisation mit Tradition vor dem Hintergrund aktueller politischer Entwicklungen zu verorten. In diesem Zusammenhang erfüllen die JubilarInnen eine bedeutende Funktion. In seiner Rede präsentiert Herr Hager einen Abriss deutscher Geschichte, die in Beziehung zu den JubilarInnen gesetzt wird. Die Älteren, die für 75 und 80 Jahre Mitgliedschaft geehrt werden, charakterisiert er als Generation des Umbruchs, die Jüngeren, die in den 50er und 60er Jahren eingetreten seien, als Generation des Aufbruchs. Er parallelisiert unterschiedliche gesellschaftliche Umbruchsituationen: Den Wandel von der bäuerlichen zur industriellen Gesellschaft (den die älteren GewerkschafterInnen miterlebt hätten)[11] und andererseits den Umbruch von der Industrie- zur Dienstleistungsgesellschaft, der sich heute vollziehe und auch die Gewerkschaft herausfordere. Die Erfahrungen der JubilarInnen, die als GewerkschafterInnen – und nicht als Individuen – auf politische Herausforderungen erfolgreich reagierten, werden angerufen, um aktuelle Forderungen der Gewerkschaft und ihrer Mitglieder zu stützen. Der Kulturwissenschaftler Winfried Müller stellt die Inszenierung von Jubiläen in einen solchen legitimatorischen Zusammenhang:

> »Memoria als Begründung und Sicherung von Legitimität sowie der Zusammenhang von kommemorativer Gruppenkultur und gegenwarts- und zukunftsbezogenem Handlungsanspruch – das ist […] der sich mit dem historischen Jubiläum verbindende Anspruch.« (Müller 2004: 33)

Die Erinnerung an gelebte Geschichte in ihren positiven wie negativen Aspekten dient der Stiftung von Gemeinschaft und Identität, wobei Müller darauf hinweist, »dass institutionelle Ordnungen im Jubiläum in besonderem Maße auf die Mitwirkung ihrer Mitglieder angewiesen sind.« (Müller 2002: 281) Über die Inszenierung einzelner Personen und einer gemeinsamen Geschichte werden die verbindlichen Ziele der Institution bekräftigt. Der Kampf für gerechte Entlohnung, Sozialstaat und Demokratie, vor allem aber die Solidarität untereinander sind die zentralen Punkte, über die sich die Gewerkschaft in ihrer Jubilarveranstaltung bestimmt. Deutlich wurde das vor allem in der Festrede des 1. Bevollmächtigten, Herrn Hager:

> »Eins, eins unterstreiche ich besonders: Ihr habt euch freiwillig für die Interessen anderer eingesetzt, zahlt freiwillig euren Beitrag. Mit einem Wort: Für euch zählte und zählt nicht nur das eigene Ich, sondern

---

[11] Dass die älteren GewerkschafterInnen diesen Umbruch tatsächlich miterlebt haben, ist recht unwahrscheinlich. In der Möglichkeit zur Personifizierung von so viel Erfahrung liegt jedoch die Chance zur Erhöhung des Geltungsanspruchs einer Institution.

> Solidarität mit dem Anderen war und ist ein Grundwert, euer und unser Grundwert.«

GewerkschafterInnen werden als Menschen beschrieben, die aus freien Stücken für andere Verantwortung übernehmen, eigene Interessen zurückstellen und »freiwillig« solidarisch handeln. Das Ideal gemeinschaftlichen Handelns vor dem Hintergrund gemeinsamer Interessen wird hier herausgestrichen: Nicht das Individuum ist wichtig, sondern in erster Linie die Solidarität untereinander, die gegenseitige Hilfe. Erst auf Grundlage von Solidarität und Zusammengehörigkeit untereinander entstehe die Möglichkeit gesellschaftsverändernder Praxis. Es sind diese Eigenschaften, die insbesondere den verdienten, älteren Gewerkschaftsmitgliedern zugeschrieben werden. Deren Ehrung streicht deshalb den Stellenwert der Solidarität für den Charakter der Gewerkschaft insgesamt besonders heraus.

Wahrnehmungen der Jubilarehrung

Während bisher betrachtet wurde, welche Rolle die Jubilarfeiern im Rahmen gewerkschaftlicher Identitäts- und Legitimationspraxen besitzen, möchte ich im Folgenden untersuchen, wie die geehrten Individuen und die GewerkschaftsseniorInnen auf die Veranstaltung reagieren und welche Aspekte ihnen besonders wichtig sind.

– aus der Perspektive der JubilarInnen und Gäste

> »Ich habe ja vorne gesessen, was mir gleich auffiel, die Bühne, das war nicht schön. Die Bühne war wohl so schwarz, aber da war so ein Staub und Dreck drauf. Und dann hätte können, vorne so ein bisschen, entweder ein paar Tannenzweige lang, oder Blumenkästen, oder ein paar Wintersterne, die Bühne hätte ein bisschen, ein kleines bisschen dekorativ [sein können]. Also ich fand das jedenfalls, das war zu kahl.« (I-Luhrmann 1: 5)

So ähnlich wie Herr Luhrmann, der für 75 Jahre Mitgliedschaft geehrt wurde, haben auch andere JubilarInnen und Gäste die Umstände der Feier empfunden. Zumindest was die Bühne betrifft, wurde die Kritik an mangelnder Dekoration von fast allen GesprächspartnerInnen geäußert. In meiner Interpretation formulieren Herr Luhrmann und seine AltersgenossInnen hier aber nicht nur ästhetisches Unbehagen, sondern einen Anspruch, der mit dem offiziellen Konzept der Feier unvereinbar ist. Denn die OrganisatorInnen wollten durch die von ihnen gewählte, bewusst reduzierte Ästhetik Ernsthaftigkeit und Würde ausdrücken, wie es ihrer

Ansicht nach für die Innen- und Außenrepräsentation einer politischen Institution angemessen ist. Dementsprechend verzichteten sie auf liebevolle Dekoration oder gar den Versuch, eine ›gemütliche‹ Atmosphäre zu erzeugen. Die schwarze Bühne empfinden die JubilarInnen jedoch – aus ihrer Perspektive und vor dem Hintergrund ihrer Erwartungen – als »kahl«: Nicht nur, dass Herr Luhrmann direkt an der Bühne sitzt und dort den Staub sieht, auch sein Bedürfnis danach, in der Gewerkschaft aufgehoben zu sein, läuft auf der Jubilarehrung ins Leere. Frau Meuser, deren Mann für 50-jährige Mitgliedschaft in der IG Metall geehrt wurde, beurteilt die Ehrung dagegen eher aus einer pragmatischen Perspektive als problematisch. Aus ihrer Sicht ist der Winter ein schlechter Zeitpunkt für eine solche Veranstaltung, weil viele alte Menschen Angst vor Erkältungen hätten oder schon krank seien. Auch leuchte ihr nicht ein, warum man einen Termin um die Mittagszeit gewählt habe, ohne dass es Essen oder Getränke gab:

> »Manche müssen regelmäßig ihr Essen haben, gerade in dem Alter, wenn sie Diabetiker sind und so. Aber ansonsten hätte ich mir eben gewünscht, dass die Pause gemacht hätten, meinetwegen nur 20 Minuten mit Wagen, Wasser und Kaffee, meinetwegen zum Kaufen, zum normalen, also vernünftigen Preis, spielt keine Rolle. Aber ich meine, drei Stunden, und viele Leute waren ja nun schon sehr zeitig da, und die dann da so rumhängen zu lassen, wo sie wissen, es sind im Grunde alles Alte, das find ich nicht so ganz gut.« (I-Meuser 1:2)

Die JubilarInnen scheinen von den VeranstalterInnen in erster Linie als langjährige Mitglieder und nicht als alte Menschen gesehen worden zu sein. Aus einer Perspektive, die sich in erster Linie um die Symbolik dreht, hat Alter zudem eine andere Bedeutung als aus einer pragmatischen Perspektive. Frau Meuser jedenfalls sieht auch die sozialen Bedürfnisse der TeilnehmerInnen nicht angemessen berücksichtigt:

> »Und gerade manche älteren Leute sind eigentlich froh, wenn sie überhaupt mal Leute haben, mit denen sie reden können, ich mein', das ist bei uns nicht so, mein Mann ist mehr schweigsam, ich bin da eher die Plaudertasche, aber ich kann mich woanders ausplaudern, aber weil es eben so viele sind, die wenig Kontakt nur noch zur Außenwelt haben. Und es ist auch manchmal wirklich gar nicht so einfach einen Schritt zu tun, um Anschluss zu finden.« (I-Meuser 1:10)

Das Bild des alten, einsamen Menschen, der für jede Hilfe zur Kontaktaufnahme mit der Außenwelt dankbar ist, das Frau Meuser hier zeichnet, steht in starkem Kontrast zu dem Bild, das in den Reden entworfen wird, dem heroischen Bild des alten, erfahrenen Gewerkschafters, der zur solidarischen »Gemeinde« der GewerkschafterInnen gehört. Diese beiden, sich widersprechenden Perspektiven stehen zugleich für unvereinbare Ansprüche an die Gewerkschaft: Im Rahmen der Feier wird die Gewerkschaft in erster Linie als Institution politischer Interessenvertretung inszeniert, bei den JubilarInnen steht diese Perspektive tatsächlich eher im Hintergrund. Dies zeigt sich auch an der Bedeutung einzelner Bereiche der gewerkschaftlichen SeniorInnenarbeit und dem Wunsch nach anderer Schwerpunktsetzung. So äußert etwa Herr Luhrmann den Wunsch nach gesundheitlicher Betreuung durch seine ›alte‹ Organisation:

> »Nun müsste noch was kommen, hier, für die Älteren. Wenn zum Beispiel jetzt einer krank wird. Eine Betreuung irgendwie erforderlich ist. Wie bei mir zum Beispiel. Ich bin alleine, ich hab' jetzt drei Tage hier so Rückenschmerzen: hab' ich mich verkältet? Ich konnte ja kaum laufen.« (I-Luhrmann 1: 16)

Kurze Zeit später formuliert er im Interview scherzhaft den Wunsch nach einer »Liebesbetreuung« durch die Gewerkschaft. (I-Luhrmann 1: 16) Die Gewerkschaft als ein Ort, an dem sich ihre Mitglieder geborgen und aufgehoben fühlen, ist dem klassischen Bild einer Familie recht ähnlich. Der Wunsch Herrn Luhrmanns nach einer »Liebesbetreuung« ist im wörtlichen Sinne sicher nicht ernst gemeint, aber er charakterisiert sein durchaus ›anspruchsvolles‹ Verhältnis zur Gewerkschaft. Ihr Tätigkeitsbereich soll sich für ihn nicht auf die politische Interessenvertretung als ArbeitnehmerInnen beschränken. Hier wird vielmehr der Wunsch nach einer Gewerkschaft artikuliert, die das Solidaritätsprinzip in ihrer (Mitglieder-)Politik konsequent und umfassend umsetzt.

– aus der Perspektive der aktiven SeniorInnen

Die aktiven SeniorInnen versuchen in ihrer Arbeit auf solche Bedürfnisse, wie etwa von Herrn Luhrmann artikuliert, einzugehen. In der Perspektive auf gewerkschaftliche SeniorInnenarbeit, wie sie der schon erwähnte aktive ver.di-Senior Herr Becher entwickelt, wird das Bestreben deutlich, der Gewerkschaft nicht nur Mitglieder zu erhalten sondern ihren Interessen auch aktiv entgegenzukommen:

> »Naja, und das [gemeint ist eine Weihnachtsfeier] sind so die Dinge, dafür bezahlt uns keiner, das machen wir halt, das Organisieren und all diese Dinge, weil wir eben als Teile der Gewerkschaft ver.di den anderen Kolleginnen und Kollegen was bieten wollen, dass sie immer wieder sehen, das lohnt sich in dieser Gewerkschaft zu bleiben,

egal, wer das jetzt organisiert oder woher das kommt. Wichtig ist, dass
die Mitglieder das Gefühl haben, sie sind in der richtigen Organisation.«
(I-Becher 2: 15)

Die aktiven SeniorInnen bemühen sich auch um jene Mitglieder, deren persönlicher Bezug zur Gewerkschaft sich auf die Teilnahme an Busreisen und Weihnachtsfeiern beschränkt. Es ist ihnen wichtig, alte Menschen an die Gewerkschaft zu binden und ihnen in ihren Ansprüchen gerecht zu werden. Die Gewerkschaft ist im Verständnis der aktiven SeniorInnen ein wichtiger Ort sozialer Integration. So beschreibt etwa Frau Schneider die Konsequenzen, die sich aus ihrer Perspektive für diejenigen ergeben, die aufgrund von Arbeitslosigkeit oder Verrentung aus der Gewerkschaft austreten:

> »Die isolieren sich doch aber! Die vereinsamen doch. Mich bewegt die
> Individualisierung, die in dieser Gesellschaft so immer mehr fortschreitet. Man muss in Gruppen, in Interessengruppen immer zusammen
> bleiben, finde ich.« (I-Schneider 1: 15)

Die fortschreitende Individualisierung hat nach Ansicht von Frau Schneider die bedrohliche Vereinsamung älterer Menschen zur Folge. Für sie ist das eine entscheidende Motivation, gewerkschaftlich aktiv zu sein und legitimiert die hohe gesellschaftliche Bedeutung, die sie der Gewerkschaft beimisst. Eine solche Perspektive auf Gewerkschaft zeigt sich auch in den Prioritäten, die die aktiven SeniorInnen in Bezug auf die Jubilarehrung formulieren. Frau Sarek und der SeniorInnenarbeitskreis der IG Metall versuchten schon verschiedentlich, den Charakter der Ehrungen in ihrem Sinne zu verändern. Vor allem würden sie das Forum, das die Ehrung bietet, gerne nutzen, um den JubilarInnen zu vermitteln, in welcher Form die Gewerkschaft auch für sie als SeniorInnen da sein kann. Zu keinem anderen Zeitpunkt seien so viele GewerkschafterInnen anwesend, die der Gewerkschaft ansonsten nicht so nahe stünden und entsprechend über die sich ihnen bietenden Möglichkeiten nicht viel wüssten. Man habe hier die einmalige Gelegenheit, für die SeniorInnenarbeit zu werben und die Gewerkschaftsbindung der JubilarInnen zu festigen. Dazu müsse man sich allerdings viel stärker auf die Anwesenden beziehen. Solche Veranstaltungen müssten genutzt werden, um den Leuten zu zeigen, dass die Gewerkschaft für sie da sei.[12] Diese Reformversuche des SeniorInnenarbeitskreises waren allerdings in den Augen der aktiven SeniorInnen wenig erfolgreich. Das Be-

---

12 Der SeniorInnenarbeitskreis der IG Metall informiert in einem Faltblatt über seine Arbeit: Renten- und Sozialinformation, Mitgliederversammlungen, Besichtigungen, Wanderungen, Mitwirkung bei der Jubilarehrung, Beteiligung an Demonstrationen, SeniorInnen-Seminare, Erfahrungsaustausch und vieles mehr.

streben, die Ehrung in den Bereich der aktiven Politik zu rücken und sie als Gelegenheit zu nutzen, um viele SeniorInnen zu erreichen, stößt möglicherweise in der IG Metall auf Widerstand, weil dieses Anliegen mit dem Ziel, Feierlichkeit zu erzeugen, nur schlecht vereinbar erscheint: Aktive SeniorInnenpolitik steht offenbar im Widerspruch zu zentralen Charakteristika der Feier, wie Ruhe, Besinnlichkeit, Reflexivität und Ritualisierung. (Vgl. Gebhardt 1987) Wie Frau Sarek berichtete, wird seitens der Verantwortlichen der IG Metall auf Traditionen insistiert – so halte seit jeher der 1. Bevollmächtigte seine Festrede, ohne dass der SeniorInnenarbeitskreis darauf Einfluss nehmen könne.[13] Im Unterschied dazu werden die SeniorInnen bei der Jubilarehrung von ver.di in der Festrede direkt aufgefordert, sich an der SeniorInnenarbeit aktiv zu beteiligen:

> »Es gibt viele Möglichkeiten, ver.di braucht Euch, bleibt weiter aktiv und bei Verstand.« (I-Becher 2: 16)

Anders als bei der IG Metall arbeitet bei ver.di die oben bereits erwähnte Kommission an der Gestaltung der Jubilarehrung. Gegenstand der Debatten sind dabei auch ›Kleinigkeiten‹ wie die Qualität des Papiers, auf das die Urkunden gedruckt sind, die Vermittlung der Veranstaltung nach ›draußen‹ durch Pressearbeit und die Frage nach angemessener Kleidung der GewerkschaftsrepräsentantInnen:

> »Das ist für die Betreffenden ein Festakt, das soll es ja wohl auch sein. Dann haben sich diejenigen, die das durchführen, auch festaktähnlich anzuziehen. Die haben nicht mit Jesuslatschen anzukommen und mit offenem Hemde. Da hat man sich schon auch mal eine Krawatte umzubinden, auch wenn der Kulturstrick einem sonst nicht passt.« (I-Becher 1: 12)

Die Debatte verläuft etwas anders als in der IG Metall. Die aktiven SeniorInnen fungieren hier gegenüber der jüngeren Generation, den Hauptamtlichen oder FunktionärInnen als VerteidigerInnen eines würdevollen Charakters der Ehrungen. Aus dem Anspruch, den die SeniorInnen an die Gewerkschaft haben, ergeben sich auch unterschiedliche Positionen in und Sichtweisen der innergewerkschaftlichen Streitkultur. Während die SeniorInnen bei der IG Metall darum kämpfen müssen, dass die JubilarInnen in der Ehrung ›vorkommen‹, kämpfen sie bei ver.di in erster Linie um das Bild, das sich die Gewerkschaft auf der Feier gibt. Im Rahmen der von der IG Metall inszenierten Ehrung wird die Beschränkung der Gewerkschaftspolitik auf Interessenvertretung deutlich; im Gegensatz dazu werden die JubilarInnen

---

[13] Der SeniorInnenarbeitskreis der IG Metall hatte vor einiger Zeit eine Rede ausgearbeitet, die ihren Vorstellungen entsprach. Diese Rede wurde in die Ehrung nicht einbezogen.

auf der wesentlich kleineren Feier von ver.di direkt angesprochen. Doch auch hier ist der Perspektiv- und Generationenunterschied nicht zu übersehen: Die jüngeren GewerkschafterInnen zeigen durch die Wahl ihrer Kleidung ihr eigenes Bild von Gewerkschaft, das offenbar nicht nahtlos an das der SeniorInnen anschließt: Für sie hat die Gewerkschaft nicht mehr die umfassende, feierlich-überhöhte Bedeutung, die sie für die SeniorInnen hat.

Die Frage der angemessenen Kleidung bei den Ehrung, die Alte und Junge trennt, steht damit stellvertretend für die Schwierigkeit auf der Jubilarfeier eine demonstrative Verbundenheit zwischen den Generationen, zwischen der Gewerkschaftsjugend und den SeniorInnen zu inszenieren. Es gelingt somit nur sehr bedingt, die Gewerkschaft als ›eine Familie‹ erscheinen und die JubilarInnen erfahren zu lassen, »dass der Staffelstab weitergegeben wird an die Jugend.« (I-Becher 1: 11) Die verschiedenen Ansprüche an die Institution Gewerkschaft und ihr Tätigkeitsfeld scheinen zu wenig vereinbar.

Schluss

Zu Beginn habe ich die Frage gestellt, wie eine Gewerkschaft langjährige Mitglieder in einer Situation ehrt, in der sie selbst einen dramatischen gesellschaftlichen Bedeutungsverlust erleidet. Gerade weil sich Rolle und Funktion der Gewerkschaft historisch gewandelt haben, haben die SeniorInnen andere Ansprüche an ihre Organisation als FunktionärInnen, Hauptamtliche und Gewerkschaftsjugend. Dies wird bei der Analyse von Jubilarehrungen sichtbar: Denn hier versuchen alle Beteiligten, die Gewerkschaft als *ihre gemeinsame* Organisation zu inszenieren. Damit werden jedoch unterschiedliche Perspektiven zur Geltung gebracht. So funktioniert die Inszenierung, wenn und weil sie mit Vereinfachungen operiert: Auf Solidarität als einen gemeinsamen Grundwert können sich alle Beteiligten einigen. Dass dieser Begriff aus verschiedenen Perspektiven inhaltlich unterschiedlich bestimmt ist, kann und muss im Rahmen der Feier nicht thematisiert werden.

In der Kritik an der Feier und in den Diskussionen, die über die Gestaltung der Jubilarehrung geführt werden, werden jedoch fundamentale Unterschiede im Gewerkschaftsverständnis und in den Ansprüchen an Gewerkschaftsarbeit manifest. Die JubilarInnen und aktiven SeniorInnen verstehen die Gewerkschaft nicht nur als einen Ort politischer Interessenvertretung, ihr Anspruch geht darüber hinaus: Die Gewerkschaft ist für sie auch eine soziale Institution, Anlaufstelle und Freundeskreis.[14] Die SeniorInnen sind meist schon sehr lange Mitglied der Gewerkschaft und das sich aus dieser Geschichte ergebende Verständnis von Gewerkschaft steht

---

14 Wichtig ist mir die Betonung der unterschiedlichen Gewerkschaftsbilder: In den Ansprüchen der SeniorInnen ist das Bild einer Organisation, die mehr leistet als eine politische Interessen-

im Widerspruch zum Gewerkschaftsverständnis jüngerer Mitglieder, das nicht zuletzt durch den gesellschaftlichen Bedeutungsverlust der Gewerkschaft geprägt ist. Gerade wenn es darum geht, sich feiernd selbst zu inszenieren, werden diese unterschiedlichen Perspektiven sichtbar.

vertretung wesentlich stärker ausgeprägt, als auf der Feier, dem Ort der Repräsentation »offizieller« Gewerkschaftsidentität, sichtbar wurde.

Alte über das Alter(n)

»Nun geh' ich immer ganz langsam, nun bin ich richtig alt« meint Grete in einem Interview, das zur Bedeutung von Freundschaften zwischen alten und jungen Menschen geführt wurde. Grete formuliert mit diesen Worten ein Ursache-Wirkungs-Verhältnis, das auf den ersten Blick überraschend anmutet: Die 83-jährige geht nicht langsam, *weil sie alt ist*, sondern sie ist alt, *weil sie langsam geht*. Diese Wahrnehmung von dem, was Alter ausmacht, findet sich bei vielen der älteren Menschen, mit denen wir im Rahmen des Studienprojektes sprachen. Grete erklärt, von so vielen Bekannten Geschichten über Stürze und Verletzungen gehört zu haben, dass sie selbst Angst davor habe, sich zu verletzen. Aus diesem Grund gehe sie nun auch, wie ihre Bekannten, »vorsichtiger«. Wie Grete stellen viele InterviewpartnerInnen *Alter* auch als *geistigen Stillstand* bzw. als eine Frage der Einstellung dar. Die zu ihrer Ernährungs- und Lebensphilosophie befragte Frau Ditrich spricht beispielsweise in ihrem *Gesundheits-Jargon* davon, dass »Verkalkung« eintrete, »wenn man sich früh [gestatte], auf seinem Standpunkt sitzen zu bleiben«. Der 60-jährige Herr Yildiz meint, dass ein Mensch sich selbst nie als alt wahrnehmen würde. Auch er kommt nicht umhin, sich zu fragen, wo seine frühere körperliche Kraft geblieben sei, aber »solange der Geist jung ist, wird man nie alt«, erklärt er.

Josefine Raaschs Forschung über Rückzug im Alter zeigt, dass zunehmende körperliche Gebrechlichkeit mit der Angst vor Verletzungen zur Aufgabe vormals für wichtig erachteter Aktivitäten und sozialer Kontakte führen kann. Diese Angst erst – und das scheint *common sense* bei vielen der Befragten zu sein, so unterschiedlich sie auch sein mögen – macht das *wahre Alter* aus. Frau Meuser, die Ehefrau eines für 50 Jahre IG-Metall Mitgliedschaft geehrten Jubilars, hebt hervor, dass »geistiges Alter« unabhängig von den Lebensjahren einer Person sei. Einige Menschen ließen sich schon mit 30 Jahren von vielen Sachen abhalten, andere lebten noch mit 80 Jahren unbesorgt und fühlten sich nicht eingeschränkt, weil sie sich sagten: »Irgendwann muss ich ja doch mal abkratzen, ist doch egal!«

Dennoch wird ihr Altern von allen Befragten als körperlicher *und* geistiger Abbauprozess wahrgenommen, auch von denen, die sich selbst als »geistig jung« verstehen. Als besonders schmerzlich empfinden sie es, nicht mehr aus eigener Kraft erreichen zu können, was sie wollen, seien es so alltägliche Dinge wie einkaufen und spazieren gehen, oder auch soziale Erfolge wie die *Eroberung* von Personen, die sie als attraktiv empfinden. Zum *Zustand* wird Alter diesen Darstellungen zufolge jedoch erst, wenn jene oben beschriebene Verzagtheit die Grundeinstellung des

Betroffenen bestimmt. Dem 72-jährigen Klaus zufolge sind daher »Neugierde und Begeisterungsfähigkeit« die wichtigsten Eigenschaften, um mit dem eigenen Altern umgehen zu lernen.

Die genannten Beispiele zeigen, dass die Befragten zwischen *Altern* als Abbauprozess, der als natürlich und unaufhaltsam verstanden wird, und *dem Alter* als Zustand, unabhängig von den Lebensjahren einer Person, unterscheiden. Ausgeglichenheit und Weitsicht sind die positiven Eigenschaften, die ein *alternder* Mensch erwirbt. Darin sind sich so unterschiedliche Befragte, wie die 78-jährige Sportlehrerin Frau Pensky, der 73-jährige türkische Akademiker Herr Bulut und die 86-jährige künstlerisch engagierte Adele einig. Das Wesen des *Alt-Seins* besteht dagegen im Sprachgebrauch der meisten Befragten in einem Handeln, das nicht auf die Überwindung von Schwierigkeiten ausgerichtet ist, sondern sich von den Abbauprozessen des eigenen Körpers bestimmen lässt. *Alt-Sein* bezeichnet eine negativ konnotierte Lebenseinstellung. *Alter* ist durch Selbstbeschränkung und Passivität gekennzeichnet. Herr Aydin aus dem Berliner Amselviertel bringt diese Perspektive auf den Punkt, indem er auf die Frage, was ein alter Mensch tue, »gar nichts« erwidert, sich zurücklehnt und schweigt.

Sulamith Hamra

Gesundheit als »Lebensprinzip«
Gesundheitsverhalten älterer Menschen

Sophia Siebert

Clifford Geertz weist darauf hin, wie schwierig sich mitunter das Verstehen eines Phänomens für EthnologInnen darstellt, selbst wenn ein Forschungsgebiet scheinbar überschaubar anmutet:

> »Ethnographie betreiben gleicht dem Versuch, ein Manuskript zu lesen (im Sinne von ›eine Lesart entwickeln‹), das fremdartig, verblasst, unvollständig, voll von Widersprüchen, fragwürdigen Verbesserungen und tendenziösen Kommentaren ist, aber nicht in konventionellen Lautzeichen, sondern in vergänglichen Beispielen geformten Verhaltens geschrieben ist.« (Geertz 1991: 15)

Die Beobachtungen und Gespräche, die ich zum Thema »Gesundheitsverhalten im Alter« führte, stellten mich vor die von Geertz beschriebene Herausforderung, ein Sinnsystem zu verstehen, das vor allem »in vergänglichen Beispielen geformten Verhaltens« beobachtbar ist. Ich habe fünf ältere Menschen in ihrem Alltag begleitet und Gespräche mit ihnen geführt, die Aufschluss über den Stellenwert von und den Umgang mit Gesundheit in ihrem Alltag geben sollten. Mir wurde bei dieser Betrachtung des jeweiligen *Gesundheitsverhaltens* klar, dass das individuelle Verhalten von konkreten (Lebens-) Erfahrungen und Wissen geprägt ist, das sich aus verschiedenen Quellen speist. Die Aufzeichnungen erzählter Erfahrungen sollten mir helfen, die Komplexität und Gewordenheit eines Gesundheitsstils zu verstehen, der – im Geertzschen Sinn – das beobachtbare Gesundheitsverhalten formt. Ich gehe davon aus, dass ein *Gesundheitsstil* in Auseinandersetzung mit Teilaspekten verschiedener *Gesundheitsangebote* entwickelt wird. (Vgl. Abb. 1)

Um zu verstehen, wie sich der Gesundheitsstil der Befragten zusammensetzt und wie es gelingen kann, z. T. widersprüchliche Gesundheitsangebote parallel in Anspruch zu nehmen, übernehme ich den Begriff des »Denkstils« von Ludwik Fleck. Ein Denkstil ist ein relativ »abgeschlossenes Meinungssystem« (Fleck ²1993/1935: 54), wie es etwa die westliche Biomedizin oder auch die Homöopathie darstellen – beide greifen auf eigene Diskurse zurück und können als Wissenssysteme gelten. Der Begriff der Biomedizin meint »die westliche Tradition wissenschaftlicher und biologischer orientierter diagnostischer und therapeutischer

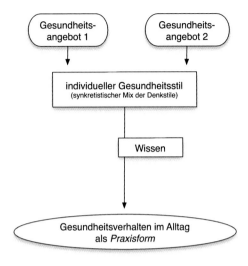

Abb. 1: *Der Gesundheitsstil als erzeugendes Prinzip für das Gesundheitsverhalten*

Methoden« (Sperling 2003: 190). Die Biomedizin[1] stellt also zunächst ein *Gesundheitsangebot* dar. Ich ziehe den Begriff »Denkstil« hinzu, um den etwas engen Begriff des *Gesundheitsangebotes* zu erweitern: Betrachtet man die Biomedizin als *Denkstil* rücken nicht mehr nur gesundheitsbezogene Dienstleistungen oder Güter in den Fokus, sondern ein *Wissenssystem*, auf das Laien wie Experten Zugriff haben und das sie auf verschiedene Art für sich nutzen.

Ich untersuche Aspekte individuellen Gesundheitsverhaltens, die ich beobachten und im Gespräch erschließen konnte. Auffällig war dabei, dass die Befragten mehr oder weniger flexibel zwischen verschiedenen Gesundheitsangeboten wählten. Ich möchte im Folgenden herausarbeiten, wie dieses individuelle Gesundheitsverhalten an einem persönlichen Gesundheitsstil orientiert ist, der sich teilweise widersprüchlicher Wissensangebote bedient. Dabei gehe ich davon aus, dass nicht nur das erworbene *gesundheitsbezogene* Wissen, sondern auch persönliche Erfahrungen und andere Wissensbezüge das Gesundheitsverhalten prägen. Während ich also *Gesundheitsstil* als synkretistisches Aneignungsergebnis verschiedener gesundheitsbezogener Wissenssysteme verstehe, ist das konkrete Gesundheitsverhalten zusätzlich von biographischen Erfahrungen geprägt. (Vgl. Abb. 2) Das Gesundheitsverhalten verweist also nicht nur auf zugrunde liegende Gesundheitsangebote und damit verbundene Denkstile, sondern zugleich auch auf anderes

---

[1] Der Begriff »Biomedizin« ersetzt den der »Schulmedizin« und wird hier als wertfreier Begriff verstanden.

Gesundheit als »Lebensprinzip«

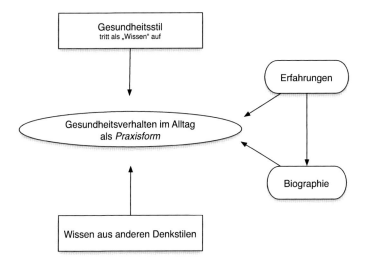

Abb. 2: Gesundheitsverhalten als Praxisform

Wissen und Erfahrungen, die zu einem System individueller Gesundheitspraxen zusammengefügt werden. Das Verhältnis zwischen Gesundheitsverhalten und Gesundheitsstil ist damit analog zu Pierre Bourdieus Konzept des Lebensstils zu betrachten: Der Begriff Lebensstil meint die Summe und die wechselseitigen Beziehungen von (ästhetischen) Einstellungen und (habituellen) Verhaltensmustern, mit denen Akteure auf die Anforderungen ihrer Alltagswelten reagieren und die als Mittel zur Sicherung und Darstellung von Identität und Distinktion fungieren. (Bourdieu 1987: 277ff.) Der eigene Lebensstil enthält eine vielschichtige, im Laufe des Lebens selbst entworfene Logik, innerhalb derer Entscheidungen getroffen werden. Wesentlich ist nicht, ob sich Handlungen oder Einstellungen formal widersprechen, sondern ob sie im systematischen Zusammenhang eines Lebensstils Sinn ergeben.

Gesundheit als Aufgabe

Fünf Personen gaben mir die Möglichkeit, sie in ihrem Alltag zu begleiten und mit ihnen über ihr Gesundheitsverhalten zu sprechen. Im folgenden Abschnitt möchte ich sie kurz porträtieren. Das Ehepaar Dietrich lebt bei Bonn, beide sind 77 Jahre alt und waren als Angestellte im öffentlichen Dienst tätig. Sie arbeitete als Sozialarbeiterin, er war zunächst als Diplom-Kaufmann bei Bildungsorganisationen tätig und verlagerte seine Tätigkeiten später auf Politisches. Frau Dietrich hat vor ca.

zehn Jahren eine Heilpraktikerinnen-Ausbildung mit Schwerpunkt Homöopathie absolviert, war aber nie in einer Praxis tätig. Herr Dietrich engagiert sich sehr für den christlich-jüdischen Dialog; seine Frau teilt dieses Interesse. Beide sind Mitglieder des Vereins »Natur und Medizin«, dessen Anliegen es ist, Bio- und Alternativmedizin in einen fruchtbaren Dialog zu bringen. Sie besuchen Veranstaltungen zu diesen Themenfeldern, teilweise halten sie selbst Vorträge. Ihr Tagesablauf ist darauf ausgerichtet, abends etwas zu unternehmen oder Besuch zu empfangen. Morgens geht Herr Dietrich gerne eine Stunde im Wald spazieren, manchmal steht auch Gartenarbeit auf dem Programm. Nach dem Mittagessen halten beide gerne einen Mittagsschlaf, da abendliche Aktivitäten sie etwas mehr anstrengen als früher. Zur Zeit der Berufs- und Erziehungstätigkeit (sie haben einen Sohn) sind sie ab und zu zur Kur gefahren, um sich zu »regenerieren«.

Herr und Frau Rothe wohnen in Düren (NRW) und sind 85 und 82 Jahre alt. Herr Rothe war als Berufsberater ebenfalls im öffentlichen Dienst tätig, Frau Rothe hat als Buchhalterin in der Papierindustrie gearbeitet. Ihre Ausbildung zur Buchhalterin bezeichnet sie als für damalige Verhältnisse nicht selbstverständlich. Vor zehn Jahren sind sie aus ihrem Haus in eine Wohnung gezogen, die einem Seniorenstift angegliedert ist. Es war ihnen bei der Entscheidung wichtig, dass sie im Bedarfsfall auch Pflege in der Wohnung erhalten können. Seit wenigen Jahren ist es ihnen aus gesundheitlichen Gründen nicht mehr möglich, ihrer »Wanderleidenschaft« nachzugehen; auch Fahrradtouren durch die Eifel wagen sie seit einigen Jahren nicht mehr. Herr Rothe, ein Gartenfreund, hat auch dieses Hobby mit dem Verkauf ihres Hauses eingestellt; nach wie vor geht er gerne zum Schachclub, den er vor fast 50 Jahren gegründet hat. Beide lieben die Natur und bedauern es, durch Altersbeschwerden in ihren Bewegungsmöglichkeiten eingeschränkt zu sein. Sie bemühen sich, jeden Tag etwas spazieren zu gehen, und sei es nur in der Stadt, wenn sie Besorgungen machen. Gerne und oft erinnern sie sich an ihr »Leben in der Natur« – auch ihr soziales Leben war immer stark an Aktivitäten wie Wandern oder Radfahren gebunden.

Frau Wolter lebt in Berlin und wurde vor kurzem 80 Jahre alt. Unter anderem als Sekretärin der Staatsbibliothek hat sie meist zu Hause an der Schreibmaschine gearbeitet, um »*nebenbei*« ihre drei Töchter betreuen zu können. Tai Chi ist ihre Leidenschaft – ein Sport, den sie als Jugendliche von ihrem Bruder lernte. Während des Krieges und in der Nachkriegszeit »war an ›Sport treiben‹ [jedoch] nicht zu denken«. Erst in den 50er Jahren hat sie in der DDR, nach vielen Jahren der mühsamen Stabilisierung der Lebensgrundlagen, von ihrem Ehemann ermutigt wieder mit »ihrem« Sport angefangen, der besonders an der Humboldt-Universität beliebt war. Die Staatssicherheit hatte die Übenden als »Kampfsportgruppe« im Auge; umso leidenschaftlicher übte Frau Wolter die komplexen Übungsfolgen und fand später die Gruppe, die sie heute leitet. Nachdem sie das von ihr sehr geliebte Schlittschuhlaufen wegen einer Sehbehinderung aufgeben musste, betreibt sie Tai

Chi nun noch engagierter. Dabei geht es ihr um die Förderung ihrer Beweglichkeit – ihre durch Kohleöfen beheizte Wohnung und Tai Chi betrachtet sie als geeignete Mittel, Geschmeidigkeit aufrechtzuerhalten:

> »Das Leben ist Bewegung. Und das müssen alte Leute kapieren! Und deshalb – die Öfen halten mich beweglich. Sie müssen erst mal die Vorarbeit leisten. [...] Und die Kohlen vom Balkon holen, und Holz.« (I-Wolter: 23)

Wie Frau Wolter sehen auch die anderen Interviewten ihre Gesundheit als Aufgabe und reflektieren dies in hohem Maße. Können als gesundheitsfördernd verstandene Aktivitäten wie Wandern oder Schlittschuh laufen nicht mehr ausgeführt werden, werden Alltagshandlungen bewusst eingesetzt, um positiv auf die Gesundheit einzuwirken. Für Frau Wolter sind es die Öfen, die sie »gesund und beweglich« halten, Gartenarbeit ist es für die Dietrichs. Hausarbeit und Erledigungen in der Stadt erfüllen für Rothes diese Funktion. Auf Bewegung und Ernährung wird großer Wert gelegt, um die Gesundheit zu erhalten. Ein flexibler Umgang mit vom Arzt erteilten Ratschlägen zur Gesundheit und eine hohe Selbständigkeit im gesundheitsbezogenen Handeln zeichnen alle Befragten aus. Diese konzeptuelle Flexibilität stellt eine für die Befragten wichtige *Kompetenz* und einen Wert an sich dar. Alle Befragten fungieren als ExpertInnen für sich und andere. Wohlmeinende Ratschläge, die mir immer wieder gegeben wurden, sind typisch für den selbstbewussten Gesundheitsstil der Befragten. Den möglichen Variationen im Gesundheitsverhalten und den Einwirkungen verschiedener Denkstile auf den zugrunde liegenden Gesundheitsstil möchte ich im Weiteren nachgehen.

Gesundheitsverhalten

Als Gesundheitsverhalten bezeichne ich zunächst jede Form der aktiven Förderung oder Erhaltung von Gesundheit. Gesundheitsdienliche Aktivitäten wie bewusste Bewegung sind ebenso darunter zu fassen wie die Entscheidung für oder gegen eine bestimmte Therapieform im Krankheitsfall. Im Gesundheitsverhalten spiegelt sich nicht nur der jeweilige Umgang mit dem Körper, sondern es stellt für die Befragten auch ein Feld dar, auf dem sie das Verhältnis zu sich und zu ihrer Lebenswelt aushandeln. Für Frau Wolter etwa ist ihre Tätigkeit als Tai Chi-Lehrerin ein zentraler Bezugspunkt ihres Lebens: Das Ausüben von Tai Chi bietet ihr nicht nur regelmäßige Bewegung, sondern auch soziale Kontakte und Anerkennung in ihrer Rolle der geübten und erfahrenen Gruppenleiterin. Das Praktizieren von Tai Chi kann als eine Schnittstelle zwischen Gesundheitsförderung, Freizeit- und sozialer Aktivität analysiert werden, und ist damit als wesentlicher Teil des Lebensstils zu bezeichnen. Wie Frau Wolter in Bezug auf Tai Chi betont Frau Rothe die gesundheitsfördernde und sozial einbindende Wirkung ihrer »Wanderleidenschaft«:

> »Wandern, und dann ging man [mit Freunden] schwimmen [...]. Unseren Körper in die frische Luft bringen, laufen, dann kommt man auch mit ganz anderen Sinnen nach Haus. [...] Immer frische Luft und Wasser. Dem Helmut [ihrem Mann] merkt doch keiner die 85 Jahre an!« (I-Rothe: 3-00:15)

Frau Rothe versteht den »guten Zustand« ihrer Gesundheit trotz ihres Alters als das Ergebnis konstant betriebener gesundheitsdienlicher Aktivitäten. Wichtig ist dabei die Annahme, dass der altersbedingte körperliche *Abbau* durch Aktivität hinauszögert werden kann; diese Überzeugung interpretiere ich als Ursache und Ergebnis einer spezifischen Körperkultur. Nicht nur diese besonderen Aktivitäten, sondern alles gesundheitsbezogene Verhalten wird auch von Herrn Rothe dahingehend interpretiert, dass dadurch eine Verschlechterung des eigenen Zustands verhindert werden kann:

> »Wir wollen unseren Körper unterstützen. Und was wir dazu kaufen [an rezeptfreien Medikamenten], das sollte möglichst naturbelassen sein. Wir haben uns immer dafür interessiert, welche Erfordernisse da waren, um die Gesundheit zu bewahren oder zu fördern. Da hatten wir gehört, man muss auf seinen Blutdruck aufpassen, man muss auf seinen Cholesterinspiegel aufpassen.« (I-Rothe: 3-00:13)

Sehr sorgsam notieren Herr und Frau Rothe morgens und abends ihren Blutdruck und ernähren sich sehr »cholesterinbewusst«. Diese starke Reflexion der eigenen Gesundheitswerte, wie sie normalerweise vom Arzt beobachtet und gemessen werden, ist ein Phänomen, das bei allen Befragten beobachtet werden kann. Dieser quantifizierenden Aufmerksamkeit entspricht die Sorgsamkeit, mit der Frau Dietrich den täglichen Speiseplan zusammenstellt: Dieser richtet sich, wie sie erläutert, nach den Farben des Gemüses, die für die enthaltenen Vitamine und somit für die Wirkungen der Nahrungsmittel auf den Körper stehen sollen. Diese Beispiele stehen für die hohe Reflexivität, die mit Pierre Bourdieu als Hinweis auf einen manifesten »Gesundheitskult« interpretiert werden kann:

> »Alles scheint darauf hinzuweisen, dass die Beschäftigung mit Körperkultur in ihrer elementaren Form, als Gesundheitskult, in Verbindung nicht selten mit einem übersteigerten Asketismus der Nüchternheit und Diätstrenge, zunächst innerhalb der Mittelklassen auftritt.« (Bourdieu 1987: 340)

Diese These des Gesundheitskultes, den Bourdieu vor allem als ein Mittelschichtsphänomen[2] klassifiziert, möchte ich am Beispiel meiner fünf der Mittelschicht angehörenden Befragten untersuchen, die ihre Gesundheit nicht nur als Aufgabe begreifen, sondern ihr Verhalten auch in hohem Maße reflektieren.

Selbstregulierung und »Leibordnung«

Um diese spezifische Art des Handelns und Reflektierens besser fassen zu können, greife ich auf den Begriff der »Diätstrenge« zurück, anhand dessen verdeutlicht werden kann, mit welchen Selbstregulationen der »Gesundheitskult« verbunden ist. Dieser Begriff wurde von Michel Foucault in seinen Analysen des Konzepts der in pythagoreischer Zeit (6. Jh. v. Chr.) entstandenen *Diät* entwickelt. (Foucault 1993) Foucault interessierte besonders der Stellenwert der Selbstregulierung in der individuellen Lebensführung. Das antike Konzept der Diät wurde eingesetzt, um eine schlechte Lebensführung, die als Ursache für Krankheiten betrachtet wurde, zu korrigieren. Die Diät musste »auf seiten des Individuums eine reflektierte Praxis seiner selber und seines Körpers sein« (Ebd.: 138). Dass sie es sein *musste* und es nicht automatisch *ist*, verweist auf den Zwang, aber auch auf Spielräume innerhalb dieser »Leibordnung«: »Die Diät des Körpers muss [...] auch eine Angelegenheit des Denkens, der Reflexion, der Klugheit sein.« (Ebd.: 139) Als Nebenzweig der damaligen Medizin wurde die Diät vom Arzt verordnet. Vom Patienten war dabei gefordert, dass er *aktiv* sein Leben der Diät entsprechend gestaltete; die Diät entwarf für den Patienten damit eine »Lebensweise, deren Formen, Entscheidungen, Variablen von der Sorge um den Körper bestimmt sind.« (Ebd.: 132) Das Wissen des Experten wird zu einem Autoritätswissen; damals wie heute fand eine freiwillige Unterwerfung unter den Zwang der *Diätstrenge* statt.

Der Gesundheitsstil der von mir Befragten ist nicht, wie in Foucaults Beispiel, direkt verordnet, sondern über einen langen Zeitraum entstanden und durch Auseinandersetzung mit biomedizinischen Verordnungen geprägt. Neben dem zu meinem Konzept passenden Aspekt der Reflexion ist es vor allem die Foucaultsche Idee der »Sorge um den Körper« und die darauf abgestimmte »Lebensweise«, die ich auf mein Material anwenden möchte. Obwohl die Befragten keine Diät im strikten Sinn des Wortes einhalten, verfolgen sie, um mit Foucault zu sprechen, eine Diät als *Lebensweise*; sie setzen ihrem Gesundheitsstil entsprechende Regeln fest und organisieren Tagesabläufe, die *um der Gesundheit willen* eingehalten werden. Die Sorge um den Körper, das gesundheitssuchende Verhalten, wirkt strukturie-

---

[2] Hierbei handelt es sich um einen anderen Diskurszusammenhang. Ich möchte nicht versuchen, »schichtanalytisch zu clustern«, sondern es geht mir vor allem um den Aspekt des »Gesundheitskultes«, den Bourdieu an der Mittelschicht analysiert.

rend auf das gesamte Leben; der dem Gesundheitsverhalten zugrunde liegende Gesundheitsstil prägt den Lebensstil erheblich. Foucault formuliert prägnant: »Die Diät ist eine ganze Lebenskunst.« (Ebd.: 131) Mich interessiert, wie diese *Lebenskunst* von den Befragten praktiziert wird, wie sie also den Gesundheitsstil zum festen Bestandteil ihres Alltagsverhaltens machen. Hierbei können Autoritäten wie die des Arztes im Hintergrund stehen, der Alltag wird aber flexibel und aktiv selbst gestaltet. Der ärztliche Rat ist nur eine mögliche Autorität als Bezugspunkt, betrachtet man die Vielseitigkeit des medizinischen Marktes. Die VertreterInnen der Therapieangebote haben gleichsam den Anspruch, das Gesundheitsverhalten der PatientInnen bzw. KlientInnen in die Richtung der »wirklichen« Gesundheit zu fördern.[3] Auf dem medizinisch-therapeutischen Markt konkurrieren AnbieterInnen, auf deren Expertise zurückgegriffen werden kann, nicht nur als AnbieterInnen verschiedener gesundheitsbezogener *Waren* oder *Dienstleistungen*, sondern gleichzeitig als VertreterInnen verschiedener, umfassend konzipierter *Denkstile*. Hinter der Entscheidung, ein Medizinsystem überhaupt in Erwägung zu ziehen oder nicht, stehen individuelle Logiken; starkes Vertrauen zu einer Ärztin kann Grund dafür sein, dass im Krankheitsfall ausschließlich sie konsultiert wird. Im *alltäglichen* Gesundheitsverhalten kann dennoch auch auf andere Angebote zurückgegriffen werden. Im Folgenden möchte ich zeigen, wie flexibel sich der Umgang mit verschiedenen Medizinsystemen darstellen kann.

Gesundheitsangebote und Denkstil

Ludwik Fleck interessiert sich dafür, wie sich ähnliche oder einander widersprechende Denkstile verändern können, sobald ein Individuum sie miteinander zu einem persönlichen Stil verknüpft. Indem ein Mensch versucht, geschlossene Denkstile in sein eigenes Denksystem zu integrieren, werden diese mehr oder weniger stark angepasst:

> »Sind die Denkstile sehr verschieden, so können sie ihre Abgeschlossenheit auch in einem und demselben Individuum bewahren, handelt es sich dagegen um verwandte Denkstile, so ist ein solches Trennen nicht gut möglich.« (Fleck 1993: 145)

Oft entstehe dann ein besonderer »Grenzgebiet-Stil«. Ludwik Fleck hat den Begriff des Denkstils in seinem Buch »Entstehung und Entwicklung einer wissenschaftlichen Tatsache« ausgearbeitet. Der jeweilige Wissensbestand eines Menschen sei

---

[3] Zum Therapiemarkt und zu den Folgen für das Verhalten von PatientInnen, die ggf. zu KonsumentInnen werden, vgl. Sharma 1999.

Gesundheit als »Lebensprinzip«

Grundlage seines »abgeschlossenen, stilvollen Meinungssystem[s]« (Ebd.: 54). Mehrere Menschen, die spezielles Wissen teilen, bilden demnach ein Denkkollektiv, das als gemeinschaftlicher Träger eines Denkstils zu verstehen sei. Jeder Mensch bediene sich an den in Kollektiven zusammengefassten Wissensbeständen und stelle sie für sich neu zusammen. Dabei werde z. T. das »ursprüngliche« Wissen abgeändert, damit es in den eigenen Stil »passe«. Laut Fleck ist durch drei Parameter bereits angelegt, in welche Richtung ein Mensch bereit ist, »stilgemäß« wahrzunehmen: »Tradition, Erziehung und Gewöhnung [rufen] eine *Bereitschaft für stilgemäßes, d. h. gerichtetes und begrenztes Empfinden und Handeln*« hervor. (Ebd.: 111) Hierauf werde ich unten zurückkommen. Ich werde nun an porträtartigen Darstellungen meiner GesprächspartnerInnen erläutern, wie unterschiedlich sie mit dem reichhaltigen Denkstilangebot des medizinischen Marktes umgehen.

Frau Wolter – zwei Denkstile, flexibel genutzt

Frau Wolters Gesundheitsverhalten zeigt, dass auch widersprüchliche Gesundheitsangebote in einem Gesundheitsstil verbunden werden können. Sie behalten dabei prinzipiell ihren ursprünglichen Charakter. Durch gesundheitliche Probleme fühlt sich Frau Wolter auf die Biomedizin angewiesen und vertritt gleichzeitig begeistert die Traditionelle Chinesische Medizin (TCM); Tai Chi stellt eine von vier Säulen dieses Gesundheitssystems dar.[4] Auf beide Wissenssysteme, das der TCM und das der Biomedizin, bezieht sie sich in ihren Ausführungen. Dass sie beim Referieren der TCM einige Elemente auslässt und andere besonders hervorhebt, lässt sich durch ihren persönlichen Bezug zur »Körperarbeit« in Form von Tai Chi und Qi Gong[5] erklären. Auf *ihr* Tai Chi kommt sie bei den Erklärungen immer wieder

---

[4] Die Traditionelle Chinesische Medizin hat vier Säulen: Ernährung (Diätetik), Heilmittel, Akupunktur (auch Akupressur und Massagen wie Shiatsu oder Tui-Na) und Heilgymnastik (Tai Chi und Qi Gong). Bei diesen gymnastischen Übungen geht es darum, durch eine Mischung von Atem-, Bewegungs- und Meditationstechniken den Fluss der Lebenskraft Qi zu harmonisieren. Das bedeutet, dass die Verbindung von Körper, Geist und Seele in einem harmonischen Gleichgewicht ist. Vgl.: Sanfte Medizin, ADAC-Verlag, 86 ff.

[5] *Tai Chi* hat seine Wurzeln in der Selbstverteidigung (urspr.: chinesische Kampfkunst des 13. Jh.) und kann als eine Art Schattenboxen verstanden werden. Die Bewegungen sind sehr langsam. Der Geist soll durch Vorstellungsübungen einbezogen werden. Es gibt verschiedene Formen mit verschiedenen Abfolgen der »Bilder«: Die von Frau Wolter praktizierte »Pekingform« hat 24 Formen, ein Durchgang dauert ca. 10 Minuten. Geschmeidigkeit und Leichtigkeit sollen gefördert werden. Eine Lehre der chinesischen Kampfkunst besagt: Die Geschmeidigkeit der Schlange sei den harten Vogelstößen überlegen. Frau Wolter bezieht sich auf diesen Teil der Philosophie. *Qi Gong* sind Ruheübungen, eine Kombination aus Atem-, Bewegungs- und Meditationsübung. Es enthält keine Aspekte der Selbstverteidigung. Auch hier geht es stark um innere Bilder, um Ruhe, Gelassenheit, Aktivierung der Kräfte und Selbstheilung. »Gong« heißt u. a.: Üben, bis man Meister ist. Frau Wolter trennt nicht wirklich

zurück. Daneben hat sie das alternativmedizinische Angebot der TCM Anfang der 1990er Jahre auf eine Empfehlung hin zum ersten Mal wahrgenommen, als die Ärzte »nicht mehr weiter wussten«.[6] Frau Wolter entscheidet sehr bestimmt und einer ihr klaren Logik folgend, in welchen Krankheitsfällen sie ihren Therapeuten aufsucht. Der Grund des ersten Besuchs war eine Verdrehung der Halswirbelsäule, die der Therapeut zunächst sanft einrenkte und dann »nadelte«, wie sie die Akupunktur nennt. Sie erklärt:

> »Es war eine vollkommene Blockierung, und irgendetwas war da eingequetscht, irgendwelche Nerven. Und es war [danach] alles weg! Es war, als wenn nie was gewesen wäre. Und da hab ich gedacht, [die] von der Humanmedizin, die hätten mir vielleicht so eine Halskrause gemacht, und Schmerzspritzen, [betont:] mehr wär' da nicht drin!!« (I-Wolter: 3)

Zur Behandlung ihrer »Blockierung«, wie sie ihr Problem dem Vokabular der TCM entsprechend benennt, betrachtet sie die Methoden der »*Humanmedizin*« als beschränkt und ungeeignet. Oft hörte sie den Satz der Ärzte, sie könnten ihr doch nicht helfen. Aber ihre Allergien, eine ihr Sehvermögen stark einschränkende Netzhautverkümmerung und auch die Infektarthritis lässt sie nicht von ihrem TCM-Therapeuten behandeln. Sie sieht diese Krankheiten als genetisch gegeben: »Nein, das liegt in den Genen drin! Das ist ein ganzer Komplex, [...] das sind Schmerzen, und Schmerzmittel vertrag ich nicht.« (Ebd.: 20) Offenbar weiß sie genau um die Grenzen der Denkstile und berücksichtigt das in ihren Ansprüchen an die Gesundheitsangebote. Frau Wolter ist von der Biomedizin enttäuscht, aber auf sie angewiesen. Sie wirkt gut informiert und beschreibt ihre Krankheiten z. T. mit Fachausdrücken sehr verständlich; so erklärt sie mir ausführlich ihre Makuladegeneration (Sehbehinderung). Ihre ablehnende Haltung Biomedizinern gegenüber macht sie sehr deutlich, während sie den TCM-Therapeuten lobt – obwohl er ihr bei »in den Genen« liegenden Krankheiten auch nicht helfen kann. Die Qualität der Traditionellen Chinesischen Medizin liegt für Frau Wolter in einem anderen Aspekt:

> »Die haben Jahrtausende alte Erfahrung, schon mit Qi Gong. Da kann man sich viel, viel selber helfen. [...] Man hat so viele Kräfte in sich, ja? Das glauben wir gar nicht. Und die haben Jahrtausende Erfahrung damit. Und das ist nur Konzentration und Meditation. Und Sie bleiben zwischen diesen beiden Übungsformen. Für sie ist wichtig, dass alles »sanft und fließend« ausgeübt wird.

[6] Zu diesem typischen Verhalten vgl. Sharma 1999.

Gesundheit als »Lebensprinzip« 105

beweglich! Was denken Sie, wie ich hier beweglich bin? [...] Das ist wichtig, Tai Chi. Sonst hätte ich's mit den Knien und ich hätt's mit der Hüfte. Das ist ja normal, wenn man 80 wird, nicht?« (Ebd.: 16)

Die Heilerfahrung, auf die die TCM sich im Gegensatz zur neueren, wissenschaftlichen Biomedizin berufen kann, stellt für Frau Wolter einen Qualitätsbeweis dar. Das Aktivieren der »eigenen Kräfte« als Möglichkeit, altersgemäße Beschwerden zu verhindern oder zu lindern, ist ihrer Auffassung nach der humanmedizinischen Strategie der Schmerzunterdrückung überlegen. Dass durch Qi Gong ihre »genetisch bedingten« Schwierigkeiten nicht geheilt werden können, stört sie dabei nicht. Die Traditionelle Chinesische Medizin bietet Frau Wolter die Möglichkeit, ihre »Lebensenergie« durch Bewegung aktiv zu fördern. Beweglichkeit, Geschmeidigkeit und bewusste Bewegung als Resultate begeisterten Praktizierens von Tai Chi stehen für sie im absoluten Gegensatz zu den vergleichsweise hilflosen Heilungsbemühungen der Humanmedizin. Frau Wolter hat aus einzelnen Aspekten eines bestimmten Gesundheitsangebotes, der TCM, ihren Gesundheitsstil geformt und ihn zum Lebensstil ausgearbeitet. Humanmediziner, die auf Heilpraktiker »herabblicken«, bezeichnet sie als »unwissend« – das System der TCM, auf das sie sich bezieht, könne sich auf eine erheblich längere Bewährung in der Praxis berufen. Vor dem Hintergrund ihrer Krankheiten und der Erfahrung mit den Grenzen ärztlicher, biomedizinischer Praxis betrachtet sie das Gesundheitsangebot der Biomedizin skeptisch; trotzdem grenzt sie sich von der Biomedizin nicht auf ganzer Linie ab, sondern macht sich durch gezielte Rückgriffe auf unterschiedliche Wissenssysteme selbst zur Expertin. Ihre wertenden Stellungnahmen erscheinen logisch, stilgerecht und auf gewisse Art flexibel. Um ihren persönlichen Erfolg mit Tai Chi bzw. Qi Gong und ihren Gesundheitsstil zu untermauern, führt sie auch Reaktionen von Ärzten an:

»Und was die da alles verordnet haben, hat mir nicht geholfen. Qi Gong hat mir geholfen. Und die [Orthopädin] guckt sich dann die frische [Röntgen-] Aufnahme an und sagt: ›Na, das ist aber ein jungfräuliches Knie!‹ Ich sage, ja, das ist ein Tai Chi-Knie! [...] Und ich mache eine dieser Bewegungen, da springt die vom Schreibtisch auf und sagt: ›Diese Bewegung dürfen Sie überhaupt nicht machen!‹ [...] Die wissen das nicht besser. Das sind die Fachleute.« (Ebd.: 8f.)

Sehr anschaulich wird hier, wie ein Gesundheitsangebot zur Überzeugung wird und wie die von ihm abgeleiteten Praxen es wiederum verstärken und plausibler machen. Das Angebot der Biomedizin hingegen wirkt untauglich und praxisfern; dem widerspricht nicht, dass Frau Wolter viel häufiger zum Hausarzt geht als zum TCM-Therapeuten. Es ist die stilgemäße Wahrnehmung und Einschätzung auftretender gesundheitlicher Phänomene oder Probleme, die das eigene Gesundheitsverhalten ausmachen. Priorität in Frau Wolters Gesundheitsverhalten hat die »sanfte Bewegung«; ein Teilaspekt des TCM-Denkstils ist zum Hauptaspekt ihres Gesundheitsstils geworden und wird bewusst im Alltagsverhalten umgesetzt – im Haushalt, beim täglichen Tai Chi-Üben und beim Vermitteln des Wissens an »ihre« Gruppe.

Herr und Frau Rothe – ein Denkstil, gezielt ergänzt

Während Frau Wolters Gesundheitsstil vor allem durch die Verknüpfung zweier Denkstile geprägt ist, nimmt Herrn und Frau Rothes Gesundheitsstil hingegen besonders stark auf nur *einen* Denkstil Bezug, den der Biomedizin. Nach Ludwik Fleck geht mit der Bezugnahme auf ausschließlich *einen* Denkstil eine »Beharrungstendenz« einher, die sich daraus entwickelt, dass der zugrunde liegende Denkstil konkurrenzlos verwendet wird und somit eine klare Bezugsquelle darstellt: »Je tiefer wir in ein Wissenssystem eindringen, desto stärker wird die Denkstilgebundenheit.« (Fleck ²1993/1935: 109) Isolierte Denkstile tendieren nach Fleck also dazu, konservativ zu sein. Ich möchte diese These am Beispiel des Ehepaars Rothe prüfen. Für Rothes ist der »Rat des Arztes [...] oberstes Gebot«, fasst Herr Rothe ihre Sicht zusammen. Durch langjähriges Befolgen der ärztlichen Ratschläge fühlen sie sich kompetent, selbständig ihre Gesundheit zu fördern und zu kontrollieren. Die Errungenschaft der Biomedizin, Leben zu verlängern, wird von ihnen als Fortschritt betrachtet. Beide setzen sich sehr intensiv damit auseinander, wie sie ihren für ihr Alter »akzeptablen Zustand« bewahren können, ohne schwächer oder sogar pflegebedürftig zu werden. Genau schildern sie mir, wie sie auf ihre Gesundheit achten, und es ist ihnen wichtig, dass ihr Engagement vom Arzt gelobt wird. Bereits das Frühstück wird »cholesterinbewusst und gesund« gestaltet: Tomatensalat, Körnerbrot und Quark stehen für gesunde Kost, die durch mehrere Tassen verschiedener Teesorten ergänzt wird. Artischockensaft als Nahrungsergänzung soll ebenso gesundheitsfördernd wirken wie die Tasse Kaffee, die in Absprache mit dem Arzt zur Blutdruckregulation eingesetzt wird. Das Mittagessen nehmen sie im Seniorenstift ein; scheint ihnen die Gemüseversorgung hierbei nicht ausreichend, macht Herr Rothe abends Salat. Einmal pro Tag fahren sie in die Stadt und erledigen dort alles zu Fuß, damit sie »das Laufen nicht verlernen«, doch ist das Fortkommen zunehmend durch »Schwierigkeiten mit den Beinen« (Frau Rothe) eingeschränkt. Alle Aktivitäten werden direkt in Bezug zur Gesundheit gesetzt – auch bei Gesprächen mit Bekannten, die ich miterlebt habe. Ein reiner »Beobachter-Effekt«, bei dem der fragenden Ethnologin quasi das bestätigt wird, wonach sie gefragt hat, kann daher ausgeschlossen werden. Das biomedizinische Paradigma steht konkurrenzlos hinter diesem Gesundheitsstil, bei dem Bewegung, Ernährung und zuverlässige ärztliche Versorgung ein kohärentes System ergeben. Rothes erleben bestimmte körperliche Veränderungen als Gefährdung ihrer Gesundheit. Wichtige Aktivitäten zur Gesundheitsförderung wie Radfahren und Wandern können nicht mehr ausgeübt werden. Frau Rothe schafft es nicht mehr, auf ihr Fahrrad zu steigen, und empfindet diese Veränderung als schwerwiegenden Verlust:

> »Ich konnte es wochenlang nicht begreifen, muss ich ehrlich sagen, da hab ich drum geweint, wie wenn einer gestorben ist, als ich das Rad nicht mehr hatte. Ich war todunglücklich. [...] Da hab ich mein Rad begraben. Ich bedaure das sehr. Rad fahren war mein Leben!« (I-Rothe: 1-02:34)

Das Radfahren stellt für Frau Rothe eine Konstante im Leben dar, die zu ihr gehört und die mehr ist als ein wichtiger Beitrag zur Gesundheitsförderung. Es geht um die Angst, dass Schlimmeres folgt, dass das nicht mehr Rad fahren Können als Anfang des »Abbauens« verstanden wird. Die Einschränkung ist möglicherweise folgenreich, sie wird wahrgenommen wie ein kleiner Tod. Ihr wichtigstes Bewegungsfeld ist nun vor allem das gewissenhafte Führen des Haushalts. Auch die Ernährung musste sie umstellen. Sechs Jahre lang hatten Rothes eine Rohkostdiät verfolgt, mussten sich aber umstellen, weil beide die Rohkost nicht mehr vertrugen. Rothes »trauern der Zeit nach«, in der sie sich »gesund ernährt« haben; ihre jetzige Ernährung sei nicht das Gleiche, stellen sie bedauernd fest:

> »Das war genau so eine Trauer wie jetzt, als ich das Rad abgegeben habe. [...] Mit der Diät haben wir uns wohl gefühlt. Alles stimmte, wie die Natur das schon sagt: gesunde Vitamine, keine Fettmacher. Diese Ernährung ist das, worauf der Körper eingestellt ist: die reine Natur. Das war zum Wohle unseres Körpers, für die gesunde Ernährung. Und es hat uns geschmeckt. Jetzt kommt das beim Mittagessen [im Seniorenstift] manchmal zu kurz.« (I-Rothe: 5)

Die bewusste Strukturierung des Tages dient dazu, die Gesundheit zu stabilisieren – wie einmal täglich spazieren gehen oder gewissenhaft Cholesterin und Blutdruckwerte zu dokumentieren. Diese selbst auferlegte Struktur wird umso wichtiger, da ihnen der Hausarzt nicht mehr so zuverlässig erscheint: Er bringe neuerdings weniger Zeit auf und scheine den »Überblick« zu verlieren, da er nicht mehr die Gesamtentwicklung des Gesundheitszustands abfrage. Vielmehr beschäftige er sich nur noch mit einzelnen Fall- und Symptomgeschichten. Es fällt auf, dass für Rothes »das Natürliche«, was sowohl Nahrung als auch Bewegung betrifft, im Höchstmaß für Gesundheit steht. Unterstützende pflanzliche Präparate sind den Rothes wichtig, »das Natürliche« stellt für sie die Ergänzung zur Biomedizin dar. Bei der Gesundheitsförderung ist »die Natur« richtungsweisend, bei der Krankheitsversorgung berufen sich Rothes auf die Biomedizin – eine klare Aufteilung.[7] Das Streben nach Gesundheit strukturiert den Alltag und das ganze Leben, der Lebensstil wird in diesem Fall vom Gesundheitsstil geleitet. In dieser Orientierung an *einem* Denkstil ist insofern ein Konservativismus angelegt, als Klarheit herrscht, worauf Bezug genommen wird. Der Denkstil behält seine »Abgeschlossenheit«; in ihrer Argumentation beziehen sich rigide DenkstilnutzerInnen auf ein konkurrenzlos gültiges System – die »Beharrungstendenz« ergibt sich hieraus logisch. Jedoch wird im Fall der Rothes der starre Charakter aufgelöst, den eine singuläre Denkstilbezogenheit mit sich bringt: Indem Rothes für sich die Natur als Kraftquelle verstehen und nutzen, gestalten sie ihr Gesundheitsverhalten vielseitiger und erwerben die *Kompetenz zur Improvisation*.

Herr Dietrich – mehrere Denkstile, einer dominiert

Herr und Frau Rothes Gesundheitsstil stellt unter den betrachteten Stilen insofern einen Sonderfall dar, da er ausschließlich auf die Biomedizin Bezug nimmt. So ergibt sich auch kein Dominanzverhältnis zwischen verschiedenen Denkstilen. Herr Dietrichs Gesundheits*stil* dagegen ist von mehreren Wissenssystemen geprägt, wobei sich sein Gesundheits*verhalten* klar in Richtung Biomedizin orientiert. Seine Frau hat in ihrer Heilpraktikerinnenausbildung ein breites Wissen erworben und ist vom »homöopathischen Prinzip« überzeugt, auch wenn ihr Hausarzt Biomediziner ist. Herr Dietrich ist ebenfalls an alternativen Heilmethoden interessiert und mittlerweile gut informiert; seine Offenheit gegenüber verschiedenen Gesundheitsangeboten zeigt sich etwa in seiner Mitgliedschaft im Verein »Natur und Medizin«. In seinem Gesundheitsstil finden sich durchaus Elemente unterschiedlicher Wissenssysteme, die er jeweils als »sehr sinnvoll« bewertet, gelegentlich hat er Homöopathen oder Heilpraktiker aufgesucht. Dennoch dominiert der biomedizinische Denkstil sein Gesundheitsverhalten, weil Herr Dietrich sich zwar für die Verständigung der verschiedenen Wissenssysteme einsetzt, sich aber sein Gesundheitsverhalten ohne Bezug zum »allopathischen Hausarzt« nicht vorstellen kann.

Dem Arzt als Vertreter des biomedizinischen Denkstils kommt aus mehreren Gründen eine besondere Bedeutung zu.[8] Auf Nachfrage bestätigt Herr Dietrich, dass der Hausarzt für ihn durchaus eine Autorität darstellt, die er wünscht, um ein »sicheres Gefühl« im Umgang mit der eigenen Gesundheit zu haben. Im Interview interessiert sich Herr Dietrich für meine Erfahrungen mit Homöopathie, er fragt, ob ich eine »eingefleischte Homöopathin« sei. Er hakt noch einmal nach, als meine

---

[7] Zur Unterscheidung zwischen »health promotion« und »disease prevention« vgl. den Beitrag von Maximilian Enzinger in diesem Band. Hier geht es vor allem um die Unterschiedlichkeit der Verweise je nach Situation und Zustand – krank oder gesund.
[8] Zum Wunsch eines Experten-Wissens-Systems im Hintergrund vgl. Cant 1996.

Antwort ihm nicht eindeutig erscheint. Ich sehe in dieser Frage an mich einen Schlüssel zum Verständnis des Gesundheitsstils von Herrn Dietrich: Mit gewisser Faszination imaginiert er einen kohärenten, *absoluten* Gesundheitsstil, kann sich einen solchen für sich selbst aber nicht vorstellen. Ihm ist es wichtig, seinen Gesundheits*stil* offen zu halten, sich breit zu informieren, verschiedene Optionen kennen zu lernen und um Alternativen zu wissen. In seinem Gesundheits*stil* sind also prinzipiell viele Denkstile vertreten. Den Grund für die Dominanz der Biomedizin in seinem Gesundheits*verhalten* stellt der Wunsch nach Stabilität des Systems dar, die der Hausarzt verkörpert.[9] Diese Ambivalenz charakterisiert auch Herrn Dietrichs Lebensstil: Er fördert allgemeines politisches Engagement und ist selbst in *einer* Partei aktiv. Ebenso wie er den Austausch zwischen verschiedenen Therapieformen für nötig hält und ihn durch sein Engagement im Verein »Natur und Medizin« auch fördert, während er selbst zum Biomediziner geht, engagiert er sich im interreligiösen Dialog, wobei er sich in seiner Glaubens*praxis* dem eigenen Glauben natürlich verpflichtet sieht. Es soll möglichst viele Angebote geben, aber jeder sollte sich festlegen – nach diesem Prinzip gestaltet Herr Dietrich auch sein Gesundheitsverhalten.

Zwei Aspekte des Gesundheitsverhaltens: *Bewegung* und *Vergangenheit*

Nach Bourdieu liegt gesundheitsdienlichen Aktivitäten wie Sport oftmals eine Zielsetzung zugrunde, die von einer abstrakt gefassten Überzeugung von der Wirkung der Übungen ausgeht, etwa »Schutz gegen das Altern oder gegen altersbedingte Unfälle«. (Bourdieu 1987: 341) Der Glaube, dass bestimmte Sportarten »vernünftig« oder sinnvoll seien, findet sich auch bei den von mir Befragten; ihre sportlichen Betätigungen sind auf ihr Gesundheitsverhalten abgestimmt. In den Interviews kam immer wieder zur Sprache, dass Bewegung in gewisser Hinsicht als Schutz gegen das (fortschreitende) Altern, im Sinn einer durch Beweglichkeit erleichterten Bewältigung des Alltags, zu verstehen sei. Betätigungen wie zur Arbeit Radeln (Herr Rothe) oder Schlittschuhlaufen (Frau Wolter) werden dabei gemäß der spezifischen Logik der dem jeweiligen Gesundheitsverhalten zugrunde liegenden Prinzipien als gesundheitsfördernd bewertet: Die TCM-Enthusiastin Frau Wolter betont den »sanften« Charakter des Sportes Schlittschuhlaufen, der alles »Chinesische« auszeichne. Für Herrn Rothe war das Radfahren »durch die Natur, am Fluss entlang zur Arbeit, bei jedem Wetter« eine optimale Verbindung von Naturnähe und körperlicher Betätigung. Die Grundprinzipien des Gesundheitsverhaltens finden sich im Lebensstil wieder: Das »Sanfte«, die »Natur« als Rah-

---

[9] Zur Hierarchie der Therapieangebote im öffentlichen Diskurs vgl. Saks 1996.

mungen, die den Lebensstil wie das Gesundheitsverhalten gleichermaßen umfassen und schließlich auch der Persönlichkeit Form geben und Ausdruck verleihen. Die spezielle, individuelle Rahmung, auf die sich jeder der Befragten bezieht, ist dabei in der Lebensgeschichte begründet. Auf diese biographische Dimension möchte ich jetzt eingehen.

Prägungen des Gesundheitsverhaltens

Das individuelle Gesundheitsverhalten gründet in der jeweiligen Lebensgeschichte; Erziehung und Ernährung im Elternhaus sind als prägende Faktoren zu verstehen, ebenso die Körpererziehung z. B. beim Militär. Der Lebensstil wie das ihm gemäße Gesundheitsverhalten sind Produkte langfristiger Prägungen; ein Wahrnehmungssystem hat sich gebildet, innerhalb dessen sich die Individuen flexibel bewegen. Kindheitserinnerungen können Ursache für die Wahl eines bestimmten Sports gewesen sein. So gründet etwa die Abneigung gegen »Ertüchtigungsübungen« im Horror vor militärischem Drill oder die Faszination durch Gymnastik im Ideal der Kameradschaft, die im BDM erfahren wurde. Frau Wolters enge Verbindung zu Tai Chi findet beispielsweise ihre Ursache auch darin, dass die Ausübung dieses »meditativen Kampfsports« in der DDR fast verboten wurde und so eine Möglichkeit zur Abgrenzung bot; ihre Offenheit gegenüber der TCM ist hingegen wieder durch die enge Verbindung zu Tai Chi begründet. Herr Rothe erzählt gerne, fast versonnen, eine Schlüsselgeschichte, in der zwei Elemente thematisiert werden, die sein Gesundheitsverhalten prägen: *Naturverbundenheit* und *Ausdauer*. Als Kind musste er weit ins nächste Dorf laufen, um einen Arzt zu finden, der den Arm seiner Mutter einrenken sollte. Er kehrte am Ende mit dem Schäfer des Dorfes nach Hause zurück, der ohne Zögern die Korrektur vornahm. Alle Befragten rahmen ihr erzähltes Leben durch solche prägnanten Elemente und diese finden sich im Lebensstil, im Körperverhalten und im Selbstbild der Befragten wieder. Ich gehe davon aus, dass eine genauere Analyse dieser Elemente viel über erlebte Geschichte verraten kann. Es wäre sehr fruchtbar, diese Rahmungen von Lebensgeschichten, die ich durch persönliche Geschichte und Kollektiverfahrungen gegeben sehe, aus dieser Richtung aufzuspüren und somit einem (körpergebundenen) *Geschichtsempfinden* auf die Spur zu kommen, das Erfahrungen Ausdruck verleiht, die Menschen teilen, die sie trennen und die sie verkörpern.

Lebensstil und Ästhetik – Frau Dietrich

Daran, *wie* das eigene Gesundheitsverhalten präsentiert und was hierbei besonders betont wird, zeigen sich Relevanzen, die für den Lebensstil als Ganzes stehen. Ich habe schon erläutert, dass ich davon ausgehe, dass mehrere aus der Biografie erwachsene Schwerpunkte als Rahmungen des individuellen Lebensstil (wie des Gesundheitsstils) zu betrachten sind. Indem Bourdieu von *Lebensstil*[10] als der Summe und den wechselseitigen Beziehungen von (ästhetischen) Einstellungen und Verhaltensmustern spricht, verweist er auf das Alltagsverhalten des Individuums: Einerseits werden die Alltagserfahrungen durch den Lebensstil vermittelt, erlebt und gedeutet, andererseits prägen sie wiederum den Lebensstil und verändern ihn:

> »Die [einzelnen] Dimensionen eines Lebensstils ›bilden mit‹ den anderen, wie Leibniz sagt, ›ein Sinnbild‹ und versinnbildlichen sie. [...] Das System der aufeinander abgestimmten Eigenschaften [...] gründet im Geschmack.« (Bourdieu 1987: 283)

Dass die einzelnen Elemente oder Eigenschaften aufeinander abgestimmt sind, konnte ich bereits vorher zeigen. Ihre Systemhaftigkeit sieht Bourdieu durch eine *praktische Ästhetik* garantiert, die er auch »Urteilsfähigkeit« oder »Geschmack« nennt. Für ihn gründet *das System des Lebensstils* im Geschmack: denn erst der Geschmack stelle die verbindende Logik des Systems her, schaffe also eine Einheit aus verschiedenen, unabhängigen Elementen. Hier wird eine Parallele zu Ludwik Flecks Theorie des Denkstils deutlich: Das auf verschiedene Denkstile zurückgreifende Individuum hat eine klare Orientierung, nimmt »gerichtet«, also stilgemäß, wahr. Bourdieu versteht diese selbstverständliche Gerichtetheit als *Geschmackssicherheit*. Am Beispiel von Frau Dietrich möchte ich diese Geschmackssicherheit und stilgemäße Wahrnehmung veranschaulichen. Frau Dietrich hat einen sehr vielseitigen Gesundheitsstil entwickelt. Neben Politik und Religion interessiert sie stark der Bereich »Gesundheit«; sie hat sich mit vielen Gesundheitsangeboten und deren Hintergründen beschäftigt. Ihr System ist »rund«, ergibt *stilgemäß* Sinn. Schon als Kind lernte sie die Mineralsalztherapie nach W.H. Schüssler kennen: Ihre Mutter, so formuliert Frau Dietrich, brachte sie »mit Schüssler-Salzen durch den Krieg«. Durch ihre Heilpraktikerinnen-Ausbildung hatte Frau Dietrich Zugang zu vielen Wissenssystemen, doch bildet sie sich auch privat weiter, »immer wenn etwas ansteht«. Sie besucht dann Vorträge und besorgt sich Literatur. Im Rahmen

---

[10] Pierre Bourdieu stellt in seinem gesellschaftsanalytischen Werk »Die feinen Unterschiede« heraus, wie die generative Formel des Habitus »die für eine jeweilige Klasse (relativ homogenen) Lebensbedingungen charakteristischen Zwänge und Freiräume in einen spezifischen Lebensstil« umsetzt (Bourdieu 1987: 332). Die Praxisformen innerhalb eines Lebensstils sind nach Bourdieu unbewusst »auf die Praxisformen aller übrigen Angehörigen derselben Klasse objektiv abgestimmt«. (Ebd.: 281) Die Praxisformen entstehen nicht nur aus dem Lebensstil, sie prägen ihn auch und definieren ihn sozusagen immer neu. Das meint Bourdieu auch mit Habitus als strukturierter und strukturierender Struktur.

von Kuren hat sie an vielen Kursen teilgenommen; das Wissen daraus hat sie »mit nach Hause genommen«. Beim Erzählen über ihr Gesundheitsverhalten differenziert sie nicht zwischen verschiedenen Wissensquellen. Wie die Biomedizin für sie im Krankheitsfall die gewünschte Therapie bereitstellt, achtet sie beim Kochen auf die »Farbenlehre« und macht morgens spezielle Übungen: Als ich den Eindruck habe, in ihrer Gymnastik den Sonnengruß aus dem Yoga zu erkennen, denkt sie kurz nach und bestätigt dies, geht aber nicht weiter darauf ein. Es geht ihr nicht darum, explizit möglichst viele Gesundheitsangebote integrativ anzuwenden; es ist ihr nicht wichtig, aus welchen Denkstilen sie ihr Wissen zusammengestellt hat. Verschiedene Elemente sind in ihrem System integriert. Diese Vielseitigkeit ihres Gesundheitsverhaltens spiegelt sich in ihrer Hauseinrichtung: Windspiele hängen von der Decke, Räucherstäbchen und ein Zimmerbrunnen sorgen für eine »angenehme« Atmosphäre, und in den Fenstern brechen Prismen wie im *Feng Shui* empfohlen das Licht. Ihr persönlicher Stil enthält Wissen aus verschiedensten Quellen, stellt aber kein »Patchwork« dar, sondern eine Verwebung. Das Getrennt-Halten von Denkstilen, wie es Ludwik Fleck beschreibt, ist in diesem Fall nicht gut möglich. Die teils ähnlichen Denkstile enthalten für Frau Dietrich Elemente, die sie als Quintessenz für sich nutzt und mit ihren Worten innerhalb ihres Systems benennt. Die zugrunde liegenden Wissenssysteme verlieren ihren ursprünglichen Charakter. Die Entwicklung eines solchen Webwerks fordert ein hohes Maß an Flexibilität, an Bereitschaft, eine Essenz aus zunächst fremdem Wissen zu ziehen, und diese in das eigene System einzuarbeiten. Welche Angebote ausgewählt werden, ist in der individuellen *Ästhetik* begründet – die Auswahl von fremden Wissenssystemen ist *gerichtet*, das Herausfiltern der passenden Elemente und das Einweben in den eigenen Stil sind an der gewachsenen Ästhetik orientiert. Frau Dietrich reflektiert dieses Extrahieren der geeigneten Elemente; diese Reflexion gehört gewissermaßen zu ihrem Stil. Zur Veranschaulichung zieht sie ein Beispiel heran, das ihre Reflexivität verdeutlicht:

> »Der Schüler fragte: ›Was würdest du, Rabbi, mir sagen, worin besteht das Gesetz oder die ganze Thora? Kannst du mir das erklären, solange ich auf einem Bein stehen kann?‹ Dann sagte der Rabbi: ›Ehre Gott, und tue Deinem Nächsten alles das, was du möchtest, das dir andere tun.‹ Das ist die Quintessenz des ganzen Gesetzes. Und so gibt es für sehr komplizierte chemische oder physikalische Gesetze [...] manchmal eine Kurzformel.« (I-Dietrich: 01:09)

Frau Dietrich findet es wichtig, die »Quintessenz« einer Lehre herauszufinden. Sie arbeitet mit verschiedenen Ernährungs- und Gesundheitslehren und fügt sie zu einem philosophisch anmutenden Stil zusammen, der sich nicht nur auf die körperliche Gesundheit bezieht, sondern für sie ein »Lebensprinzip« darstellt.

> »Wichtig ist, dass ich meine Mitte habe, dass ich eine Ausgewogenheit habe. [...] Selbst in den besten Jahren und bei den stärksten Menschen ist es [das Leben] immer ein Gehen, so wie das Gehen immer ein Verlagern eines Schwerpunktes auf einen neuen Schwerpunkt ist. Wenn ich mich bewege, kommt immer ein Moment der Labilität dabei heraus. Ich bin nie statisch immer in derselben Position. Das ist ein Lebensprinzip. Und wenn dieses Lebensprinzip in Ordnung ist, dann, selbst wenn ich mal eine labile Phase habe, fühle ich mich als gesunder Mensch. Und weiß, das ist eine notwendige Übergangsphase. [...] Ich entwickle mich weiter. Und wenn ich mich gar nicht mehr weiter entwickle, dann bin ich tot.« (Ebd.: 01:22)

Ein Element aus der Bewegung (das Gehen) wird zum Sinnbild für das Leben, wird zum Rahmen, zum Lebensprinzip. Entwicklungen im Leben werden beobachtet und innerhalb dieses Systems bewertet. Das persönliche Gesundheitsempfinden geht für Frau Dietrich nicht von einem »objektiven« gesunden Zustand aus, sondern von dem richtigen Verständnis: gesund fühlt man sich dann, wenn man auch labile Momente als »*Phasen*« auf der Suche nach einem neuen Gleichgewicht, einer neuen Mitte versteht. Frau Dietrich erklärt in ihren Ausführungen nicht nur ihre Einstellungen zur Gesundheit, sie erläutert dabei auch ihre Philosophie, ihren Lebensbegriff. »Gesundheit« kann bei ihr wie bei allen Befragten nicht isoliert betrachtet werden.

Gesundheitsverhalten als »Rüstzeug« für das Älterwerden

Älterwerden ist für die Befragten vor allem ein Unterscheiden in der Zeitdimension, ein während des Vergleichens plötzliches Feststellen: Das, was »vorher« noch ging, ist jetzt nicht mehr möglich. Veränderungen der körperlichen Leistungsfähigkeit drängen sich als Einschränkungen in die Wahrnehmung.[11] Für alle Befragten bedeutet Älterwerden, sich stärker um die Gesundheit kümmern zu müssen. Älterwerden wird *stilgemäß* verhandelt. Indem Frau Wolter mit Tai Chi gegen altersgemäße körperliche Probleme arbeitet, schafft sie sich einen Rahmen, innerhalb dessen sie mit ihrem Alter gut umgehen kann. Bei ihrem Versuch, in eine Yogagruppe einzusteigen, stellt sie fest, dass diese Art der Übungen ihrem Körper bzw. ihrem Alter nicht angemessen ist:

---

[11] Zu diesem Phänomen vgl. den Beitrag von Maximilian Enzinger in diesem Band.

»Und dann kam die Leiterin immer zu mir, wenn wir im Lotusblumensitz sitzen sollten. Ich hab ja in meinem zarten Alter noch nie, da war ich 76, noch nie im Lotusblumensitz gesessen, ja? Und dann, da muss man die Knie so ganz direkt auf den Boden [drücken], ja? [...] Und ich sage: ›Die Sehnen sind doch schon verhärtet in meinem Alter. Das dehnt sich nicht. Ich hab noch nie so gesessen! Sie quälen mich und das, DAS geht nicht! Schneidersitz reicht doch wohl!‹ Aber das sind die Fachleute eben.« (I-Wolter: 25)

Frau Wolter hat einen genauen Eindruck davon, was *angemessen* ist, was sie *kann*. Sie hat sich auf ihr Alter eingestellt, hat ein Gespür für ihre Grenzen, und hat durch die Fehleinschätzung seitens der Kursleiterin wieder einen Beweis für ihre *Theorie der Fachidiotie*, die sie schon in Bezug auf ihre Ärzte entwickelt hatte. Pierre Bourdieu erwähnt »den ängstlich-fragenden Blick von Frauen aus bürgerlichen Klassen, die einfach nicht altern *dürfen* und die den Blick der anderen auf sich wenden«. (Bourdieu 1987: 340) Ich möchte an dieses Konzept der Selbstbeobachtung anknüpfen, jedoch verwende ich es nicht im Sinne eines geschlechtsspezifischen Altersphänomens. Denn alle Befragten, ob Mann oder Frau, beobachten sich selbst mit einem ängstlich-fragenden Blick: Wie verändere ich mich? Was kann ich *nicht mehr*? Was bedeutet das für mich? Bin ich jetzt alt? Das Ich wird alt, ein Leben lang Vertrautes kann nicht mehr ausgeübt werden. Welcher Blick ist härter als der eigene, der gnadenlos jede Veränderung registriert, die sich auch noch als Einschränkung der gewohnten Fähigkeiten bemerkbar macht? Der Wahrnehmung des eigenen Alterns kann nicht ausgewichen werden. Es geht bei der täglichen Gesundheitsförderung auch stark um Selbstvergewisserung, um Anteilnahme und um aktives Gestalten des eigenen Älterwerdens. Ich zitiere Michel Foucault:

»Die Praktik der Diät als Lebenskunst ist also etwas anderes als ein Ensemble von Vorsichtsmaßregeln zur Vermeidung von Krankheiten und zu ihrer Heilung. Es handelt sich darum, wie man sich als ein Subjekt konstituiert, das um seinen Körper die rechte, notwendige und ausreichende Sorge trägt. Eine Sorge, die das Alltagsleben durchläuft; die aus den größeren und kleineren Tätigkeiten der Existenz eine Angelegenheit der Gesundheit und der Moral macht [...] und die schließlich darauf abzielt, das Individuum selbst mit einem verständigen Verhalten zu rüsten.« (Foucault 1993: 140)

Die Sorge um den Körper stellt als *Lebenskunst* eine Kompetenz dar, die besonders im Prozess des Älterwerdens eine große Rolle spielt. Lebenskunst in diesem Sinne verweist auf die Fähigkeit zu Improvisation und Variation, der Begriff steht für *Kompetenz* und nicht für einen genialischen Zusammenhang. Ein gewachsenes,

Gesundheit als »Lebensprinzip«

gefestigtes Gesundheitsverhalten und die Kompetenz zum Rückgriff auf verschiedene Denkstile bieten den Befragten das nötige »Rüstzeug«, um weiterhin (also auch während des Prozesses des Älterwerdens) nicht nur den eigenen Körper, sondern die ganze eigene Person durch »verständiges Verhalten« aufrecht zu halten. Dieses *sich aufrecht Halten* ist Motivation dafür, die »Sorge« um seine Gesundheit zu verstärken. Das Gesundheitsverhalten ist dabei durch Wissen und Erfahrungen geprägt, wobei Wissen vor allem auf Denkstile verweist, die dem Gesundheitsstil zugrunde liegen. Ich habe versucht, die Zusammenhänge zwischen den einzelnen Komponenten in Abbildung 3 zusammenzufassen:

Abb. 3: Gesundheitsstil, Geschmack und Praxisformen

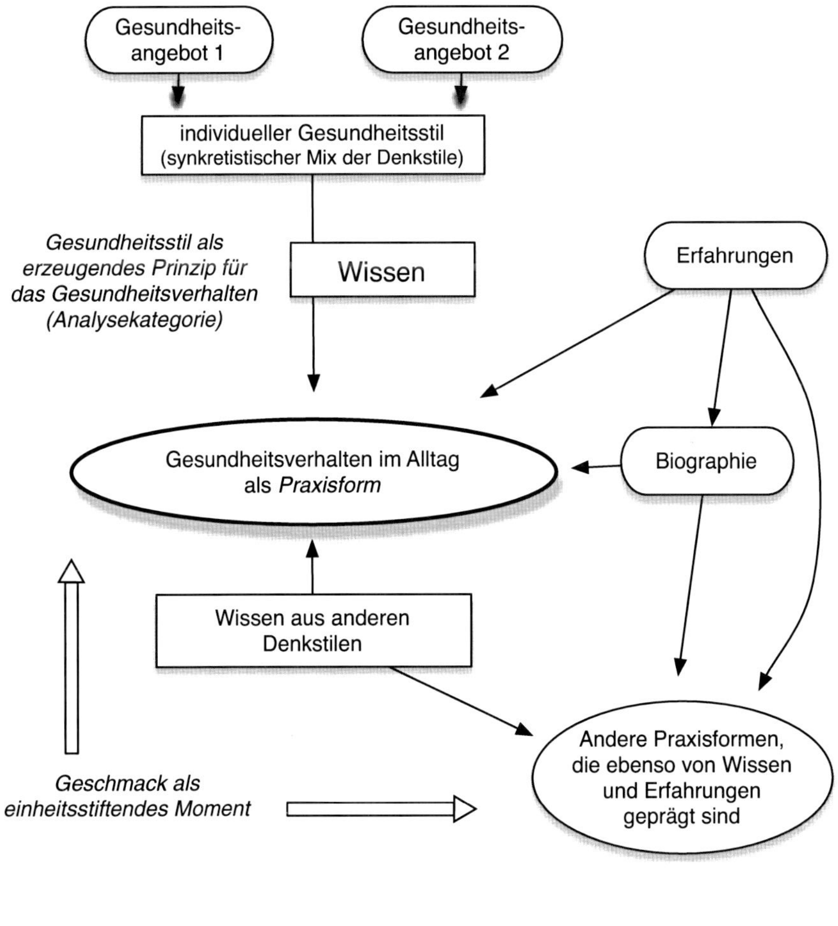

Pierre Bourdieu nennt das Körperschema eines Menschen ein »Depositorium [einen *Verwahrort*] einer globalen, die innerste Dimension des Individuums wie seines Leibes umfassende Weltsicht.« (Bourdieu 1987: 347) Da das Körperschema mit einem Gesundheitsverhalten korrespondiert, kann man auch dieses als den Verwahrort der Weltsicht bezeichnen: Bei der Entscheidungsfindung zum individuellen *Gesundheitsverhalten* steht neben Körper und Gesundheit auch die Weltsicht zur Disposition.

Da das Gesundheitsverhalten in den persönlichen Stil eingebettet ist, lassen sich neben Rückschlüssen auf das Weltbild auch Überlegungen zu den dahinter liegenden Logiken anstellen. Gesundheitsangebote sind nicht beliebig kombinierbar; die Zusammenstellung ist individuell begründet. Jeder der Befragten lebt einen einzigartigen Stil, der implizit auf Muster von Gesundheitsverhalten in der Gesellschaft verweist, der Körper und Gesundheit umfasst und zugleich ein Weltbild enthält.

Bewegung als Lebenselixier
Aktivität, Körper und Würde im Alter

Maximilian Enzinger

In einem Wohnzimmer stehen zwei mit einem schweren weißen Tischtuch bedeckte, große Tische als Festtafel hintereinander, um sie herum zwei weiche Sofas und einige Stühle. An der Tafel sitzen 18 Leute, die meisten deutlich älter als 60 Jahre, um den 70. Geburtstag meiner Großmutter zu feiern. Sie hat alle Bekannten und Verwandten eingeladen – »noch einmal eingeladen«, könnte man sagen, hatte sie doch schon im Vorfeld verkündet, dass es diesmal wohl das letzte Mal im großen Stil sein würde. Wie bei den vergangenen Geburtstagen feiern dieselben Leute, wie gewöhnlich gibt es ein üppiges Buffet, Kaffee, Kuchen und Alkohol. Wie immer entfaltet sich zwischen den alten Bekannten ein Tischgespräch, das sich aus Sicht Jüngerer ermüdend häufig um dasselbe Thema dreht: den Körper, seine Beschwerden und deren Behandlung. Ich höre von geschwollenen Gelenken, Diabetes, Magenbeschwerden, Bluthochdruck und Blutdruckmessgeräten, die Bekannten meiner Großmutter berichten von Ultraschalluntersuchungen oder dem bemitleidenswerten Zustand gemeinsamer alter Freunde, die dieses Mal leider nicht dabei sein können.

Beim Zusammensein mit älteren Menschen ist mir immer wieder aufgefallen, welchen hohen Stellenwert der Austausch über den eigenen Körper und die Klage über nicht mehr ausführbare Tätigkeiten einnimmt, die früher noch selbstverständlich gewesen seien. Dieser Verlust an körperlichen Fähigkeiten wird regelmäßig als Bedrohung wahrgenommen, und es wird das Bild eines kranken Menschen entworfen, der seines Lebensinhaltes beraubt ist. Der schwedische Anthropologe Finnur Magnússon schreibt mit Verweis auf Magnus Öhlander in seinem Aufsatz »Activated Ageing« über die Bedeutung körperlicher Aktivität im Alter:

> »We meet the ideal picture of a healthy old person, who may be frail in body but is still active. Active as opposed to passive is the idea governing the view of meaningful ageing. The elderly must be activated so as to retain their functions; in short, physical as well as mental decay must be kept at bay.« (Magnússon 1996: 141)

Magnússon betont, dass die Fähigkeit, den Anforderungen bestimmter Aktivitäten nachzukommen, mit »würdigem Altern« gleichgesetzt werde. (Magnússon 1996: 143) Ein Verlust dieser Fähigkeit bedeute auch einen Verlust von Status, da die Betroffenen nicht länger als produktiv und somit auch nicht mehr als vollwertige Mitglieder der Gesellschaft gesehen würden. So werde es zum Beispiel im Bereich der Altenpflege als das wichtigste Ziel angesehen, den »Traum vom aktivierten Altern« wahr zu machen und den Verlust körperlicher Fähigkeiten so lange wie möglich auf Distanz zu halten. (Magnússon 1996: 144) Auch die US-amerikanische Kulturanthropologin Cheryl Laz verweist in ihrem Aufsatz »Age embodied« auf den engen Zusammenhang zwischen physischer Aktivität, Gesundheit, sozialem Status und Erfolg bei alternden Menschen:

> »The claim of ›good health‹ seems to rest on efforts at regular exercise, the ability to engage in numerous and varied physical activities, and an interest in staying physically fit. […] This is consistent with Backett-Milburn's (2000) middle-class respondents for whom ›the healthy body was an active body. […] The active body was not only essential for everyday social functioning, but it was also seen as both instrumental to and symbolic of effective and successful social functioning.‹ (p. 91)« (Laz 2003: 510)

Der »Körper, der aktiv sein kann« wird hier als reale wie symbolische Grundlage sozialen Handelns vor allem in Mittelschichtmilieus charakterisiert; deutlich wird dabei aber auch, dass Gesundheit nur durch kontinuierliche Anstrengung erhalten werden kann. Die Fähigkeit zur Aktivität wird als ein wichtiger Ausdruck der Gesundheit angesehen: Solange also der (alte) Mensch in der Lage ist, bestimmte Tätigkeiten auszunützen und eine Position im sozialen Feld einzunehmen, werde er – unabhängig von seinem tatsächlichen »Befinden« – als »gesund« angesehen. Nach Laz erfolgt die soziale Evaluation der Einzelnen dabei vor dem Hintergrund eines »normative age embodiment«: dem Entwurf kultureller Idealbilder eines »mittelalten« Erwachsenen, der sich in einem Zustand idealer Gesundheit befinde. Alles, was von diesem Idealzustand abweicht, kann als »krank« oder »nicht gesund« klassifiziert werden. »Gesundheit« ist damit stets relativ zum Lebensalter und zum jeweiligen kulturellen Erwartungshorizont zu verstehen: der Grad der Gesundheit alter Menschen werde über den »mittelalten« Normmenschen bestimmt, von dem angenommen wird, er wäre bei guter Gesundheit und könne sich ohne körperliche Beschränkungen jeder beliebigen Aktivität annehmen. (Laz 2003:512) Solange der alternde Mensch diesem Standard gerecht werden kann, gelte er als gesund.

Seniorensport

Im Folgenden möchte ich exemplarisch eine der Strategien untersuchen, mit denen ältere Menschen versuchen, einen altersgemäß aktiven Körper zu erhalten und damit Gesundheit zu erlangen. In der Zeit von April 2004 bis Februar 2005 habe ich dazu eine empirische Forschung in verschiedenen Seniorensportgruppen durchgeführt. Dabei beobachtete ich den Umgang älterer Menschen mit Qi-Gong, Tai-Chi, Volleyball und Gymnastik. Neben dieser teilnehmenden Beobachtung bei Übungsabenden habe ich Interviews mit Teilnehmerinnen und Leiterinnen[1] der Gruppen geführt. In diesen Interviews fiel mir besonders auf, welchen hohen Wert die Befragten körperlicher Aktivität zumessen, wobei der Begriff der »Bewegung« im Fokus steht. Mit einem Anflug von Stolz erzählten Teilnehmerinnen der Gruppen beispielsweise von täglichen Routinen, ihrem selbst auferlegten Ernährungsprogramm oder den wöchentlichen Unternehmungen mit Freunden oder der Familie. Insbesondere die – selbst zu den Älteren zu rechnenden – Übungsleiterinnen gaben bereitwillig und zum Teil durchaus sendungsbewusst Auskunft über ihre Ansichten zur Bedeutung von »Bewegung« sowie den daraus abgeleiteten Empfehlungen für Übungsroutinen und Sportprogramme.

Die Selbstverständlichkeit, mit der »Bewegung« von Leiterinnen und Teilnehmerinnen der Gruppen als essentiell und unstrittig positiv angesehen wurde, lässt jedoch in den Hintergrund treten, dass alles andere als klar ist, was denn diese »Aktivitäten« und die »Bewegung« wie bewirken. Eine Untersuchung des zentralen Stellenwertes des Konzeptes der »Bewegung« für die von mir beobachteten Gruppen kann – so meine These – Rückschlüsse auf Normativitäten ebenso ermöglichen wie Einblicke in kulturell dominante Körperbilder und -konzepte. Ich möchte daher im Folgenden versuchen, einige der tiefer liegenden Implikationen des Konzeptes der »Bewegung« herauszuarbeiten. Zu diesem Zweck werde ich mich vor allem auf die Ansichten der im »Altensport« sehr aktiven Sportlehrerin Johanna Pensky stützen, in deren Umfeld ich mich bei der Forschung vorrangig bewegt habe. Im Folgenden werde ich ein möglichst umfassendes und dichtes Portrait von ihr entwerfen, da sich an ihren Äußerungen exemplarisch verdeutlichen lässt, welche Bedeutung Bewegung und körperliche Aktivität bei der Selbstsicht auf Alter und Alterungsprozesse haben. Die zentrale Frage, der ich dabei nachgehen werde, lautet: Welche Rolle spielt die Ausübung einer systematisch betriebenen körperlichen Aktivität für das individuelle, soziale und physische (Selbst-) Bewusstsein alter Menschen? Die Bedeutung, die alternde Menschen der

---

[1] Über 90% der TeilnehmerInnen der von mir untersuchten Bewegungsgruppen waren weiblich. Ohne auf diesen Umstand weiter eingehen zu können, werde ich im Folgenden von Teilnehmerinnen und Seniorinnen sprechen, da dies der Gender-Struktur des von mir untersuchten Feldes überwiegend entspricht.

»Aktivität« beimessen, ist dabei – worauf vor allem Magnússon und Laz hinweisen – direkt mit Konzepten des »würdevollen Alterns«, bzw. der »sozialen Funktionalität« und der »Gesundheit« verknüpft. Insbesondere das von Cheryl Laz entwickelte Konzept des »embodied age as accomplished« soll dabei die Grundlage für meine Analyse der Aussagen und Handlungen meiner Interviewpartnerin Frau Pensky bilden. Ich möchte dabei zeigen, in welchem Maße »Alter« und »Körper« Phänomene sind, die in sozialer Interaktion konstruiert werden.

Das accomplishment von Alter und Körper

Cheryl Laz plädiert in ihrem Aufsatz »Age embodied« für eine Betrachtung von Alter und Körper im Rahmen einer Handlungstheorie, die sowohl den biologischen Prozessen des Alterns als auch den Mechanismen der sozialen Konstruktion des Alters gerecht wird. Demnach sind Alter und Körper Phänomene, die zwischen objektiver Existenz und subjektiver Deutung dieser Existenz anzusiedeln sind und sich darüber hinaus gegenseitig konstituieren. Denn die »subjektive Deutung« meint nicht nur die bloße Interpretation biologischer Fakten; vielmehr verweist der Begriff auf einen Prozess, der hochgradig interaktiv vor sich geht und auf Handlung oder Herstellung verweist. Aus diesem Grund verwendet Laz für die Beschreibung dieses Prozesses den Begriff des »accomplishments«, der mit *schaffen, tun* oder auch *erreichen* übersetzt werden kann. Beim Altern handelt es sich also einerseits um einen unausweichlichen biologischen Prozess, aber wenn sich jemand als alt fühlt oder als alt gesehen wird, wird andererseits auf soziale und kulturelle Verständnisse von Alter verwiesen. Bei dieser Produktion von Alter greifen die Akteure Laz zufolge auf unterschiedliche Ressourcen zurück, die die Autorin auf drei Ebenen ansiedelt: Der ersten, in der Regel allgemein zugänglichen Ebene ordnet sie Ressourcen wie beispielsweise die Gesetzgebung, die Medien oder Medizinwissen zu. Auf der zweiten, subjektnäheren Ebene sind Ressourcen wie lokale gesellschaftliche Standards und Glaubensvorstellungen oder verwandtschaftliche Netzwerke angesiedelt. Die letzte, hochgradig persönliche Ebene umfasst Ressourcen wie die eigene Biografie, interpersonale Beziehungen und den physischen Körper. (Laz 2003: 506) Im Prozess der »Produktion« des Alters beziehen sich die Akteure auf diese Ressourcen und bringen so die biologische Realität mit sozialer und kultureller Realität in Verbindung. Sie erbringen damit eine Konstruktionsleistung, die biologische Realitäten (z. B. Großmutter sein, runzelige Haut haben, 85 Jahre gelebt haben) in Alter (alt sein) umsetzt. Entscheidend für den Prozess des »accomplishments« ist, dass er über die Ressourcen auf gesellschaftliche Klassifikationen (Alterskategorien) zurückgreift, die wiederum spezifische Erwartungen an die betreffende Person implizieren. Von einem mittelalten Menschen wird beispielsweise erwartet, dass er einen hohen Aktivitätsgrad, einen gesunden Körper und eine hohe soziale Integration zeigt. Die Person wird einer Alterskategorie zugeordnet (der des mittelalten Normmenschen), die durch die Verbindung objektiver Fakten (mittleres biologisches Alter) und gesellschaftlicher Normen (aktiv sein) formiert wird.

Der Begriff des »accomplishments« beschreibt genau diese Wechselwirkung und betont darüber hinaus die individuelle Positionierung zur objektiven Realität und sozialen Fiktion: Das Individuum reagiert auf die gesellschaftlichen Alterskategorien in der Regel indem es versucht, den Erwartungen an die seinem biologischen Alter entsprechende Kategorie gerecht zu werden. Gelingt dies in besonderem Maße, übertrifft also die betreffende Person durch überdurchschnittliche Aktivität andere Personen derselben Kategorie, kann man vom «accomplishment« eines Ideals sprechen. Den Hintergrund dieser Erreichung eines Ideals sehe ich darin, dass die Person durch ihre außergewöhnlichen Handlungen bereits nicht mehr der normativen Alterskategorie entspricht, dabei aber in ihrer biologischen Dimension an sie gebunden bleibt. Vorausgesetzt ist dabei, dass von alten Menschen hohe Aktivität, körperliche Fähigkeit und soziale Funktionalität eben regelmäßig nicht erwartet werden. (Laz 2003: 516) Vor dem Hintergrund dieser Typisierung gilt dann jedoch: Je aktiver, beweglicher und sozial eingebundener ein alter Mensch ist, desto positiver sind die Bewertungen, die er selbst und sein soziales Umfeld für sein Leben ziehen können – Aktivität, körperliche Fähigkeit und soziale Funktionalität werden mit relativer Jugendlichkeit in Verbindung gebracht. Die Ressource Körper bildet dabei eine notwendige Grundlage, um einer Alterskategorie entsprechen zu können. Einer Person, die z. B. an einer schweren Krankheit leidet, wird es in jeder Altersstufe schwer fallen, der an sie gerichteten Erwartung von Aktivität nachzukommen. Die Möglichkeiten für das »accomplishment« von Alter sind somit maßgeblich und nachhaltig durch den Körper – also die biologische Realität – mitbestimmt. In dieser »Mitbestimmung« liegt schließlich die Schlüsselrolle des menschlichen Körpers, die Laz unter dem Begriff der »body agency« fasst. Unerwartete sensorische Wahrnehmungen wie etwa Schmerzen, Erröten oder das plötzliche Erkranken des Körpers gehören beispielsweise zur »body agency«. (Laz 2003: 507) Dies verweist auf die Akteursqualität des Körpers, der stets mithandelt, sich eigenwillig verhält und damit den Prozess der Erreichung alterstypischer Verhaltensnormen erleichtert oder verhindert. Laz behandelt den Körper als Grundlage der Selbst- und Fremdwahrnehmung und stellt damit die Wechselwirkungen zwischen biologischer Realität, sozialer Konstruktion und individueller Handlung heraus, die sie als »accomplishment des verkörperten Alters« bezeichnet:

> »How one ›does‹ age has implications for corporeal experience. […] Conversely, embodiment has implications for how one can accomplish age. […] As we accomplish age, we draw on the physical resources of

the body, but our actions and choices simultaneously shape the corporeal resources available.« (Laz 2003: 508)

Drei wichtige Aspekte des »accomplishment des verkörperten Alters« sollen zunächst noch angedeutet werden: Erstens ist ein wesentliches Element dieses »accomplishments« der Vergleich. Denn erst durch den Vergleich mit Anderen oder auch mit idealisierten Bildern werden der Mensch und sein Zustand für sich und Andere greifbar. (vgl. Laz 2003: 516) Zweitens stellt Laz heraus, dass verkörpertes Alter erst im Kontext von Biografien »accomplished« wird: Frühere Gewohnheiten, Trainingsroutinen oder Körperideale bestimmen entscheidend mit, in welchem Maße von einer «geglückten« Verkörperung des Alters gesprochen werden kann. Der Biografie als Ressource kommt somit eine besondere Stellung zu. (Laz 2003: 517) Jemand, der ein Leben lang Sport getrieben hat, verfügt bereits über spezifische Praxen des »accomplishments« seines Körpers und Alters und wird darauf auch und gerade im Alter zurückgreifen. Drittens wird verkörpertes Alter in konkreten »Settings« und Interaktionen »accomplished« (Ebd.: 517), indem die spezifischen Leitmotive und »Selbstverständlichkeiten« der jeweiligen Situation die Art und die Bedingungen des »accomplishments« diktieren. Eine zentrale Stellung nimmt im Konzept von Laz die Repräsentation des Körpers in Interaktionen ein, wozu sie auch Interview-Settings rechnet. (Ebd.: 512) Wichtig ist diese Perspektive im Zusammenhang meiner Forschung vor allem deshalb, weil ich die von mir geführten Gespräche weniger hinsichtlich eines möglichen »Wahrheitsgehaltes« interpretieren, sondern mit Laz diese Aussagen durchgängig als Repräsentation auffassen werde. Wenn ich oben erwähnte, dass die von mir Befragten viel Wert auf Aktivität legten, so wird spätestens hier klar, dass dies auch der Tatsache geschuldet ist, dass ich als »Forscher für Seniorensport« um ihre Beobachtungen und Ansichten zu diesem Thema gebeten habe. Entscheidend ist also nicht, dass viel über Aktivität gesprochen wurde, sondern wie darüber zu mir als »professionell Interessiertem« gesprochen wurde.

Johanna Pensky

Die 78-jährige Johanna Pensky ist seit 1962 in ihrem Wohnbezirk als Sportlehrerin tätig und unterrichtete schon viele Generationen u.a. im Turnen, Volleyball, Handball und in Gymnastik. »Sport ist mein Lebenselixier. Ohne Sport wäre mein Leben überhaupt nichts«, sagt sie über sich. Sie kann ihren sportlichen Lebenslauf, der schon in der frühen Kindheit begann, aus dem Stehgreif erzählen: Mit sechs Jahren trat sie in den lokalen Turnverein ein, ein Ereignis, dass sie als Initialzündung sieht: »Ich bin nicht mehr davon los gekommen.« Über den BDM, die Schule und schließlich den Arbeitsdienst war sie immer bei Wettkämpfen mit dabei. Zwar bedauert sie, nie in einer Disziplin hervorragend gewesen zu sein, dafür sei jedoch Vielseitigkeit ihre Stärke gewesen; so wurde sie im Turnen, beim Schwimmen oder in der Leichtathletik aufgestellt. Mit dem dringenden Wunsch, Sportlehrerin zu werden, bewarb sie sich 1953 um eine Sonderausbildung in Straußberg an einer Schwesternschule der Deutschen Hochschule für Sport- und Körperkultur in Leipzig. Zwei Jahre nach Abschluss der harten Ausbildung wechselte sie mit ihrem Mann 1958 nach Westberlin, wo sie nach einigen Schwierigkeiten, ihr DDR-Staatsexamen anerkannt zu bekommen, im »Freizeit- und Erholungsprogramm« der US-Verwaltung eingestellt wurde. Ihre Aufgabe war dabei, das Sportprogramm in ihrem Wohn- und Arbeitsbezirk von Grund auf aufzubauen; die leeren Hallen zu füllen fiel ihr dank ihres Engagements nicht schwer.

Frau Penskys Hallen sind noch heute gefüllt. Zwar ist sie mit 60 Jahren in den offiziellen Ruhestand getreten und hat schweren Herzens die meisten Gruppen abgegeben, ihre Seniorenvolleyballgruppe und die Seniorengymnastikgruppe aber hat sie »behalten«. Dieses »Behalten« ist es auch, was ich als charakteristisch für sie ansehe: Sie hat ihr Leben, das sie als eine stringente Erzählung von Selbstdisziplin, Zielorientierung und Erfolg darstellt, fest in der Hand. Im Griff hat sie auch ihre Sportgruppen und vor allem ihren eigenen Körper: Frau Pensky zeigt deutlich, was es heißt »fit« zu sein, wenn sie bei der Gymnastik in der Mitte des großen Kreises von 30 Seniorinnen als einzige nicht auf einer Matratze, sondern nur auf einem dünnen Tuch, um den Schmutz fernzuhalten, mit lauter, kräftiger Stimme die nächste Übung verkündet, wenn sie beim Volleyball laut in die Hände klatschend »Jetzt haben wir ihn aber!« ruft, um die Spielerinnen dazu zu bringen, sich zu konzentrieren und den Aufschlag zurückzuerobern oder wenn sie auf meine Frage, wie eine bestimmte Übung denn aussehe, sofort aufspringt und problemlos mit den Händen ihre Zehen berührt, während sie die Übung erklärt.

Indem Frau Pensky immer wieder ihre Fitness unter Beweis stellt, »accomplished« sie einen Körper, der etwa dem Vergleich mit dem Körper einer 24-jährigen stand hält. Nach der Gesundheitsdefinition von Magnússon und Laz ist Frau Pensky dabei überaus gesund, und kann sich in Bezug auf allgemeine Aktivitätslevel und soziale Einbindung mit Jüngeren durchaus messen: Zweimal in der Woche ist sie in der Turnhalle zu finden, wo sie die Rolle der Übungsleiterin höchst erfolgreich einnimmt. Für einen Interviewtermin schlägt sie mir einen Samstag oder Sonntag vor, da an diesen Tagen das Telefon nicht so oft klingeln würde. Sie ist nämlich auch außerhalb der Turnhallen sehr gefragt: Sie ist häufig als Komparsin bei Film- oder Werbeaufnahmen tätig; regelmäßig wird sie deshalb von ihrer Agentur angerufen: »Und das [der Sport] hält ja auch fit. Und darum werde ich auch immer so viel geholt beim Film. Die wissen, ich bin belastbar durch den Sport«, erklärt sie mir und stellt so einmal mehr ihren für ihr Alter außergewöhnlichen Körper heraus. Dieser Körper ist eine belastbare Ressource, die am Set für eine Kameraeinstellung etwa mutwillig von Treppenabsätzen gestürzt wird oder beim stundenlangen Warten in der Winterkälte extremen Belastungen ausgesetzt wird. Immer wieder »enttäuscht« sie dabei Erwartungen des sozialen Umfelds an einen alten Körper, weil sie nicht nur den Belastungen standhält, sondern – um sich in der Kälte warm zu halten oder einfach nur zum Zeitvertreib – gymnastische Übungen absolviert: »›Kieck mal die Alte. Was die da rumturnt!‹« imitiert sie diejenigen, die ihr Verhalten erstaunt kommentieren. Nicht ohne Stolz nimmt sie ihr Image als »Verrückte« an.

»Ver-rückt« ist Frau Pensky im wahrsten Sinne des Wortes, denn im Vergleich mit ihren AltersgenossInnen markiert sie einen Sonderfall. Es ist dieser Vergleich, der für das »accomplishment« ihres verkörperten Alters eine ganz besondere Bedeutung hat. Für Cheryl Laz sind es dabei drei Ebenen, auf denen dieser Vergleich angesiedelt ist: dem Vergleich a.) mit realen Anderen, b.) mit imaginierten Anderen und c.) mit dem jüngeren Selbst. (Laz 2003: 516) Wenn also die jüngeren Filmkollegen durch Frau Penskys überraschende Turneinlagen irritiert sind, dann deshalb, weil sie so gar nicht dem typisierten alten Normmenschen entsprechen mag, einem normativen alten Körper, der mit Verfall, Passivität und Debilität in Verbindung gebracht wird. Frau Pensky ist stolz auf ihren »überaktiven« Körper und diese Geschichten dienen ihr dazu, diesen Körper und seine außergewöhnliche Fähigkeit zur Aktivität herauszustellen und von den weniger fitten Körpern Anderer abzugrenzen. Sie behandelt ihren Körper als Ressource, auf die sie zurückgreift, um ihre persönliche und soziale Identität über den Prozess des »accomplishment des verkörperten Alters« zu formieren.

Empowerment der Alten: Die Bedeutung der Gymnastik

Was ist Frau Penskys Geheimnis, das ihr einen derart fähigen, aktiven Körper beschert? Ihre Antwort lautet natürlich: »Sport ist mein Lebenselixier.« In unseren Interviews geht die 78-jährige, der eigentlichen Intention meiner Fragen oft zum Trotz, viel auf die konkrete Durchführung diverser Übungen ein, öfters springt sie auf und führt vor, worauf man zu achten habe, was man unbedingt vermeiden sollte und sie erklärt, welche körperlichen Effekte die jeweiligen Übungen haben. Dieses Know-how, die Kenntnis spezieller körperlicher Techniken, ist der Schlüssel ihres Erfolges. Im Verlauf ihres Lebens hat sie oft genug am eigenen Körper erfahren, was körperliche Bewegung bewirken kann:

> »Passieren kann überall was, ob Sie Sport machen oder nicht. Ich bin voriges Jahr hingefallen! Bin ich ausgerutscht. Ich bin im hohen Bogen geflogen! Da hätten sich andere sonst was gebrochen! Und dadurch, dass alles gelenkig bleibt, elastisch, da habe ich mir bloß das Gesicht aufgeschlagen, das war das Einzige [lacht].«

Den glimpflichen Ausgang dieses Sturzes interpretiert sie nicht als Glücksfall, sondern als Ergebnis ihrer sportlichen Betätigung. Frau Pensky versteht ihren durchtrainierten, beweglichen Körper auch als Versicherung gegen die Risiken, die das Leben unvermeidlich mit sich bringt. Die Aussage, dass alles gelenkig und elastisch bleibe, weist hier außerdem auf einen Vergleich mit dem jüngeren Selbst hin, aus dem Frau Penskys heutiger Körper als weitgehend unverändert fähig hervorgeht. Die körperliche Jugend ist ihr erhalten geblieben. In einer anderen erzählten Episode knickte sie um und verletzte sich dadurch das Knie. Nachdem ihr drei Orthopäden mittels Spritzen und Bestrahlung nicht weiterhelfen konnten, wurden ihr schließlich von einem Arzt spezielle gymnastische Übungen verschrieben, die eine nachhaltige Besserung ermöglichten: »Da habe ich meine Knie mit heil gekriegt, durch Gymnastik!!« Die Bewegungstherapie erscheint hier tatsächlich als eine Art wundersames »Elixier« – nachdem ihr Vertrauen in die Biomedizin[2] enttäuscht wurde und sie kaum noch Hoffnung auf Heilung hatte, half am Ende gezielte körperliche Aktivität. Tatsächlich ist für Frau Pensky Bewegung generell zu einem Lebenselixier geworden, das für sie erwiesenermaßen präventive und therapeutische Effekte besitzt. Geschichten, die dies belegen, kann sie viele erzählen, und die aktiven, sehr beweglichen Beweise präsentiert sie mir in Form ihrer Selbst und der Teilnehmerinnen ihrer Sportgruppen. An dieser Stelle tritt besonders deutlich der Handlungsaspekt des »accomplishment«-Prozesses in den Vordergrund. Das »accomplishment« (das Erreichen) eines idealen, quasi jugendlichen Körpers wird durch die spezielle Körpertechnik der Gymnastik ermöglicht, die die Ressource Körper positiv beeinflussbar macht. Dieses Potential der Gymnastik lässt sich gut mit Espen Braathens Analyse der homöopathischen Therapie parallelisieren. In seinem Aufsatz »Communicating the individual body and the body politic« wird die Homöopathie als relativ billige und simple Methode der Heilung, als eine »empowering«-Strategie beschrieben, die allerdings die aktive Teilnahme des Patienten erfordere:

> »The nature of its dialectic, stressing the notion of personal responsibility for health, is at the same time the source of empowering strategies. Empowerment, defined as ›the notion of people having to take action to control and enhance their own lives, and the process of enabling them to do so‹ (Grace 1991)«. (Braathen 1996: 159)

---

[2] Ich verstehe unter Biomedizin die akademische, westliche Lehre vom Körper und seiner Heilung, die auch als Schulmedizin bekannt ist. Für eine intensivere Auseinandersetzung mit Alter, Gesundheit und Medizinsystemen siehe auch den Aufsatz von Sophia Siebert in diesem Band.

Der hier verwendete Begriff des »empowerment« betont die Notwendigkeit zur Aktivität und zum Handeln, wobei die homöopathischen »empowerment«-Strategien vor allem in der therapeutischen Begegnung und der Befolgung individueller Problemlösungsstrategien wurzeln. (Ebd.: 159) Körperliche Aktivität im Allgemeinen und Gymnastik im Speziellen ist analog auch für Frau Pensky eine billige, einfache Methode der Therapie verschiedenster körperlicher Beschwerden. Ähnlich der Homöopathie besitzt sie ein großes präventives Potential. Ein Zehn-Punkte-Programm des Sports, das Frau Pensky auf Anfrage einer Gruppenteilnehmerin einmal aus Fachbüchern zusammengestellt hat und mir bei einem unserer Interviews vorliest, proklamiert den Sport als optimale Vorbeugung gegen diverse Krankheiten und Mangelerscheinungen. Darunter finden sich auch viele typische »Alterskrankheiten« wie etwa die Osteoporose.

Der Gymnastikkurs wird von Frau Pensky ähnlich wie eine »therapeutische Begegnung« dargestellt: Die Gymnastik wird hier zur »Lösung« eben nicht nur körperlicher Probleme. In der Gymnastikstunde gibt sie diese Lösung in die Hände ihrer Gruppenteilnehmerinnen, die sich diese fortan für die Kontrolle und Erweiterung (»enhancement«) ihres Lebens nutzbar machen können. Das »empowerment« liegt in der Vermittlung der gymnastischen Technik, welche maßgeblich die Ressource Körper ausbaut und stabilisiert. Anders ausgedrückt, können somit weitaus fähigere und gesündere Körper »accomplished« werden. Der wiederum daraus resultierende Zuwachs an Möglichkeiten für das »accomplishment« von Alter ist ein erheblicher Kontroll- und Machtzuwachs im Leben der Seniorinnen. In der Konsequenz sind diese beispielsweise nicht länger hilflos den »natürlichen Folgen« des Alterns, wie etwa den Alterskrankheiten, oder den Risiken des Lebens, wie etwa schweren Stürzen, ausgeliefert und also wahrhaft »empowered«.

Als Schlüsselfunktion des homöopathischen Therapeuten nennt Braathen die Aufgabe, Selbstdisziplinierungstechnologien zu entwickeln. (Ebd.: 157) Auch das ist für Frau Pensky wichtig, erklärt sie mir doch, dass es den Seniorinnen keineswegs immer leicht falle, zur Gymnastik zu erscheinen oder sich auch zu Hause mal zu bewegen. Sie fördere die Selbstdisziplin und das Verantwortungsgefühl der Seniorinnen, indem sie sie immer wieder dazu anhalte, den Körper regelmäßig zu fordern. Frau Pensky versucht, das Thema Gesundheit und Körper in den Alltag ihrer Gruppenmitglieder zu tragen und macht klar, dass das »Projekt Körper« keineswegs auf die zwei Stunden Gymnastik in der Woche beschränkt sein sollte. Um es den Seniorinnen leichter zu machen, zur Trainingsstunde zu erscheinen, hat Frau Pensky ein spezielles Programm mit der Absicht entwickelt, dass die Seniorinnen ihren »inneren Schweinehund« überwinden: Die Gymnastikstunde wird mit »Tänzchen« und Bewegungsspielen »aufgelockert«, die die Highlights der Stunde darstellen und bei den Teilnehmerinnen überaus beliebt sind. Vom »inneren Schweinehund«, diesem mächtigen Feind der Bewegung, weiß die Sportlehrerin vieles zu berichten. So hatte eine alte Bekannte sie einmal gebeten, ihr private

Gymnastikstunden zu geben, da sie an einem ständigen Schmerz beim Gehen leide. Ihre Freundin habe durch diese Schmerzen den Willen verloren, überhaupt aus dem Haus zu gehen; für Frau Pensky ein Ergebnis fehlender Selbstdisziplin und des Bemühens, sich den körperlichen Beschwerden aktiv entgegenzustellen. Denn:

> »Wenn sie morgens auf der Bettkante sitzen, da ist es schon mal wichtig, dass sie sich dehnen und strecken – recken und strecken nur auf der Bettkante. Also ich meine, das kann doch wirklich jeder machen, nur auf der Bettkante! Aber die sind alle zu faul dazu.«

Nachdem ihre Bekannte die Ratschläge befolgte und die »angeordneten« Übungen regelmäßig ausführte, besserte sich ihr Gesundheitszustand bedeutend; »Mann, das ist ja toll!« soll sie ihr später gesagt haben. In dieser Erfolgsgeschichte spiegelt sich das Unverständnis der Sportlehrerin gegenüber einer von ihr konstatierten verbreiteten Bequemlichkeit: »Das kann doch wirklich jeder.« verweist nicht nur auf die geniale Einfachheit der Methode Bewegung sondern vor allem auf Undiszipliniertheit und Verantwortungslosigkeit vieler Alter: »Die sind alle zu faul dazu«, sich mal ein paar Minuten hinzusetzen und sich was Gutes zu tun. Für Frau Pensky ist dabei nur allzu klar, wohin eine solche Undiszipliniertheit und Passivität, der Weg des Nicht-Handelns viele alte Menschen führt:

> »Erst humpeln sie, dann haben sie einen Stock und dann gehen sie eben mit dem Stock so, dass die ganze Wirbelsäule da in Mitleidenschaft gezogen wird ... [steht auf und demonstriert eine »fürchterliche« Körperhaltung, sie steht gebeugt und schief. Der Stock drückt die Schulter nach oben, da das gesamte Körpergewicht auf den Stock gelegt wird.] ... und die Armmuskulatur. Und dann gehen sie mit zwei Stöcken. Also X Frauen habe ich hier beobachtet. Und dann kommt der Wagen. [...] Da stützen sie sich und [...] Dadurch leidet doch der Rücken wieder! Also durch diese ganzen Gehhilfen und Stützhilfen, da leidet der ganze Körper drunter! Und hier drüben hat mir erst kürzlich eine Frau gesagt – Die kann sich auch gar nicht mehr so bewegen. Bei vielen Krankheiten ist ja der Bewegungsmangel eben die Ursache. – Und da sagte die zu mir: ›Ach Frau Pensky, wäre ich mal zu ihnen zum Sport gegangen, ich glaube dann würde es mir besser ergehen.‹ Ich sage: ›Ja, jetzt ist es zu spät.‹«

Was Frau Pensky hier beschreibt, ist eine Art Evolution des körperlichen Verfalls: Wenn der alte Mensch sich und seinen Körper nicht diszipliniert, droht der stufenweise Abbau. Die einzelnen Stufen dieses Verfalls werden durch die technischen

Hilfsmittel nach außen deutlich sichtbar. Immer komplexere Apparaturen müssen entscheidende körperliche Funktionen ersetzen. Die Fähigkeit zur Aktivität, und somit die Möglichkeit, am sozialen Leben teilzunehmen, wird durch die immer begrenztere Beweglichkeit des Körpers zunehmend eingeschränkt. Die Ressource Körper, auf deren Basis die Inhaberin ihr Alter, ja ihr ganzes Leben, »accomplished«, entzieht sich immer mehr ihrem Zugriff.

Schluss

»Keeping decay at bay«, den körperlichen Verfall in Schach zu halten und damit die Würde zu erhalten, ist Frau Penskys tiefer liegendes Ziel. Schon allein in ihrem Bestehen auf aufrechter Körperhaltung verdeutlicht sie diesen Umstand: Hoch erhobenen Hauptes zu gehen ist das »accomplishment« eines würdigen, stolzen Körpers. Dieser Körper, so die Vorstellung Frau Penskys, wird in der Lage sein, alles eigenständig zu bewältigen, was das Leben und seine Besitzerin ihm abverlangen: Sei es den Einkauf selber zu tragen, unvermeidliche Stürze ohne Schaden hinzunehmen, an kulturellen Aktivitäten oder einem Filmdreh teilzunehmen. Ihre Aussage »Sport ist mein Lebenselixier. Ohne Sport wäre mein Leben überhaupt nichts« ist daher auf mehreren Ebenen bedeutsam. Die 78-jährige Johanna Pensky hat sich bereits ein Leben lang der körperlichen Aktivität verschrieben. Ihre ganze Biografie ist auf der Ressource Körper und der Bewegung aufgebaut. Den beruflichen Status als Sportlehrerin, die zu allen Zeiten von dem sozialen Umfeld sehr geschätzt und gefragt war, erlangte sie über ihren Körper und die Bewegung. Bewegung half ihr auch in Notsituationen, wie scheinbar unheilbaren Krankheitsfällen, immer wieder aus. Ihr Körper bildet für sie die notwendige Grundlage auch nach dem Ruhestand noch produktiv, in Bewegung und gefragt zu sein. Die Bedeutung der Bewegung als Lebenselixier und Verjüngungsmittel stellt Frau Pensky immer wieder unter Beweis, indem sie die Erwartungen Anderer an ihr biologisches Alter deutlich übertrifft. Mehr noch ließe sich hier von der Erreichung oder Verkörperung eines Ideals sprechen: Das Know-how der gymnastischen Technik, ihr Lebenselixier, versetzt sie in die Lage, auch anderen zu helfen, das Ideal vom aktivierten Altern zu erreichen.

Routine und Rituale

In zahlreichen Interviews und Beobachtungen dieses Studienprojektes erwies sich, dass Rituale und die Routinisierung von Tages- und Alltagsabläufen eine zentrale Rolle im Leben vieler unserer GesprächspartnerInnen einnehmen. Darunter können relativ festgelegte Formen und Muster von Handlungen verstanden werden, denen eine spezielle kulturelle, gesellschaftliche oder individuelle Bedeutung beigemessen wird, die über alltägliche Zusammenhänge hinausreicht. Solche Rituale und Routinisierungsangebote werden zum einen von institutioneller Seite an ältere Menschen herangetragen, zum anderen aber von vielen InterviewpartnerInnen auch selbst gesucht oder bewusst selbst geschaffen: Es sind Handlungsmuster, die nach tageszeitlichen oder wöchentlichen Rhythmen ausgerichtet sind und dem Tag, der Woche, bzw. dem Leben eine (Zeit)Struktur und damit Sicherheit und Kontinuität verleihen. Im Mittelpunkt vieler solcher stark strukturierten Tagesabläufe steht etwa die strenge Einhaltung von festgelegten Essenszeiten. Auch die stets nach dem gleichen Schema erledigten Haushaltsarbeiten erhalten oft den Status eines täglichen Rituals: Bei Frau Wolter ist es die organisierte und routinisierte Bedienung der Kohleöfen, die ihrem Tagesablauf im Winter eine Struktur verleiht. Indem sie erklärt, dass die damit verbundene körperliche Betätigung sie körperlich fit halte, verleiht sie dieser alltäglichen Routine zudem einen Sinn, der weit über die zweckrationale Dimension hinausreicht. Alfred hingegen lebt nach einem so unverrückbaren »Programm«, dass es zunächst beinahe unmöglich schien, einen Gesprächstermin mit ihm zu vereinbaren: Um zwölf Uhr esse er zu Mittag, nach zwölf trinke er keinen Kaffee mehr, am Nachmittag verfolge er die Lottozahlen. Abends habe er auswärtige Termine, jeden Montag besuche er eine Gesprächsgruppe für ältere Homosexuelle und jeden Mittwoch gehe er zur Happy Hour einer speziellen Kneipe. Alfred hält strikt an einer selbst geschaffenen Tagesordnung fest und plant und kontrolliert akribisch alles, was er tut. Er schafft sich damit ein Gerüst, das ihm Sicherheit und Kontinuität verschafft, ihm gleichzeitig aber auch wenig Raum für Veränderungen lässt. Kontinuität und Vorausschaubarkeit sind es auch, die der ambulante Pflegedienst seinen Klienten durch eine Routinisierung der Abläufe gewährleisten möchte. So wird die forschende Praktikantin aufgefordert, sich streng an den Zeitplan der Mitarbeiter zu halten, denn den Klienten sei es wichtig, dass sie zur gewohnten Zeit versorgt würden. Pflegekräfte und Klienten entwickeln eine routinisierte Beziehung, zu der sowohl die Pflegeabläufe, als auch bestimmte wiederkehrende kommunikative Formen, z. B. Witze und Floskeln oder Verabschiedungsrituale gehören. Zwar dient diese Routine auch dem Pflegedienst als Mittel der Formalisierung und Standardisierung von Arbeitsabläufen, sie kommt darüber hinaus aber auch dem Bedürfnis nach Struktur und Kontinuität auf Seiten der Klienten entgegen. Dabei wird deutlich, dass diese Alltagsrituale aus verschiedenen Bausteinen zusammengesetzt sein können, die von ihren Produzenten auf ganz bestimmte, kodifizierte Weise verknüpft werden – Sprache, Körperlichkeit und Gestik werden auf ausdifferenzierte und immer gleiche Weise eingesetzt, um Gemeinsamkeit und eine gemeinsame Ordnung zu erzeugen. Routine und Rituale werden in diesen Beispielen also zu Sicherheit und Kontinuität gewährleistenden Faktoren. »Bedeutung Sinn, Zweck und Funktion von Ritualen«, schreibt Axel Michael, »liegt in ihrer Unveränderbarkeit. Rituale widerstreben grundsätzlich jeglicher Umgestaltung. Dies hat den Vorteil, dass Gedächtnisinhalte über längere Zeit gespeichert werden können, ohne sie zweckrational aktivieren zu müssen«. (Michael 1999: 8) Dadurch, dass bestimmte Handlungen als gegeben betrachtet werden, müssen sie nicht legitimiert, angepasst und jedes Mal neu überdacht werden. Viele der von uns befragten älteren Menschen schaffen sich durch immer gleich ablaufende Alltagseinheiten »zuverlässige« Komponenten in ihrem Alltag, den sie von physischen und psychischen Veränderungen zumindest potenziell bedroht sehen.

Eine etwas andere Form der ritualisierten und routinisierten Lebensführung offenbart sich in den Besuchen, die die älteren Migranten aus dem Berliner Amselviertel mehrmals täglich der Moschee abstatten. Vor und nach dem Gebet treffen sie sich vor der örtlichen Moschee, um Tee und Kaffee zu trinken, sich zu unterhalten und zu warten. Ohne das klare organisatorische Gerüst etwa eines Arbeitsalltags stellt der Besuch der Moschee, verbunden mit dem gemeinsamen Zusammensitzen, das dominante strukturierende Element ihres Tagesablaufs dar. Die Regelmäßigkeit dieser Handlungen dient hier einer Bestätigung der gemeinschaftlichen Ordnung. Das gemeinsame Sitzen, Warten und Teetrinken ist Teil der Inszenierung eines gemeinsamen Wissens und kollektiv geteilter Handlungspraxen. Abgesehen davon verschafft die ritualisierte Einteilung des Tages den Beteiligten auch in diesem Fall Kontinuität und Sicherheit in ihrem Alltag.

Zusammenfassend lässt sich festhalten, dass Rituale und die routinisierte Lebensführung der in diesem Band vorgestellten älteren Menschen jeweils im Dienste unterschiedlicher Zwecke stehen können. Während etwa Verabschiedungsrituale zwischen Pflegekraft und Klientin etwa als symbolische Klammer fungieren, die menschliche Zuwendung und institutionelle Dienstleistung verknüpft, finden türkische Migranten in gemeinsamen Moschee-Besuchen eine gemeinschaftliche Ordnung und Struktur. Rituale und streng eingehaltene Routinen verschaffen also den älteren Menschen das Gefühl von Kontinuität und Sicherheit; sie helfen, Veränderungen zu bewältigen und fördern die Einsicht in die Notwendigkeit, Elemente des eigenen Lebens zu bejahen.

Imke Wangerin

Das autonome Selbst mit Pflegestufe
Tom Mathar

Es ist ruhig im Aufenthaltsraum des Wohnbereichs 2. Um diese Uhrzeit, es ist halb eins, wird das Mittagessen abgeräumt, das Pflegepersonal verschwindet in der Küche, die circa 20 Bewohner sitzen je zu viert um einen Tisch und schweigen sich an. Sie warten darauf, zur Mittagsruhe abgeholt und ins Bett gelegt zu werden. Eine Etage darüber, im Wohnbereich 3, sieht es nicht anders aus. Und auch in den Wohnbereichen 4 bis 6 dieses Altenpflegeheims in Berlin bietet sich, immer an derselben Stelle der Etage, zur selben Zeit, dasselbe Bild. Vereinzelt dann doch etwas Bewegung: Bewohner sortieren sich, suchen nach der Handtasche, stecken das Taschentuch hinein, greifen nach dem Gehwagen, stehen mühsam auf und humpeln den langen Flur entlang bis in ihre Zimmer. Die Mehrheit bleibt jedoch sitzen und wartet darauf, abgeholt zu werden.

Diese Szene beschreibt eine typische Situation aus dem Alltag von Menschen, die am Ende ihres Lebens angekommen sind, sich nicht länger alleine versorgen können, aber über keine Hilfe verfügen, die sie bei den alltäglichen Verrichtungen des Lebens ausreichend unterstützen kann, so dass sie zu Hause wohnen könnten. In dem vorliegenden Aufsatz möchte ich dieses Leben näher betrachten und der Frage nachgehen, warum die Konfrontation mit solchen Szenen betroffen macht. Ich arbeite hierbei mit der These, dass es vor allem die Verletzung des Wertes der Individualität und des Wertes der Freiheit des Individuums sind, die dieses Gefühl hervorrufen. Ausgehend von dem amerikanischen Kulturanthropologen Marshall Sahlins, der herausarbeitet, dass diese Werte das Denken und Handeln in westlichen Gesellschaften seit mehreren Jahrhunderten prägen, sowie unter Rückgriff auf die Arbeiten des britischen Kultursoziologen Nikolas Rose, der von einem *regime of the self* spricht, möchte ich veranschaulichen, dass die Wohn- und Lebensform, wie sie für Alten- und Pflegeheime typisch ist, in der öffentlichen Debatte vor dem Hintergrund des Idealbildes eines autonomen Individuums beurteilt wird. Darüber hinaus möchte ich untersuchen, welche Praktiken dieses Ideal des autonomen Individuums bei Bewohnern von Heimen wie anleitet, und schließlich, welche orientierende Funktion es bei den für das Heim und seinen Betrieb relevanten Wissensfeldern – insbesondere in Pflegewissenschaft und Gesundheitspolitik – besitzt. Um diesen Fragen nachzugehen, analysiere ich zum einen sozial-, kultur- und pflegewissenschaftliche sowie gesundheitspolitische Diskurse. Zum anderen interpretiere ich mein in zehn Wochen Feldforschung erarbeitetes Material, insbesondere die Aussagen von sieben zu diesem Thema befragten Bewohnern von Pflegeheimen.[1]

Traurige Diskurse

Die Betroffenheit, die durch die Konfrontation mit dem Alltag von Bewohnern von Pflegeheimen ausgelöst wird, kann gut an den ethnografischen Notizen der Ethnologin Ursula Koch-Straube in ihrem Buch »Fremde Welt Pflegeheim« verdeutlicht werden. (Koch-Straube 1997) Sie beklagt nicht nur die »Tristesse der alten Menschen« (Ebd.: 64), die »gedämpfte Atmosphäre« der Einrichtung (Ebd.: 65) sowie das »Versinken in depressiven Gedanken« (Ebd.: 70); sie spürt auch dem Gefühl des »Gefesseltseins und der Vergeblichkeit« oder der »Sinnlosigkeit, [dem] Ausbleiben der Erfolge« nach. (Ebd.: 146) Wie ein roter Faden durchzieht die Ethnographie das Gefühl der Schwermut, wenn das Leben der alten, pflegebedürftigen Menschen geschildert wird. Es bleibt jedoch nicht bei reiner Betrübnis, Koch-Straube leitet daraus das Bedürfnis zu handeln ab: Sie will die Situation alter Menschen nicht in diesem Zustand belassen, sie äußert »Entsetzen, wie stark individuelle Ansprüche und Entfaltungsmöglichkeiten im Heim zurechtgestutzt werden« (Ebd.: 191). Sie entdeckt den »entrechteten Bewohner« (Ebd.) und fühlt das Verlangen, die »alten Menschen und ihr ganzes Elend und ihre Zumutungen abschütteln« (Ebd.: 267) zu wollen. Sie vermerkt ihren »Zorn auf diejenigen, die ich für die Misere der alten Menschen in Pflegeheimen, für die unzureichenden Rahmen- und Arbeitsbedingungen verantwortlich mache« (Ebd.: 270).

Diese Passagen bereiten einen konsequenten Perspektivwechsel vor. Dominiert zu Beginn ihrer Schilderung vor allem Tristesse und Traurigkeit, lässt Koch-Straube, je weiter sie in ihrem Buch fortfährt, Ärger durchscheinen. Und sie legitimiert ihren Appell zu handeln unter Verweis auf ein Menschenbild, das individuelle Ansprüche und Entfaltungsmöglichkeiten betont. Ihrem Zorn wurde Aufmerksamkeit zuteil: Ursula Koch-Straubes Studie über die »Fremde Welt Pflegeheim« ist die am häufigsten zitierte ethnologische Forschung im Bericht »Bundeseinheitliche Altenpflegeausbildung« (Solinski/Behr 2003), dem Bericht also, in dem das *Kuratorium Deutsche Altershilfe* sämtliche Überlegungen für einen Entwurf der Ausbildungs- und Prüfungsverordnung für den Beruf des Altenpflegers bzw. der Altenpflegerin zusammenfasst. Ein Bericht wiederum, der dem Bundesministerium für Familie, Senioren, Frauen und Jugend als Orientierung bei der Konzeption und Implementierung einer bundeseinheitlichen Altenpflegeausbildung diente. In die-

---

[1] Die Forschungen wurden in zwei Einrichtungen durchgeführt, in einem Altenpflegeheim mittlerer Größe (ca. 100 Einwohner) in zentraler Lage im westlichen Berlin, sowie in einer neu errichteten Großanlage (für knapp 500 Bewohner) im Berliner Nordosten.

sem Bericht wird Erving Goffmans Analyse der »totalen Institution« (Goffman 1993: 17ff.) fast ebenso häufig zitiert, eine Studie, die im internationalen Diskurs ungleich bekannter ist. Goffman stellt die These auf, dass sich in struktureller Hinsicht das Pflegeheim nicht von anderen totalen Institutionen wie dem Gefängnis oder der Militärkaserne unterscheide.[2] Jede totale Institution, so Goffman, sei gekennzeichnet durch fünf Merkmale: 1.) Einen spezifischen Ort, an dem alle Aktivitäten des täglichen Lebens der »Insassen« konzentriert werden, 2.) die standardisierte Behandlung aller Insassen, 3.) die genaue Planung der Phasen des Tagesablaufes, 4.) die Erfassung und Bündelung der verschiedenen Tätigkeiten gemäß eines rationalen Plans sowie 5.) die strukturelle und bürokratische Trennung zwischen »Insassen« und »Personal«. Goffmans Arbeit betrachtet zwar vor allem die spezifische Struktur solcher totaler Institutionen, jedoch entwirft er in Auseinandersetzung mit seinem Gegenstand implizit auch ein durch zahlreiche Vorannahmen geprägtes Menschenbild. Es ist ein Menschenbild, das eine radikale Kritik an Heimen mit sich bringt. Diese Kritik wirft die rhetorische Frage auf, ob alle pflegebedürftigen Bewohner von Heimen wie in einem Gefängnis leben sollten; und die durch ein liberales Menschenbild geprägte Antwort darauf lautet natürlich: Nein, Heime dürfen nicht wie ein Gefängnis sein, Heime sollen die Bewohner nicht entrechtlichen, sie dürfen sie nicht zu »Insassen« machen, sollen nicht standardisieren, sondern müssen sie individuell behandeln. Und tatsächlich kann festgestellt werden, dass im fachlichen wie politischen Diskurs die Berücksichtigung der *Individualität* von HeimbewohnerInnen als die Lösung des Problems der Tristesse, der Standardisierung und der Depression im Pflegeheim angepriesen wird. So macht etwa der oben bereits erwähnte Bericht »Bundeseinheitliche Pflegeausbildung« Vorschläge für Ausbildungsziele von Altenpflegeausbildungsschulen: Im 2002 vom Deutschen Bundestag verabschiedeten Altenpflegegesetz werden zehn Punkte genannt, die Inhalt der Ausbildung zum Altenpfleger bzw. zur Altenpflegerin sein sollen. Relevant sind im Kontext dieser Arbeit vor allem folgende Punkte:

> »3. Die Erhaltung und Wiederherstellung individueller Fähigkeiten im Rahmen geriatrischer und gerontopsychiatrischer Rehabilitationskonzepte. [...]
> 8. Die Betreuung und Beratung alter Menschen in ihren persönlichen und sozialen Angelegenheiten.
> 9. Die Hilfe zur Erhaltung und Aktivierung der eigenständigen Lebensführung einschließlich der Förderung sozialer Kontakte.« (§ 3 AltPflG)

---

[2] Goffman untersucht in seinem Buch »Asyle« vor allem die soziale Situation von »Insassen« der Irrenhäuser und Sanatorien. In seine Analyse schließt er neben Gefängnissen, Kasernen, Klöstern, Internaten etc. auch Alten- und Pflegeheime grundsätzlich mit ein.

Das Altenpflegeausbildungsgesetz betont den Aspekt der Individualität nicht nur im Zusammenhang der Rehabilitation, sondern auch im Kontext der Förderung der eigenen, individuellen Lebensführung. Und auch andere für den Heimbetrieb spezifische Gesetze betonen den zentralen Stellenwert der Individualität. Auch die von der deutschen Pflegewissenschaft entwickelten Pflegemodelle[3], so sehr sie sich im Detail unterscheiden mögen, betonen als Basis pflegerischen Handelns das Moment der Individualität. Maria Mischo-Kellings »Konzept des Selbst« (1989) unterstreicht die Determinanten Körperbild, Selbstachtung sowie die Fähigkeit zur Übernahme sozialer Rollen und persönlicher Identität. Im Rahmen des Pflegeprozesses sollen diese Faktoren beachtet werden, um gegenseitiges Verstehen von Pflegenden und Gepflegten zu ermöglichen. Das von Monika Krohwinkel entworfene »Modell der fördernden Prozesspflege« (1993) orientiert sich an zwölf Kategorien zu individuellen Aktivitäten und Erfahrungen des Lebens der zu Pflegenden. Und Karin Wittnebens »Modell multidimensionaler Patientenorientierung« (2003) plädiert für eine Pflege, die vom zu Pflegenden als patientenorientiert und individuell wahrgenommen werden kann. Die Ausrichtung am »autonomen Individuum« ist aber nicht nur in Gesetzen verankert und wird in pflegewissenschaftlichen Leitbildern propagiert, sondern ist darüber hinaus Kennzeichen sich als modern verstehender Pflegeheime. So werben beide Heime, in denen ich ethnografisch gearbeitet habe, an erster Stelle nicht etwa mit der Qualität ihrer Pflege, sondern mit ihrer Orientierung am Individuum. In ihren Selbstdarstellungen und Werbebroschüren heißt es etwa:

> »Bei uns wohnen heißt, selbstbestimmt und in Sicherheit zu leben. Der Tagesablauf wird weitestgehend von Ihnen als Bewohner bestimmt. Trotz bestehender Pflegebedürftigkeit stehen für uns Ihre Selbstbestimmtheit und Ihre individuellen Bedürfnisse im Mittelpunkt.« (Werbeprospekt der Senioreneinrichtung 1)

> »Die individuellen Wünsche und die Zufriedenheit unserer Bewohner haben höchste Priorität. [...] Wir sehen jeden Bewohner als Einheit aus Körper, Geist und Seele. Wir berücksichtigen Herkunft, Gewohnheiten und Fähigkeiten, um Gesundheit und Selbständigkeit zu wahren und zu fördern. Grundlage unserer ganzheitlichen, aktivierenden Pflege ist die individuell geplante Pflege nach dem Pflegemodell der Aktivitäten des täglichen Lebens (ATL).« (Werbeprospekt der Senioreneinrichtung 2)

---

3 Pflegemodelle konkretisieren sich etwa in schriftlich niedergelegten Leitbildern, anhand derer Pflegeeinrichtungen ihre Qualität der Pflege sichern, fördern und messen wollen. Die bekanntesten und in der Praxis verbreitetsten Pflegemodelle in Deutschland sind die von Maria Mischo-Kelling, Monika Krohwinkel und Karin Wittneben.

Selbstbestimmung und Individualität sowie die Berücksichtigung von Gewohnheiten und Vorlieben der Bewohner sind die Begriffe, mit denen Pflegeheime um die Gunst ihrer Klienten werben. Das Stichwort Pflege wird in diesen Darstellungen bewusst nicht in das Zentrum gestellt und sogleich qualifiziert, indem die Pflege als individuell und selbstbestimmt charakterisiert wird. In den angesprochenen drei Bereichen – Altenpflegegesetze, Pflegewissenschaft und Selbstdarstellung von Pflegeheimen – kann somit festgestellt werden, dass sie auf einen gemeinsamen Grundsatz zurückgreifen, der sämtliche Denkmuster und Handlungsanweisungen prägt. Dieser Grundsatz betont den Wert des autonomen Handelns, des Individuums und den Wert der Selbstbestimmung für das Subjekt. Tatsächlich handelt es sich hierbei, wie der amerikanische Sozialanthropologe Marshall Sahlins herausarbeitet, um einen für Europa und die gesamte westliche Welt prägenden Wert, eine historisch konstante Ethik, die er von den Verfassern der Bibel über Augustinus bis hin zu Thomas Hobbes, Adam Smith und anderen neuzeitlichen Philosophen zu entdecken meint. Individualität und die Freiheit des Individuums, so die These Sahlins', sind Grundbestandteile unseres moralischen und ethischen Denkens, eine Kosmologie, die seit Jahrhunderten im Grunde unverändert gelte. (Sahlins 1996) Der britische Kultursoziologe Nikolas Rose geht noch einen Schritt weiter, indem er, angelehnt an die Überlegungen Michel Foucaults, von einem *regime of the self* spricht, das er für die Gegenwart wie folgt charakterisiert:

> »If there is one value that seems beyond reproach, in our current confused ethical climate, it is that of the self and the terms that cluster around it – autonomy, identity, individuality, liberty, choice, fullfillment.« (Rose 1998: 1)

Im Mittelpunkt der ethischen Botschaft dieses *regime of the self* steht das selbstbestimmte Individuum, das – so Rose – in allen Bereichen gesellschaftlichen Lebens propagiert, gefördert und gefordert werde. Das Konzept des autonomen Selbst bestimme die Grundannahmen politischen Handelns, bestimme die Erwartungen von Beziehungspartnern und das häusliche Leben, es reguliere das Konsumverhalten, leite die Praxen von Marketing und Werbeindustrie, werde verbreitet über das Fernseh- und Kinoprogramm, durchtränke die gesetzlichen Rahmenbedingungen und sei Grundlage für den bioethischen Streit um neue Reproduktionstechnologien oder Abtreibung.[4] (Rose 1998: 1). Es scheint, als würden auch die Bewoh-

---

[4] Nikolas Rose geht davon aus, dass viele Menschen von den Anforderungen des *regime of the self* überfordert seien, indem die Einzelnen unter Druck gesetzt würden, individuell zu sein. Ich möchte auf diesen Aspekt des Verständnisses des *regime of the self* nicht weiter eingehen, da es mir nicht darum geht zu untersuchen, inwieweit dieses ethische Regime Menschen unterdrückt. Stattdessen möchte ich verdeutlichen, dass dieses Regime auch in meinem

nerInnen von Pflegeheimen aus diesem *regime of the self* nicht entlassen. Denn das Heimgesetz fördert und fordert den autonomen Bewohner, in der Ausbildung zum Altenpfleger wird der Stellenwert des Individuums nicht nur für die Rekonstruktion der Krankheitsgeschichte betont, sondern auch in seinen sozialen und persönlichen Bedürfnissen. Die Pflegeheime profilieren sich mit ihrer Ausrichtung am Individuum und die Pflegewissenschaft entwickelt entsprechende Modelle. Alle diese Instanzen und Akteure präsentieren, repräsentieren und behandeln den Menschen als ein ganz spezielles Selbst, ein unverwechselbares Individuum. Was geschieht jedoch, wenn dieser bewusst in den Heimordnungen zur Verfügung gestellte Frei(heits)raum von den BewohnerInnen nicht genutzt wird?

Ethnografische Beobachtungen

Im Folgenden wechsle ich von der theoretischen Ebene auf die der Akteure und untersuche am Beispiel meines empirischen Materials, unter welchen Bedingungen die BewohnerInnen von Heimen leben und in welchem Maße sie dabei ihre individuellen Bedürfnisse realisieren können. Diese Fragen versuche ich aus der Perspektive des *regime of the self* zu klären. Ich möchte diese Analyse anhand dreier von Nikolas Rose genannter Aspekte des *regime of the self* vorantreiben, nämlich am Beispiel der Problematisierung der Individualität, der Autonomie und der Selbstverwirklichung. In einem ersten Schritt möchte ich jedoch zuvor die Motive für den Einzug ins Heim bei den von mir angetroffenen BewohnerInnen untersuchen.

Motive für den Einzug

Nicht jeder, der den Entschluss gefasst hat, den Umzug in ein Heim zu vollziehen, wird auch aufgenommen. Mit Einführung der Pflegeversicherung im Jahre 1996 wurde eine große Hürde errichtet, die genommen werden muss, bevor man in einem Heim *zugelassen* wird: Pflegebedürftigkeit muss nach bestimmten Gesichtspunkten vom »Medizinischen Dienst der Krankenkassen« (MDK) festgestellt werden[5]. Kriterium ist vor allem, dass die Menschen nicht länger in der

---

Forschungsfeld Relevanz besitzt. Im Kontext dieser Arbeit soll auch nicht darüber geurteilt werden, ob es gut oder schlecht ist, dass Individualität einen solch zentralen Stellenwert für die Art und Weise der Wahrnehmung des Pflegebereiches besitzt.

[5] Pflegebedürftigkeit ist in drei Stufen – so genannte Pflegestufen – unterteilt. Pflegestufe 1 bedeutet erheblichen Pflegebedarf aufgrund physischer oder psychischer Krankheiten, Pflegestufe 2 ist die Kategorie für Schwerpflegebedürftige und Pflegestufe 3 werden Schwerstpflegebedürftige zugeordnet. Was dies im Einzelnen bedeutet, ist in den Sozialgesetzbüchern defi-

Lage sind, ihren Haushalt und die Aktivitäten des täglichen Lebens selbstständig aufrechtzuerhalten. Während meiner Feldforschung im Altenpflegeheim hatte ich die Gelegenheit, im Rahmen sogenannter »Erstbesuche« diejenigen zu sprechen, die gerade einen Heimplatz zugewiesen bekommen hatten und kurz vor dem Einzug ins Heim standen. Diese Menschen mussten sich im Prinzip alle mit ähnlichen Problemen auseinandersetzen. Zum einen waren es Schwierigkeiten, den eigenen Haushalt vollkommen selbstständig zu besorgen, zum anderen Probleme beim selbstständigen Aufstehen, Gehen und Stehen (ganz besonders häufig wurde das Treppensteigen genannt), die Schwierigkeit, der Körperpflege nachzukommen (viele waren schon einmal im Badezimmer ausgerutscht) und Probleme mit sozialer Isolation und Vereinsamung. Entsprechend ihrer körperlichen und geistigen Verfassung waren die Menschen, die zu Hause nicht länger zurechtkamen, erleichtert, dass sie nun in ein Heim ziehen konnten. Die Eheleute Jung zum Beispiel, die eine Zwei-Zimmer-Wohnung eines Altenpflegeheims in der Innenstadt Berlins bewohnen, schildern den Entschluss zum Einzug in das Heim wie folgt:

> »Meine Frau bekam vor zwei, drei Jahren epileptische Anfälle. Keiner weiß woher, sie hatte früher nie was damit zu tun. Auf einmal waren sie da. Alterserscheinungen oder sonst was. So, und jetzt blieb nichts weiter übrig.« (I-Jung: 3)

Die beiden über 90-jährigen und seit mehr als 60 Jahren verheirateten Eheleute kamen so lange alleine zurecht, bis die Krankheit Frau Jungs beide zur Einsicht zwang, fremde Hilfe für die Verrichtungen des alltäglichen Lebens in Anspruch nehmen zu müssen. Ähnlich schildert Frau Ruß vier Wochen nach ihrem Einzug ihre Situation: Aufgrund ihrer Augenkrankheit konnte sie immer schlechter sehen, was dazu führte, dass jeder Gang vor die Tür sie vor neue Herausforderungen stellte. Aber auch die Gestaltung ihres Lebens in der Wohnung wurde immer beschwerlicher.

> »Ich will Ihnen mal ein Beispiel geben: Ich hab' immer noch abgewaschen. Was nicht in die Spülmaschine kommt, hab' ich ja abgewaschen. Und: Naja, manche Tasse hab' ich eben sauber gemacht, in der Annahme sie ist sauber. Nun war aber unten, dadurch, dass da Kaffee stehen blieb, ein Kaffeerand, also braun innen. Das hab' ich nicht gesehen. Und da hab' ich gedacht, es ist sauber, aber es war nicht sauber. Und wenn Sie sowas gezeigt kriegen, dann tut das weh.« (I-Ruß: 5)

niert und soll an dieser Stelle nicht weiter ausgeführt werden. (Vgl. SGB XI §§ 14, 15) Hier ist nur relevant, dass allen Bewohnern eines Pflegeheims gemein ist, dass sie vom MDK einen Pflegebedarf festgestellt bekommen haben.

Der Entschluss zum Heimeinzug war für Frau Ruß eine Entscheidung für eine sichere Umgebung, für eine saubere Wohnung und eine gute Versorgung. An diesem Beispiel wird aber auch deutlich, dass es sich bei der Entscheidung für das Heim um eine rationale Wahl für das kleinere Übel handelte. Frau Ruß war stolz darauf gewesen, dass sie ihren Haushalt selbstständig aufrechterhalten konnte. Als sie jedoch darauf hingewiesen wurde, dass ihr Geschirr nicht sauber war, sah sie sich mit der Tatsache konfrontiert, nicht mehr in allen Bereichen des alltäglichen Lebens – nach ihren eigenen Maßstäben – kompetent agieren zu können. Ihr Selbstbild der zuverlässigen Hausfrau war somit grundlegend in Frage gestellt. Vor diesem Hintergrund ist es nicht verwunderlich, dass die Entscheidung, in das Heim zu ziehen, für Frau Ruß schmerzlich war und ihr »weh« tat. Bei Frau Sammer, die in demselben Heim wohnt wie Frau Ruß, waren es hingegen die »schweren Beine« und der immer schwerfälliger werdende Gang, der ihr ein selbständiges, unbekümmertes Leben in und außerhalb der Wohnung unmöglich machte. Zwar ermöglichte ihr der Gehwagen in ihrer engen Wohnung Mobilität, die aber endete spätestens im Treppenhaus:

> »Ich hab' vier Treppen [hoch] gewohnt. Jetzt stellen sie sich vor: Ich konnt' die Treppen nicht mehr runter. Der Arzt hat schon immer [an]gerufen: ›Frau Sammer, bleiben sie oben. Gehen sie bitte, bitte nicht runter.‹« (I-Sammer: 1)

Die Angst vor Stürzen war es schließlich, die dazu führte, dass Frau Sammer ihren Alltag meist in einem Sessel verbrachte und »nichts« tat. Neben dieser körperlichen Seite erhält bei ihr – wie auch bei vielen anderen der Befragten – die Überwindung einer schleichenden Vereinsamung eine große Bedeutung. Denn die zunehmende Verkleinerung ihres Aktionsradius auf die Wohnung hat meist einen Rückzug aus dem sozialen und gesellschaftlichen Leben mit Freunden und Bekannten zur Folge.[6] Es ergibt sich vorerst also ein wenig erstaunliches Bild: Die Motivation für den Einzug in ein Heim besteht in erster Linie darin, versorgt und gepflegt zu werden. Selbstbestimmung und Autonomie – oder deren Erhaltung – werden hingegen nicht genannt. Von der Vielzahl an Gründen, die ältere Menschen zu der Entscheidung bewegen, in ein Heim zu gehen, sind die Sicherstellung der eigenen Versorgung, die Verhinderung von Vereinsamung und die saubere und gepflegte Umgebung von größter Bedeutung. So sehr dies auf der Hand liegt, es muss betont werden, dass in der Selbstdarstellung der Pflegeheime das Motiv der Selbstbestimmung an erster Stelle kommt – erst dann kommt die Pflege.

---

6 Vergleiche hierzu die Arbeit von Josefine Raasch in diesem Band.

Individualität

Die Suche nach dem Individuum im Heim schien mir zu Beginn meiner Forschung nicht leicht, denn Standardisierung und Fremdbestimmung sind allgegenwärtig: Alle BewohnerInnen leben in Zimmern mit gleichem oder zumindest ähnlichem Grundriss, sie verfügen über das gleiche Bett und bekommen das gleiche Essen serviert. In den Dokumentationsblättern, die das Pflegepersonal ausfüllt, werden stets die gleichen Fragen gestellt. Individualität zeigt sich zunächst höchstens in den unterschiedlichen Krankheiten, der unterschiedlichen Kombination angekreuzter Felder in der Pflegeprozessplanung und der unterschiedlichen Palette von Medikamenten. Diese Aspekte einer durchrationalisierten Pflege im Heim lässt – wie oben gezeigt wurde – viele Beobachter vermuten, dass das Individuum zusammen mit dessen Selbstbestimmung verloren gehen. In der Tat fällt es leicht, auch das Verhalten der BewohnerInnen als standardisiert und fremdbestimmt zu sehen. Immerhin wird der Tagesablauf eines jeden nach den vom Pflegeheim vorgegebenen Eckdaten geplant: Frühstück, Mittagessen und Abendbrot, meistens auch noch Kaffee und Kuchen sowie Mittagsschlaf, finden immer zu den selben, vom Heim vorgegebenen Zeiten statt. Und auch die anderen regelmäßigen Termine, heimspezifische Veranstaltungen wie Ergotherapie, Bingo oder Gymnastik, strukturieren den zeitlichen und örtlichen Tagesablauf im Heim. Wie sehr persönliche Vorlieben mit diesen Strukturen kollidieren können, zeigt sich bei Herrn Hoffe, der jeden Samstagabend das Heim verlässt, um in die nahe gelegene Kirche zu gehen. Auf den danach stattfindenden Pfarrabend seiner Gemeinde verzichtet er jedoch, weil er befürchtet, sonst im Heim kein Abendessen zu bekommen.

> »Nach der Kirche trifft man ja noch mehr [Bekannte]. Aber ich seh' immer zu, dass ich schnell herkomme, weil ich muss um sechs ja immer hier sein zum Essen. Die Kirche fängt um fünf an und ziemlich bis sechs geht's immer. Da muss ich immer sehen, dass ich wieder los gehe, damit ich wieder hier bin.« (I-Hoffe: 7)

Die persönlichen Gewohnheiten und Vorlieben scheinen hier in einem deutlichen Kontrast zu den Strukturen des Heimes zu stehen, die einen längeren Aufenthalt bei seinen Bekannten verhindern. Tatsächlich wäre es Herrn Hoffe aber durchaus möglich, länger zu bleiben, die Abläufe im Heim würden nicht gestört, wenn er nicht zum Essen ins Heim käme, sondern in der Pfarrgemeinde essen würde. Ebenso wenig würde es nach Aussage des Pflegepersonals etwas ausmachen, das Essen für ihn aufzubewahren. In Herrn Hoffes Begründung wird damit ein anderer Aspekt sichtbar: Die vom Heim vorgegebene Taktung des Tages wird von den BewohnerInnen gerne angenommen, sie ist sogar willkommen, weil sie ihren Alltag strukturiert. Dies kann an einem weiteren Beispiel verdeutlicht werden.

So nahm ich an, dass die BewohnerInnen des Heimes dankbar für jede Abwechslung seien und die Chance gerne annehmen würden, sich Lebensbereiche außerhalb des von Fremdbestimmung gekennzeichneten Pflegealltags zu bewahren. In diesem Sinne verstand ich auch den Hauptzweck der in den Altenpflegeheimen häufig veranstalteten Feste. Auf diesen Veranstaltungen konnte ich jedoch beobachten, dass die BewohnerInnen zu der Zeit, zu der sie es gewohnt waren, zu Bett gebracht zu werden, das Fest verließen und in ihre Zimmer gingen. Warum verlassen sie pünktlich um 19 Uhr ein Fest? Warum nutzen sie nicht die Gelegenheit zum Feiern, warum unterhalten sie sich nicht länger als gewöhnlich und genießen die Atmosphäre? Der Grund ist nicht, dass es ihnen auf dem Fest nicht gefallen hat, sie haben es ganz offensichtlich genossen: Sie haben mitgesungen zur Musik ihrer Generation, haben geschunkelt und gelacht – aber nur bis 19 Uhr, ab dann regierte wieder der gewöhnliche Zeittakt des Heimes. Trotzdem wäre der Schluss, dass es im Pflegeheim generell keine Individualität gibt, vorschnell. Individualität zeigt sich durchaus – jedoch erst auf den zweiten Blick. Sie steckt unter der Oberfläche, öfter hinter den Zimmertüren und ist somit vor dem Beobachter weitgehend verborgen. Denn von den BewohnerInnen werden persönliche Lebenserfahrungen und Vorlieben mit ins Heim genommen, auch wenn sie sich eher am Rande zeigen. Ein Beispiel dafür ist Frau Weber, die alles tut, um ihr Zimmer mit Blumen zu schmücken. An den Wänden hängen Blumengemälde von Freunden, Bekannten und Familienangehörigen, der Jahreskalender präsentiert Blumen aller Art und in zahlreichen Vasen stehen Blumensträuße. Dass sie all die Blumen nicht gekauft hat, gesteht sie im Interview leise, aber bestimmt. Früh morgens, so erzählt sie, stehe sie auf, gehe in den vom Heimgärtner fein gepflegten Hinterhofgarten und schneide sich – mit nur wenig schlechtem Gewissen – *ihre* Blumen.

> »Naja, also wenn das jeder machen würde, dann würde das [der Hinterhof] ja nicht so schön aussehen. Aber die Menschen verstehen ja nicht, Blumen zu pflücken aus dem Garten und in die Vase zu stellen. Und ich hatte 'nen Garten gehabt und ich musste Blumen haben und musste sie in die Vase stellen, nicht, 'ne Stube ohne Blumen, nee.« (I-Weber: 14)

Ihre frühmorgendlichen »illegalen« Aktivitäten legitimiert Frau Weber mit dem angeblich fehlenden Interesse ihrer Mitbewohner. Die eigenen Vorlieben werden somit zwar mit in das Heim hineingenommen, sie erhalten zugleich aber auch eine Modifizierung. Sie werden den neuen äußeren Gegebenheiten angepasst: Die Blumen werden nicht nur der Heimanlage entwendet, damit verbunden ist auch eine Abgrenzung gegenüber den anderen Heimbewohnern. Anders verhält es sich bei den Eheleuten Jung, die keine explizite Abgrenzung gegenüber ihren Nachbarn brauchen. Denn sie gehen ihren individuellen Vorlieben innerhalb ihres Appartements nach:

> »Wir [sind] beide sehr große Balladen-Fans, meine Frau und ich. Wir kennen viele Balladen auswendig. [...] Damit halten wir uns auch rundherum fidel, weil wir Balladen lieben und weil wir zwei Balladenbücher lesen auch noch.« (I-Jung: 14)

Bei der Pflege ihres Hobbys sind die Eheleute Jung unabhängig vom Takt des Heimlebens. Die Balladen können sie sich immer vorlesen, wenn sie Zeit und Lust dazu haben. Zugleich wird anhand dieser Aussage auch deutlich, dass das Auswendiglernen der Balladen im Alter eine ganz neue Bedeutung bekommen hat, sie dienen nicht nur der alltäglichen Freude, sondern halten »auch rundherum fidel«. Diese neue Funktion der Balladen – nämlich als Gedächtnistraining zu fungieren – wird in ähnlicher Weise von vielen alten Menschen genutzt, um sich noch geistig fit zu halten.[7] Ähnlich begann Frau Ruß drei Wochen nach dem Einzug in das Heim wieder Englisch zu lernen, womit sie Zeitvertreib und gesundheitlichen Nutzen zu verbinden trachtet.

> »Aber manchmal lerne ich noch Englisch [zeigt auf die Bücher ›English for you‹]. Da blättere ich denn manchmal noch drin' rum und möbel das wieder auf, damit ich am Ende auch ein bisschen was noch kann. Viel kann ich auch nicht, aber so'n bisschen. I am ill [lacht] – I must stay in my bed for three days. When the three days are over, I can go up, says the nurse. Sehen Sie, so ein bisschen kann ich noch. Nicht mehr viel, aber immerhin. Ja, Französisch hab' ich mehr vergessen.« (I-Ruß: 7)

Dem Kampf gegen das Vergessen dient für Frau Ruß das »Aufmöbeln« des Englischen: Alte Fähigkeiten erhalten neue Bedeutung. Dabei weiß sie natürlich nur zu gut, dass sie die englische Sprache für die Kommunikation in einem deutschen Pflegeheim nicht brauchten wird.

Autonomie

Bislang ergibt sich also ein widersprüchliches Bild. Auf der einen Seite gibt es persönliche Vorlieben und individuelle Verhaltensweisen, auf der anderen gibt es die nahezu totale Anpassung an die zeitlichen und räumlichen Vorgaben des Heimes sowie die Akzeptanz des Angewiesenseins auf Hilfe. Auffällig ist aber, dass die befragten Bewohner mir gegenüber nie erzählt haben, woraus die vom Pflegepersonal bereitgestellte Hilfeleistung besteht. Dass nicht erläutert wird, wie die konkrete Hilfestellung beim Toilettengang und bei der Körperpflege aussieht, mag noch

---

[7] Vergleiche hierzu die Arbeit von Sophia Siebert in diesem Band.

einigermaßen einleuchten, handelt es sich hierbei um eine klare Überschreitung der Grenze zur Intimsphäre, um einen Bereich, den man fremden Menschen nicht einfach offenbart. Dass sie aber genauso wenig darüber berichten, wie ihnen aus dem Bett geholfen wird, wie sie zum Essenstisch begleitet und wie die Nahrung mundgerecht zubereitet wird etc., dies erschien mir zunächst erstaunlich. Über die Leistungen des Pflegepersonals wird meist nur indirekt, mittelbar am Beispiel ihrer *Krankheiten* oder der spezifischen *Gebrechen* erzählt. So wird beispielsweise über die Gehbehinderung und die Schwierigkeit beim Aufstehen berichtet, aber nicht über die Hilfe der Pflegekräfte beim Aufstehen; es wird über die Schluckbeschwerden und Mundkrankheiten berichtet, nicht über die mundgerechte Zubereitung der Nahrung; es wird über mangelnde Feinmotorik und mangelnde Kraft geredet, aber nicht erwähnt, dass das Pflegepersonal die Maniküre und Pediküre übernimmt, im Zweifel das Essen und Trinken reicht, die Haare kämmt, die Uhr um den Arm legt etc. Die fremde Hilfe, auf die die Bewohner eines Heimes angewiesen sind, wurde in den Gesprächen mit mir verschleiert. Dieser Art der Darstellung aus Sicht der Bewohner entspricht die sehr diskret vom Pflegepersonal angebotene Hilfe. Beides dient – so meine These – vor allem dazu, das (Selbst-)Bild des autonomen Selbst zu erhalten. Ein (Selbst-)Bild, das auch erzeugt wird durch die sich oft wiederholenden Schilderungen der Anstrengungen der Bewohner, noch möglichst vieles selbstständig auszuführen. Obwohl es mühselig ist und entsprechend lange dauert, macht sich etwa die motorisch stark eingeschränkte und fast vollständig erblindete Frau Ruß tagtäglich daran, ihr Bett selbst zu machen: »Ich kann mein Bett noch machen. Naja, das dauert alles lange, aber ich kann es noch, wa?« (I-Ruß: 5) Frau Weber erlitt vor einem Jahr einen Herzinfarkt und hat einen hohen Blutdruck. Gerade hat sie eine größere Krebsoperation überstanden. Im Gespräch mit mir erzählt sie jedoch nicht von der täglichen Pflege, die sie erhält, sondern schildert stolz die Bereiche, in denen sie noch selbstständig handeln kann:

> »Ich mach' auch meine Wäsche selbst. [...] Ich geh' in den Keller und leg' sie in die Maschine, hole sie raus, bringe sie rauf, häng' sie auf und bügel sie hinterher. Ja, das mach' ich noch. [...] Ja, also ich versorge mich fix und fertig. [...] Ja – so muss man sich helfen.« (I-Weber: 8)

Wieso »man« sich so helfen »muss«, erklärt sie nicht – dies scheint sich von selbst zu verstehen: Autonomie *muss* aufrechterhalten werden. Auch Frau Busse, die ebenfalls einen Herzinfarkt hinter sich hat, unter Blutdruckbeschwerden leidet und nicht mehr gehen kann, weshalb sie ihr Leben im Rollstuhl bestreiten muss, erzählt nicht von der Hilfe durch das Personal. Sie berichtet lieber davon, dass sie sich das Mineralwasser nicht an den Tisch bringen lasse, sondern es immer selbst hole:

> »Und ich geb' mir Mühe, dass ich vieles alleine machen kann. [...] Ich fahr' zum Beispiel auch ein paar mal im Raum hin und her, nur um die Zeitung zu holen, oder Selter. [...] Dann hole ich mir meine Selter, stecke sie hier vorne in die [zeigt zwischen ihre Knie, wo sie die Flasche einklemmt] und dann hole ich immer die Selter. Auch für die Frau am Tisch daneben hol' ich die Selter.« (I-Busse: 5)

Auch hieran wird ersichtlich, dass die Bewohner ihre Autonomie nicht nur betonen, sondern sie regelrecht verteidigen und gegen zunehmende körperliche Einschränkungen täglich erkämpfen. Fremde Hilfe in einem Bereich, der noch selbst bewältigt werden kann, würde als Niederlage oder zumindest als eine unverzeihliche Bequemlichkeit empfunden werden, die die Gestaltung der eigenen Lebenswelt hintertriebe. Diese Kompetenz, Autonomie innerhalb des Pflegeheimes aufrecht zu erhalten oder zu erkämpfen erscheint dabei als Praxis, die die Bewohner im Laufe des Lebens im Heim erst erlernen müssen. Dies zeigt sich etwa in den von mir immer wieder beobachteten Schwierigkeiten, die gerade eingezogene Bewohner in der Eingewöhnungsphase hatten. Die erste Zeit im Heim wird von vielen Bewohnern als sehr problematisch erlebt. Nicht nur, weil die Gewöhnung an eine neue Umgebung im hohen Alter, an neue Rhythmen, Gerüche und Geräusche, neue Nachbarn und das Pflegepersonal schwierig ist, sondern auch, weil die Gewöhnung an ein neues Verhältnis von Selbstbestimmung und Fremdbestimmung schwer fällt. Frau Sammer, die zum Zeitpunkt des Interviews erst zwei Wochen im Heim wohnt, hat etwa vor allem die Hoffnung, dass sie bald wieder gesund und »entlassen« wird. Sie vergleicht das Heim explizit mit einem Gefängnis, jener Institution, die seit Goffmans Analysen als Sinnbild der *totalen Institution* auch für den Diskurs um Pflegeheime eine zentrale Rolle spielt:

> »Manchmal denk' ich aber trotzdem: Vielleicht klappt das noch, dass man da mal wieder rauskommt. Rauskommt aus dem Gefängnis (lacht). Na so ungefähr. Es wird ja alles vorgeschrieben. Ich kann mich nicht beklagen, aber für mich ist es wie ein Gefängnis.« (I-Sammer: 2)

Auffällig erscheint hier die Ambivalenz in Frau Sammers Erzählung. Kaum bringt sie das Stichwort »Gefängnis«, relativiert sie dieses, indem sie kurz auflacht. Sie ist keine Rebellin, wenn sie dieses Wort benutzt. Sie verweist explizit darauf, dass sie sich nicht beklagen will. Diese Ambivalenz zeigt, dass ihr Umgang mit der Ethik des *regimes of the self* von ihr in eine prekäre Balance gebracht wird. Da sie ihren neuen Alltag als fremdbestimmt empfindet, verweist sie auf das Gefängnis. Auf mein späteres Nachfragen, wieso sie ausgerechnet dieses Stichwort benutze, um ihren Eindruck des Lebens im Heim zu beschreiben, antwortet sie:

»Man fühlt sich draußen freier. Man ist hier sicher gut aufgehoben. Aber man fühlt sich draußen eben freier. Man hat eben mehr ein selbstständiges Handeln – draußen.« (I-Sammer: 2).

Erneut betont Frau Sammer, dass sie sich nicht über die Einrichtung als solche beklagen wolle, dennoch erfährt sie ihre Situation als bedeutenden Autonomieverlust. Dass Frau Sammer so empfindet, führe ich darauf zurück, dass sie an die neue Umgebung noch nicht gewöhnt ist und sie entsprechend noch keine Praxis entwickelt hat, die ihr ein Leben in Selbstbestimmung auch im Pflegeheim ermöglicht.

Selbstverwirklichung

Frau Sammer unterscheidet in ihrer oben zitierten Aussage zwischen dem Leben »draußen« und »drinnen«. Die länger im Heim wohnenden und deshalb im Umgang mit seinen Strukturen routinierter umgehenden Bewohner greifen dagegen auf andere Unterscheidungen zurück, um sich und ihren Alltag im Heim zu beschreiben. Es ist keine Kontrastierung von *draußen* und *drinnen*, im Sinne von *Freiheit* und *Gefängnis*, sondern eine von *früher* und *jetzt*, eine Differenz von *Leben* und *Leben im Heim*. Dies bedeutet insofern einen Unterschied zu der draußen/drinnen-Dichotomie, als das Stichwort vom *Leben im Heim* nicht nur die Situation weniger drastisch charakterisiert, sondern – und dies ist hier wichtiger – eine Biografisierung der derzeitigen Lebensumstände vorgenommen wird. Selbstverwirklichung, so habe ich es aus den Gesprächen herausgehört, sei keine Sache des *Lebens im Heim*, sondern eine des *Lebens*, und damit eine Sache der Vergangenheit. In den Erinnerungen an früher, den Erinnerungen an das Eheleben und die Familie, die Heimat, den ausgeübten Beruf, die Vorlieben etc. finden sich Hinweise auf Selbstverwirklichung, nicht in der Schilderung der Gegenwart und ebenfalls nicht in der Zeit, die noch vor meinen Gesprächspartnern liegt. Dies bedeutet jedoch noch lange nicht, dass der Dimension der Selbstverwirklichung deshalb, auch wenn sie nur im »Perfekt« thematisiert wird, eine weniger große Bedeutung beigemessen wird. Von Erinnerungen an schöne Erlebnisse kann noch heute profitiert werden. Frau Ruß zum Beispiel erzählt von ihren Reisen und beschreibt, welche Bedeutung diese für sie haben:

»Ja, und da habe ich eben zwei schöne Reisen gehabt im Leben. Davon zehre ich jetzt noch. Da habe ich Bilder, und die guck' ich mir dann öfter mal an. Und da hab' ich Freude, wenn ich daran denke, weil ich mit der Freundin auf dem Schiff war.« (I-Ruß: 6)

Die Bilder von dieser Reise, die Erinnerungen an *damals* also, erfüllen das Selbst, stiften Freude und wirken insofern auch in der Gegenwart noch positiv. Das Selbst ist wirklich in der Vergangenheit. Ebenso verhält es sich bei den Eheleuten Jung. In dem Interview berichten sie ausführlich und begeistert von Erkundungen in fast allen Gebieten des Globus:

> »Wir waren in allen Erdteilen außer Australien. Wir waren in Hongkong, Malaysia, in Thailand. Wir waren in Amerika, in Mexiko, in New York, in Kalifornien, wir waren in San Francisco und last not least, wir waren noch in Afrika. Also abgesehen von Ägypten und Israel waren wir – also sonst waren wir aber auch in Kenia. Da haben wir auch so 'ne Safari gemacht, Fotosafari, das hat uns alles ausgezeichnet gefallen und ist uns sehr gut bekommen. Und heute leben wir in der Erinnerung von dem Erlebten, ja. Diskutieren wir viel. Bilder können wir uns nicht mehr ansehen, meine Frau hat's mit den Augen so'n bisschen zu tun.« (I-Jung: 3)

Die Aufzählung der bereisten Orte gleicht einer persönlichen Trophäensammlung. Die positive Bedeutung dieser Erinnerungen im Leben der Beiden ist offensichtlich, aber über die Reisen wird in Form einer abgeschlossenen Geschichte geredet. Das jetzt stattfindende *Leben im Heim* stellt eine Art Nachwort, eine Art Zusatz dar, etwas, was *nach* dem eigentlichen Leben passiert. Es ist nicht das *Leben*, sondern das *Leben im Heim*. Auch Frau Ruß spricht über ihr Leben in der Vergangenheitsform:

> »Ich fand' mein Leben schon schön. Ich hatte einen netten Mann [...]. Was will ich denn noch mehr. Ich hatte zwei Kinder, die waren geistig rege. Meine Tochter – wie gesagt auch 'ne Ärztin – hat ihren Doktor gemacht. Die war intelligent und was will ich denn noch mehr, wenn ich Kinder habe, die gesund sind und geistig rege.« (I-Ruß: 5)

Dass Frau Ruß ihr Leben in der Vergangenheitsform schildert, ist nicht auf eine Ungenauigkeit in der Sprache zurückzuführen. Vielmehr erzählt sie über sich selbst und ihr Leben aus einer großen Distanz. Sie selbst verortet sich nicht mehr in der Zeit, in der gelebt wird. Eine ähnliche Erzählform benutzen auch viele andere von mir interviewte Personen. So scheint etwa Herr Jung völlig zu verkennen, dass er und seine Frau noch am Leben sind, wenn er feststellt:

> »So haben wir also bis zur letzten Sekunde das Leben ausgekostet und es hat uns nichts Leid getan. Wir haben dem Leben nichts geschenkt. Wir haben überall zugegriffen, wo zuzugreifen war.« (I-Jung: 17)

Herr Jung unterscheidet, indem er mit den Zeitebenen spielt, ebenso wie Frau Ruß zwischen dem *Leben* und dem *Leben im Heim*. Er eröffnet damit zwei Welten, für die unterschiedliche Regeln gelten. Aufgrund dieser Regeln ist es kein Widerspruch, dass er ein selbstverwirklichtes Leben führen kann, eben weil er noch Erinnerungen an seine Reise hat, diese Erinnerungen noch heute positiv deuten kann und sie noch in sein *Leben im Heim* integrieren kann. Zwei Motive tauchen in meinen Interviews also auf: erstens ein Erlebnis oder ein wichtiger Bestandteil aus dem *Leben*, zweitens irgendeine Art der Fortführung dieses Erlebnisses oder Bestandteils im *Leben im Heim*. Was passiert, wenn die wichtigsten Bestandteile des *Lebens* im *Leben im Heim* nicht fortgeführt werden können, kann an Herrn Hoffe beobachtet werden. Seine Frau ist gestorben, seine Tochter ebenso. Bei seinem Umzug ins Heim, einer relativ überstürzten Aktion, landete durch ein Missverständnis der falsche Teil seiner Einrichtung auf den Müllbergen der Berliner Stadtreinigung – unter anderem seine Nähmaschine, die für Herrn Hoffe, der sein Leben lang als Schneider tätig war, besonders wichtig war. Sein Leben macht für ihn jetzt kaum noch einen Sinn.

> »Naja. Aber so alt möcht' ich gar nicht werden. Ich möchte lieber einschlafen nachts [...]. Die Nerven wollen dann auch nicht mehr. Und was dann alles so kommt [...]. Meine Frau, meine Tochter. Keinen Mensch hat man. Das waren alles schwere Schläge, die ich hatte.« (I-Hoffe: 8)

Herr Hoffe sagt, dass »man's satt hat« (Ebd.) und bringt damit zum Ausdruck, dass sein lebenswertes Leben an Dinge geknüpft ist, die er verloren hat. Herr Hoffe kann sein *Leben* nicht in das *Leben im Heim* integrieren.

Das gepflegte Selbst

Die wesentliche Frage dieses Aufsatzes ist, welchen Einfluss die Werte der Individualität und der Freiheit im Altenpflegeheim haben. Im Folgenden werde ich die Akteursebene wieder verlassen und das zur Beantwortung dieser Frage erhobene Material in theoretische Bezüge integrieren. Da die bislang diskutierte Problematik sowohl gesellschaftlich entwickelten Normen und Werten im Sinne einer Moral als auch die Praktiken von Subjekten umfasst, scheint mir das von Michel Foucault entwickelte Konzept der Selbstpraktik als besonders hilfreich.[8] Foucault arbeitet aus historischer Perspektive jene (Wissens-)Ordnungen heraus, die darauf abzielten, die Wahnsinnigen, die Kranken, die Straffälligen, die Schüler etc. gleich

---

8 Foucaults Modell der Selbstpraktik wird auch im Beitrag Imke Wangerins behandelt.

zu machen und zu normalisieren. Seine Aufmerksamkeit gilt den Machtpraktiken und »Vorschreibeapparaten«. (Foucault 1989: 36) Als solche charakterisiert er nicht nur Institutionen wie die Psychiatrie, das Krankenhaus, das Gefängnis und die Schule, sondern auch gesellschaftliche Moralvorstellungen. In seinen späteren Publikationen greift Foucault insbesondere letztere »Vorschreibeapparate« auf und entwickelt ein Modell von *Moral und Selbstpraktik* (Ebd.: 36ff); ein Modell, welches die Möglichkeiten des Subjekts, aus seinem Leben etwas Schönes zu machen, herauszuarbeiten versucht. Im Sinne seines Machtbegriffs betrachtet Foucault die Moral nicht nur als eine Unterwerfungspraxis. Sein Konzept von Macht in modernen Gesellschaften geht davon aus, dass diese verstreut und allgegenwärtig ist und Subjekte nicht nur diszipliniert, sondern zugleich eine hervorbringende Qualität besitzt.

> »Unter Moral versteht man [...] auch das wirkliche Verhalten der Individuen in seinem Verhältnis zu den Regeln und Werten, die ihnen vorgesetzt sind: man bezeichnet so die Art und Weise, in der sie sich mehr oder weniger vollständig einem Verhaltensgrundsatz unterwerfen, einem Verbot oder einer Vorschrift gehorchen oder widerstehen, ein Werteensemble achten oder vernachlässigen.« (Ebd.: 36)

Foucault geht somit davon aus, dass Subjekte sich in Übereinstimmung oder Abgrenzung zu den vorgeschriebenen Regeln konstituieren und sich damit das Spektrum möglicher Selbstentwürfe erweitert. Sein Modell von »Moral und Selbstpraktik« umfasst drei Ebenen. *Moralcodes* sind die dem Individuum durch diverse »Vorschreibeapparate« vermittelten Werte und Handlungsregeln, die vorgeben, wie ein Individuum leben soll. Mit der zweiten Ebene des *Moralverhaltens* ist der Handlungsspielraum des Individuums angesprochen, das sich dem Moralcode entweder widersetzen oder sich ihm unterwerfen kann. Die dritte Ebene schließlich bezeichnet die *Selbstpraktik*. Diese beschreibt »die Art und Weise, wie man sich führen und halten, wie man sich selber konstituieren soll als Moralsubjekt, das in Bezug auf die den Code konstituierenden Vorschriften handelt.« (Ebd.: 42) Überträgt man diese drei Ebenen des Foucaultschen Modells auf das Pflegeheim, ergibt sich folgendes Bild: Als *Moralcode* kann als wesentlicher Bestandteil des *regime of the self* das Postulat angesehen werden, als Individuum zu leben, das autonom und in Einklang mit seiner Identität sowie in Selbstverwirklichung lebt. Das *Moralverhalten* zeichnet sich durch die Annahme oder Verweigerung dieses Postulates aus. Entweder man teilt den positiven Wert des autonomen Individuums, oder man setzt sich darüber hinweg. Die dritte Ebene, die der Selbstpraktik, bedeutet, dass bei Akzeptanz des Moralcodes immer noch verschiedene Arten und Weisen entwickelt werden können, wie dieser Moralcode gelebt werden kann. Das heißt, es gibt nicht nur eine Art und Weise, sich individuell zu konstituieren, sondern mehrere. Anhand des im Altenpflegeheim erhobenen Materials lässt sich schließen, dass der Moralcode implizit wirksam wird. Das, was Anthony Giddens die Arbeit an einer kontinuitätssichernden und stabilen »Selbst-Identität« (Beck/Giddens 1996: 17) nennt, wird realisiert, indem die Bewohner des Heimes ihre Aktivitäten beibehalten, ihnen aber eine neue Bedeutung beimessen. Gewöhnliche Aktivitäten, die schon lange vorher gepflegt wurden, etwa das Balladen Lesen, Blumen Pflücken oder Englisch Lernen, werden mit neuer Bedeutung aufgeladen und erhalten in der Alltagspraxis des Lebens im Heim eine neue Bedeutsamkeit, die aus der biografischen Kontinuität heraus geschaffen wird. Ebenso verhält es sich mit der empfundenen Verantwortlichkeit der Person gegenüber dem eigenen Verhalten. Das Bedürfnis nach Autonomie wird selbst von pflegebedürftigen Menschen nicht aufgegeben, sondern immer noch verteidigt. Trotz diverser körperlicher Beschwerden ist es den Bewohnern wichtig, einige Dinge noch selbst auszuführen: Das Bett selber zu machen, die Wäsche zu waschen, die Selters-Flasche zu besorgen – das alles steht für die Verantwortung der Person gegenüber sich selbst. Die Betreffenden verhalten sich so, als *müssten* sie dies tun. Das Moralverhalten zeichnet sich also durch Bejahung des Moralcodes *Individualität* aus.

Bei der Analyse der Selbstpraktiken jedoch zeigt sich, dass die Bewohner der von mir untersuchten Pflegeheime einen besonderen Umgang mit den Werten der Individualität und Autonomie entwickeln. Auf den Vorschreibeapparat »Lebe individuell« des *regime of the self* wird spezifisch geantwortet. Diese spezifische Antwort ergibt sich aus dem besonderen Problem: In dem Moment, in dem eine Person pflegebedürftig, im täglichen Leben abhängig von fremder Hilfe wird, erscheint die stationäre Versorgung als die den Umständen entsprechend beste Lösung. Dies bedeutet ein Leben in gewissen Standards und Routinen (z. B. hinsichtlich Wohnraum, Essenszeiten, Behandlung durch das Pflegepersonal etc.). Eine Lösung dieses Problems muss also eine Form der Selbstpraktik sein, die eine individuelle Lebensführung bei Fremdbestimmung und Standardisierung bzw. Routinisierung ermöglicht. Routine und Standard des Heims werden daher ein Teil der individuellen Lebensführung, der gerne angenommen wird. Die Fremdbestimmung wird jedoch tendenziell durch die Präsentation dessen, was noch alles selbst erledigt werden kann, verschleiert. Beide Strategien – die Aufwertung von Routine und die Verschleierung von Fremdbestimmung – sind wichtig für das Selbstverständnis der Bewohner. Diese befinden sich in einer ganz speziellen Phase ihrer Biografie: im Leben *nach* dem Leben. Mit diesem Verständnis des Lebensabschnittes, ebenso eine Selbstpraktik, befreien sich die Bewohner aus der Dichotomie Gefängnis/Freiheit und schaffen sich ihren Spielraum für die Führung eines würdevollen Lebens als alter, pflegebedürftiger Mensch (im *regime of the self*).

Schluss

Nach dem Mittagsschlaf füllt sich der Tagesraum des Wohnbereichs 2 wieder mit alten Menschen. Wie jeden Tag gibt es jetzt, ab 14:30 Uhr, Kaffee und Kuchen. Einige gehen in mühsamen und schweren Schritten an ihre Plätze, noch bevor die Rollstuhlfahrer vom Pflegepersonal an ihren Tisch geschoben werden. Und auch in den Wohnbereichen 3 bis 6, auf den vier darüber liegenden Etagen, sieht es nicht anders aus. Gemeinsam wartet das ganze Haus darauf, dass das Nachmittagsgedeck serviert wird. Mit diesem Aufsatz sollte aufgezeigt werden, dass uns modernen Beobachtern die Beschreibung solcher Szenen betroffen macht, weil in ihnen ein moralisches Problem kenntlich wird, das für die Moderne signifikant ist. Es sollte verdeutlicht werden, dass es insbesondere das in westlichen Gesellschaften geltende *regime of the self* ist, welches das Denken in sozial-, kultur- und pflegewissenschaftlicher Forschung sowie in der Gesundheitspolitik beeinflusst und dass die Vorschreibeapparate des *regime of the self* darüber bestimmen, welche Praktiken und politischen Maßnahmen als moralisch akzeptabel angesehen werden. Schließlich wurde untersucht, zu welchen Formen der Lebensführung der Wert der Individualität bei Bewohnern von Pflegeheimen führt. Dabei wurde nachgezeichnet, wie Bewohner den Wert der Individualität und Autonomie für sich gemäß ihrer persönlichen Umstände adaptieren und bearbeiten. Und es konnte herausgearbeitet werden, wie die Bewohner der von mir untersuchten Pflegeheime mit verschiedenen Praktiken, unter anderem der Aufwertung von Routinisierungen, der Erkämpfung von autonom gestaltbaren Räumen und der Unterscheidung von *Leben* und *Leben im Heim* Selbstpraktiken entwickeln, die ihnen in den Strukturen des Pflegeheims ein als individuell und autonom erfahrenes Leben ermöglichen.

Notwendig ist »das richtige Pflegeverständnis«
Pflegeanspruch und -praxis in einem interkulturellen ambulanten Pflegedienst

Mareike Mischke

Während meiner teilnehmenden Beobachtung in dem ambulanten Pflegedienst Müjdeci erläuterte mir Herr Bender[1], der stellvertretende Pflegedienstleiter, was aus seiner Sicht die entscheidende Voraussetzung für eine gute pflegerische Arbeit sei: das »richtige Pflegeverständnis«. Seine Aufgabe sei es, dieses Verständnis den Pflegekräften zu vermitteln und dafür zu sorgen, dass sie es in die Praxis umsetzten. Ein solches Verständnis hänge auch damit zusammen, seinen Beruf gern auszuüben und einen Sinn darin zu sehen, das Gefühl zu haben, kompetent zu sein, gut ausgebildet und fortgebildet zu werden. Geld solle nicht an erster Stelle stehen, das Bedürfnis, anderen Menschen zu helfen, sei wichtiger. (Bender: 2) Erscheint das »Pflegeverständnis« hier als potentielles Problem der Pflegekräfte, so wurde mir in einem Gespräch mit der Pflegedienstleiterin Frau Müjdeci deutlich, dass auch von den KlientInnen die Entwicklung eines richtigen Pflegeverständnisses erwartet wird. So antwortete sie mir auf meine Frage über mögliche Unterschiede zwischen deutschen und türkischen KlientInnen: Deutsche verstünden die Pflege, sie wüssten, welche Leistungen sie vom Pflegedienst erwarten könnten. Türken dagegen verstünden die Pflege nicht, sie wollten, dass man alles mache, von der Fenster- bis zur Teppichreinigung, sie sähen einen als Putzfrau. Der Pflegedienst führe deshalb viele Fortbildungen in Vereinen durch und rede immer wieder mit den KlientInnen. (Müjdeci: 3/4)

Ein Pflegekonzept muss also, soweit stimmen beide Aussagen überein, vermittelt und verstanden werden – von allen Beteiligten einer Pflegebeziehung, sowohl von den KlientInnen als auch von den Pflegekräften. Ein richtiges Pflegeverständnis wird als notwendig für eine erfolgreiche Pflege angesehen: Es impliziert ein Wissen, das über die Pflegetechniken im engeren Sinne offensichtlich hinausgeht.

---

[1] Die Pflegedienstleitung Frau Müjdeci, die stellvertretende Pflegedienstleitung Herr Bender und die Geschäftsführung Herr Müjdeci nenne ich bei ihrem Nachnamen, die übrigen MitarbeiterInnen bei ihrem Vornamen, die Frauen Eda, Meltem, Özlem und Nadme und die Männer Kudret, Acar und Mohammed. Dies entspricht den Anredeformen während des Praktikums. Bei den übrigen Personen, die ich mit Nachnamen nenne, handelt es sich stets um die KlientInnen. Den Pflegedienst nenne ich einfach nach ihren – anonymisierten – Inhabern »Pflegedienst Müjdeci«.

Gemeint ist nicht eine beliebige Vorstellung von Pflege, sondern der von Herrn Bender benutzte Begriff »richtiges Pflegeverständnis« zielt auf die Bestimmung einer spezifischen normativen Einstellung. Als wichtig erscheint also, mit welcher Einstellung Pflegekräfte und KlientInnen sich begegnen, was und wie viel sie voneinander erwarten, und welches Wissen dabei von den Pflegenden in Anschlag gebracht wird. Wenn man sich die beiden vorangestellten Aussagen daraufhin noch einmal ansieht, fällt der Widerspruch zwischen idealer und realer Pflege auf: Herr Bender fordert von den Pflegekräften, dass das Motiv des Helfens für sie im Mittelpunkt stehen solle und Geld keine Rolle spielen dürfe. Dagegen ist in der Aussage von Frau Müjdeci der Vorwurf enthalten, dass die (türkischen) KlientInnen zuviel forderten und sich nicht an die abrechenbaren Leistungen halten wollten. Gegenüber den Pflegekräften werden also die altruistischen Aspekte betont, das Motiv des Helfens. Die KlientInnen dagegen sollen sich in ihren Anforderungen begrenzen, sich mit den abrechenbaren, also bezahlten, Leistungen begnügen, betont wird hier der »Service«-Aspekt der Pflege. Wie passt das zusammen?

In diesem Artikel werde ich der Frage nachgehen, welche Pflegeverständnisse Pflegedienstleitung und Pflegekräfte in ihren Gesprächen mit mir und ihren Geschichten über Pflege formulieren und wann und wie sie diese thematisieren. Des Weiteren möchte ich untersuchen, wie diese Pflegeverständnisse in die Pflegepraxis umgesetzt werden. Welche Pflegeanforderungen und Pflegeverständnisse der KlientInnen werden deutlich; wie wird ausgehandelt, welche Form von Pflege sich durchsetzt? Welche Rolle spielt dabei die Beziehung zwischen Pflegekraft und KlientIn?

Als zentralen Begriff führe ich den des *Pflegeverständnisses* ein und definiere ihn als normatives Verständnis dessen, was Pflege bedeutet, sein oder leisten soll. Ich verwende den Begriff Pflegeverständnis, da er darauf verweist, dass in jeder Pflegepraxis ein Verständnis des eigenen Handelns enthalten ist, nämlich eine Interpretation der eigenen Praxis durch die Akteure. Das Pflegeverständnis ist also ein situationsspezifischer Anspruch an Pflege, das von den Handelnden in ihren Interaktionen entwickelt wird und das durch allgemeine Vorstellungen von guter Pflege bestimmt ist. Wenn ich dagegen von dem wissenschaftlichen Diskurs über Pflege und den dort formulierten Zielsetzungen spreche, verwende ich den Begriff des *Pflegeanspruchs*. Zu diesem Anspruch an Pflege kann zum Beispiel gehören, ›kultursensibel‹ auf die KlientInnen einzugehen. Mit Pflegeanforderungen schließlich verweise ich auf die von den KlientInnen geforderten Leistungen, die selbstverständlich wiederum durch ihr Pflegeverständnis geprägt sind.

Wie schon angedeutet, bestehen verschiedene und teilweise sehr gegensätzliche Ansprüche an Pflege, die sich im Pflegeverständnis der Pflegekräfte niederschlagen. Dabei lassen sich zwei Grundelemente aufzeigen: Einerseits soll die Pflege sowohl qualitativ hochwertig als auch ökonomisch effizient sein. Konkret bedeutet dies, dass sie innerhalb des engen, für die Abrechnung zur Verfügung stehenden

Finanzrahmens bleiben muss. Die Pflegekräfte müssen sich entsprechend dem daraus resultierenden Zeitdruck beugen. Da die meisten nur die Ausbildung zur Pflegehilfskraft absolviert haben, ist auch die Bezahlung noch geringer als bei examinierten Pflegekräften. Andererseits soll die Pflege jedoch den Ideen von Kultursensibilität, der Zentrierung auf das Individuum, der Biografieorientierung und Förderung von Selbstständigkeit genügen, Ziele, wie sie in den modernen Pflegeleitbildern festgeschrieben sind. Diese Anforderungen müssen die Pflegekräfte mit denen der KlientInnen in Einklang bringen.

In ihren Interaktionen mit den KlientInnen müssen die Pflegekräfte daher nicht nur pflegerisch handeln, sondern auch diese widersprüchlichen Anforderungen ihres Berufsbildes und ihrer Berufspraxis miteinander vereinbaren. Insofern kann kaum von einem homogenen, sondern es muss vielmehr von einem sehr differenzierten Pflegeverständnis gesprochen werden, das aus verschiedenen, teils sich widersprechenden und im Konflikt stehenden Elementen zusammengesetzt ist. Je nach Situation werden Aspekte dieses Pflegeverständnisses aktiviert oder neu entwickelt. Dies bietet auch Raum für die eigensinnige Abwehr von Zumutungen – so kann etwa entsprechend dem jeweiligen Kontext von den Pflegekräften auf die zentrale Bedeutung der Menschlichkeit oder aber gegenüber den KlientInnen auf den engen finanziellen Spielraum verwiesen werden. Nicht nur die Pflegedienstleitung bringt also – wie oben beschrieben – Altruismus und Service-Orientierung in einen spannungsvollen Zusammenhang, auch die Pflegenden bewegen sich alltäglich in diesem Gegensatz.

Überforderung

Das zentrale und äußerst vielschichtige Motiv, über das das Thema widersprüchlicher Anforderungen im Pflegedienst verhandelt wird und das auch ich zum zentralen Aspekt dieser Arbeit machen möchte, ist das der Überforderung. Bevor ich dieses Motiv und seine Verwendung im Pflegealltag am Beispiel meiner Beobachtungen analysiere, möchte ich eine kurze Einordnung der Entwicklung des Pflegekonzeptes und der Pflegeberufe voranstellen. Noch im späten 19. und frühen 20. Jahrhundert wurde Pflegearbeit entsprechend der herrschenden Geschlechterbilder als (weibliche) »Verlängerung von familialer ›Liebestätigkeit‹« betrachtet (Bischoff 1992: 62ff). Durch persönlichen Einsatz und innerliche Hingabe sollten durch Frauen die offensichtlichen Mängel der ärztlichen – und damit männlich dominierten – Krankenversorgung aufgefangen werden. Claudia Bischoff sieht diese Phase durch ein Konzept der Pflege als »Nicht-Beruf« charakterisiert. (Bischoff 1992: 186ff.) Dieses Bild von Pflege gilt heute nicht mehr; doch ist die Professionalisierung der Pflege noch immer eine sehr neue Entwicklung. Ein Symptom hierfür ist etwa, dass erst in den 1990ern die Pflegewissenschaft auch in Westdeutschland nach amerikanischem Vorbild Universitätsfach wurde; Pflege wurde nun zunehmend nach wissenschaftlich entwickelten Pflegemodellen konzipiert.[2] Anfang der 1990er Jahre untersuchte Claudia Bischoff die Neuausrichtung der Pflege gemäß des Konzeptes der »Patientenorientierung«. Damit sind vor allem vier Zielvorgaben verbunden: 1. Die Betonung der Ganzheitlichkeit der Pflege, d.h. die Einbeziehung der physischen, psychischen und sozialen Pflegebedürfnisse; 2. die Individualität der Pflege, die vom einzelnen Menschen und seinen Bedürfnissen ausgehen soll; und 3. die Stärkung der Selbstverantwortung und aktiven Teilnahme der KlientInnen am Gesundungs- und Krankheitsprozess, verstanden als Hilfe zur Selbsthilfe. Und schließlich 4. die Pflegeprozessplanung als Qualitätskontrolle, auf die ich im Folgenden aber nicht weiter eingehen werde, da sie vor allem die Arbeit der Pflegedienstleitung betrifft. Der von mir erforschte Pflegedienst Müjdeci orientiert sich deutlich an diesen Ideen der Patientenorientierung; so heißt es im selbstverfassten Leitbild:

> »Für uns steht der Mensch im Mittelpunkt allen Wirkens. Wir achten jeden als einmalige Persönlichkeit mit eigener Biografie. Wir fördern und erhalten die Selbstpflegekompetenz des Einzelnen. Wir akzeptieren und respektieren die Entscheidungen des Individuums. Wir wollen ein Miteinander zwischen den Kulturen fördern und unterstützen.«

Praktisch wird diese Betonung der Patientenorientierung im Pflegedienst Müjdeci durch das in der Pflegepraxis sehr populäre Instrument der »Bezugspflege« umgesetzt. Gemäß diesem Konzept sind die Pflegekräfte jeweils für intern festgelegte KlientInnen zuständig und sollen damit die Möglichkeit erhalten, eine dauerhafte Beziehung zu ihnen aufzubauen.

Ich analysiere Elemente dieses Pflegeleitbildes, wie sie in der Praxis der Bezugspflege zur Geltung gebracht werden, unter dem genannten Aspekt der Überforderung. Denn die Frage, wie die Pflegekräfte es schaffen sollen, die formulierten hohen Ansprüche in all ihrer Widersprüchlichkeit im Rahmen ihrer konkreten Arbeit zu verwirklichen, wird im Pflegedienst Müjdeci direkt kaum thematisiert. Denn natürlich hat auch im patientenorientierten Ansatz die Pflege die doppelte Aufgabe, zum einen »betriebsorientiert zu arbeiten und reibungslose Arbeitsabläufe zu ermöglichen, zum anderen aber auch die humane, individuelle, emotionale Seite der Versorgung zu garantieren« (Bischoff 1992: 179). Bischoff kritisiert dabei, dass diese zwei Seiten zwar prinzipiell erkannt würden, jedoch in der Praxis wie auch im wissenschaftlichen Diskurs die »strukturelle Gegensätzlichkeit« unterschätzt werde; entsprechend unterbliebe eine explizite Auseinandersetzung mit den Wi-

---

[2] In der DDR hatte die Pflegewissenschaft eine längere Tradition, worauf ich im Rahmen dieses Artikels aber nicht weiter eingehen kann.

dersprüchen. Ich gehe von der These aus, dass diese zu wenig thematisierte Problematik von den Beteiligten im Motiv der »Überforderung« aufgegriffen wird. Dabei weist Birgit Panke-Kochinke in ihrem historischen Überblick zur Geschichte der Krankenpflege darauf hin, dass die »Überbürdung der Krankenschwester« (Panke-Kochinke 2001: 30), die schlechten Arbeitsbedingungen, der dadurch entstehende Mangel an ausgebildeten Kräften und die nicht ausreichende Versorgung der Kranken schon seit den Anfängen der Krankenpflege bestanden habe und sich bis in die Gegenwart ziehe. Auch Monika Habermann sieht eine Fortsetzung dieser ständigen Überforderung der Pflegekräfte, wobei sie nicht zuletzt die so populäre Forderung nach ganzheitlicher Pflege dafür verantwortlich macht. Denn wie sollte in einem von Differenzierung und Arbeitsteilung gekennzeichneten Gesundheitswesen eine Berufsgruppe für eine so umfassende Sorge zuständig sein können, wie hier gefordert wird? Zudem weist Habermann auf die Tendenz einer immer knapperen Finanzierung der Pflege hin, die eine Erfüllung der entworfenen hohen und umfassenden Ansprüche eher unwahrscheinlicher werden lässt. Sie nennt dies die »Gleichzeitigkeit von Professionalisierungsbestrebungen und Deprofessionalisierungsrisiken« (Habermann 2003: 196). Es würden hohe Zielsetzungen formuliert, die unter den gegebenen Rahmenbedingungen nur unzureichend umsetzbar seien. In diesem Zusammenhang stehen die beiden oben zitierten Aussagen der Pflegedienstleitung: Der Pflegedienst muss sich »rechnen« und kann sich eine über die abrechenbaren Leistungen hinausgehende Pflege eigentlich nicht leisten; gemäß seines selbst gesetzten Anspruches ist aber eine individuelle, biografieorientierte Pflege explizit vorgesehen und wird als Kernstück des Selbstbildes auch in der Werbung angesprochen.

Der Pflegedienst

Der interkulturelle ambulante »Pflegedienst Müjdeci« betreibt ein Büro im Erdgeschoss eines Hauses, das in einer ruhigen Nebenstraße eines Berliner Stadtteils liegt, in dem Menschen mit verschiedensten Migrationshintergründen leben. Er wurde bereits mit dem Ziel gegründet, vor allem MigrantInnen eine adäquate Pflege zu bieten; zur Zeit meines Praktikums waren dies überwiegend türkische KlientInnen, was insofern nahe liegt, als dass das Ehepaar Müjdeci, Frau Müjdeci ist Pflegedienstleiterin und Herr Müjdeci Geschäftsführer, selbst türkischer Herkunft ist. Der stellvertretende Pflegedienstleiter, Herr Bender, spricht dagegen kein Türkisch. Um kurz anzureißen, welche Bedeutung die Bezeichnung »interkulturell« hier einnimmt, muss darauf hingewiesen werden, dass »Kultur« in den Pflegeberufen erst durch das verstärkte Auftreten von pflegebedürftigen MigrantInnen zum Thema wurde: Erst die wachsende Notwendigkeit, die älter werdende und durch die harten Arbeits- und Lebensbedingungen in der BRD oft gesundheitlich schwer beeinträchtigte erste Generation von MigrantInnen zu versorgen, hat das Konzept der »interkulturellen Pflege« auf die Agenda gesetzt.³ Insofern meint Kultur im Pflegekontext zumeist die Kultur der Anderen, die Kultur der MigrantInnen. Außerdem meint Kultur auch meistens eine Nationalkultur, zum Beispiel die türkische Kultur. In der jüngeren pflegewissenschaftlichen Diskussion wird dieser Kulturbegriff inzwischen differenzierter betrachtet; mit großer zeitlicher Verzögerung findet hier ein ähnlicher Prozess statt wie in der (Europäischen) Ethnologie: Mit dem Blick auf das Fremde wird allmählich auch das scheinbar Eigene relativiert: Immer häufiger wird in neueren Publikationen etwa darauf hingewiesen, dass auch KlientInnen und Pflegekräfte, die die gleiche Sprache sprechen und der gleichen Nation angehören, sich nicht automatisch verstünden, dass auch hier ein kultursensibler Blick notwendig sei. Es wird versucht, Wissen über andere Kulturen zu vermitteln, eine Stereotypisierung und Essentialisierung des ›kulturell Fremden‹ aber zu vermeiden (Arbeitskreis 2002: 19). Für den Pflegedienst Müjdeci lässt sich zum einen feststellen, dass das Label »Interkulturalität« nach außen, den KlientInnen und der Gesellschaft gegenüber, signalisiert, dass der Schwerpunkt auf der Pflege von MigrantInnen liegt. Zum anderen erscheint »Interkulturalität« wie im bereits vorgestellten Pflegeleitbild als ein spezifischer Pflegeanspruch, der das Konzept der patientenorientierten Pflege für eine besondere Zielgruppe – die der pflegebedürftigen MigrantInnen – weiter ausbaut. In diesem Sinne meint »interkulturelle Pflege« einen sensiblen, biografieorientierten Umgang mit dem Individuum, der explizit auch dessen kulturelle Orientierung berücksichtigt.

Im November 2004 absolvierte ich ein Praktikum im Pflegedienst Müjdeci. Ich nahm an einer Teambesprechung teil, begleitete an elf ca. achtstündigen Arbeitstagen drei Mitarbeiterinnen und zwei Mitarbeiter und half ihnen bei der Pflege.⁴ Insgesamt lernte ich zehn männliche und fünf weibliche KlientInnen im Alter zwischen 50 und 85 Jahren in ihren Wohnungen kennen, zum Teil auch ihre Ehepart-

---

3 Zur gesundheitlichen Situation älterer MigrantInnen siehe den Artikel von Sulamith Hamra in diesem Band.
4 Bei zwei Pflegerinnen fuhr ich drei Mal mit, bei einer zwei Mal, bei einem Pfleger zwei Mal und bei einem nur einmal, wobei er aber KlientInnen besuchte, die ich zu dem Zeitpunkt schon kannte. Nach jedem Arbeitstag fertigte ich etwa drei bis vier Stunden Beobachtungsnotizen an, ethnografische Beschreibungen der teilnehmenden Beobachtung und nachträgliche Protokolle der dabei geführten Gespräche. Diese insgesamt etwa 50 Seiten umfassenden Notizen bilden die Grundlage des vorliegenden Artikels. Bei der Auswertung orientiere ich mich an einer für Feldforschungsnotizen angepassten Methode nach Emerson u.a., welche sich stark auf die Methode der »grounded theory« stützt (Emerson u.a 1995: 142 ff.). Ich arbeitete verschiedene Themenfelder heraus, entwickelte während dieses Prozesses auch eine dem empirischen Material angepasste Fragestellung, wählte dann die hierfür relevantesten Themenbereiche aus, unterzog die dazugehörigen Textstellen einer genaueren Interpretation und entwickelte hieraus die zentralen Begrifflichkeiten.

ner, Freunde und Kinder. Drei derjenigen KlientInnen, bei deren Pflege ich anwesend war, kommen aus Deutschland, die anderen zwölf aus der Türkei. Die Kommunikation mit den KlientInnen fand größtenteils auf Türkisch statt, während ich auf Deutsch kommunizieren musste. Die Deutschkenntnisse der türkischen KlientInnen variierten stark.[5] Die Pflegekräfte, die ich kennen lernte, sind im Alter von Mitte 20 bis Mitte 40, fast alle sprechen Türkisch und Deutsch und sind MigrantInnen der ersten oder zweiten Generation. Gemäß der gesetzlichen Rahmenbedingungen umfassen die Leistungen des Pflegedienstes Müjdeci die sogenannte Grundpflege. Da diese Leistungen oft längst nicht die tatsächlichen Pflegeanforderungen der KlientInnen decken, treten hier häufig Probleme auf – der Pflegedienst übernimmt zusätzliche Aufgaben, um das Notwendigste zu tun, teilweise aber auch, um das Verhältnis mit den KlientInnen nicht zu zerstören. Oder KlientInnen sind nicht mit dem Umfang der Hilfe zufrieden und geben die Schuld dafür dem Pflegedienst. Auf diese Thematik werde ich im Folgenden noch eingehen.[6]

Pflegeverständnisse in Geschichten

Nach – oder beim Spätdienst vor – der Arbeit kommen die Pflegekräfte ins Büro, um Hilfsmittel und Papiere für die Pflegedokumentation abzuholen, Schlüssel abzugeben und sich mit Pflegedienstleitung und MitarbeiterInnen auszutauschen. Dort und auch in den vielen Stunden, die ich mit Pflegekräften unterwegs war,

---

[5] Auch wenn KlientInnen und Pflegekräfte mich immer wieder auf Deutsch einbezogen, bleiben meine fehlenden Sprachkenntnisse eine deutliche Einschränkung für die Analyse der alltäglichen Praxis. Auch deswegen konzentrierte ich mich auf die Analyse des Pflegeverständnisses, das in den von Pflegedienstleitung und Pflegekräften auf Deutsch erzählten Geschichten über Pflege deutlich wurde.

[6] In den Sozialgesetzbüchern V und XI wird zwischen Grund- und Behandlungspflege unterschieden. Erstere umfasst die Körperpflege (Waschen, Duschen, Baden, usw.), Ernährung (mundgerechtes Zubereiten, Hilfe bei der Nahrungsaufnahme) und Mobilität (Aufstehen, Ankleiden, Treppensteigen) sowie die hauswirtschaftliche Versorgung. Der Pflegedienst Müjdeci kann Leistungen nach SGB XI mit der Pflegeversicherung und mit dem Sozialamt abrechnen, nicht jedoch nach SGB V mit den Krankenkassen, das heißt keine Behandlungspflege. Die Pflegeversicherung übernimmt die Grundpflege und eingeschränkt die hauswirtschaftliche Versorgung. Vom Gesetz werden drei Pflegestufen je nach Stärke der Pflegebedürftigkeit unterteilt, die durch den Medizinischen Dienst der Krankenkassen (MDK) festgestellt wird. Die Höhe der Leistungen umfasst einen festen Satz je nach Pflegestufe. Zum SGB XI siehe http://www.sozialgesetzbuch.de/gesetze/11/index.php?norm_ID=1100001 und speziell zu den Pflegestufen die Fußnote 5 in dem Artikel von Tom Mathar in diesem Band.

wurde ich in das Erzählen über Pflege eingebunden.[7] Geschichten haben im Pflegealltag wichtige Funktionen; sie dienen dem Austausch über die KlientInnen und der Organisation der Pflege. Sie haben eine legitimierende Funktion für das Verhalten der Pflegekräfte in der Vergangenheit und geben Verhaltensanweisungen für die Zukunft. Sie weisen darüber hinaus stets auch einen programmatischen Aspekt auf: Indem erzählt wird, was wie passierte, geben sie auch Anweisungen, wie Pflegekräfte mit bestimmten KlientInnen in der Zukunft umgehen sollen. Geschichten geben insofern »moralische Anleitungen« – »moral guidelines« – wie dies Nicholas Eschenbruch in seiner Arbeit zur Pflegepraxis in einem stationären Hospiz formulierte. (Vgl. hierzu Eschenbruch 2002: 84)

Im Vergleich mit der Situation in einem Hospiz ist die orientierende Funktion solcher Geschichten in einem ambulanten Pflegedienst sogar noch wichtiger. Da die Pflegedienstleitung nur selten am eigentlichen Arbeitsplatz, den Privatwohnungen der KlientInnen, intervenieren kann und die Pflegekräfte zumeist alleine vor Ort sind, nimmt die Kommunikation über Pflege einen wichtigen Stellenwert ein – vor allem, um die Qualität der Pflege abzusichern, das weitere Vorgehen zu besprechen und um Verbesserungen und Verschlechterungen der Gesundheitssituation nachvollziehen zu können. Darüber hinaus auch um auszuhandeln, wie gepflegt werden soll, was wichtig ist, was überhaupt gute Pflege ist, welche Anforderungen der KlientInnen zulässig sind und welche nicht, wie mit Problemen und Konflikten umgegangen wird. Besonders auf letztere Aspekte, die Verständigung über die richtige Pflege, werde ich im Folgenden eingehen und mich im Weiteren auf zwei Formen von Geschichten beschränken, die einen direkten Bezug zu meiner Fragestellung, der situativen Anwendung von Pflegeverständnissen innerhalb des Pflegedienstes, haben: Es sind Geschichten, die von Pflegeerfolg handeln und solche, die von Konflikten zwischen KlientInnen und Pflegekräften in Bezug auf Pflege erzählen.

Eine Erfolgsgeschichte

Eine im Pflegedienst sehr beliebte Erzählung ist die über das Gelingen der zu Beginn schwierigen Pflegebeziehung zu Frau Cileli, eine Geschichte, die mir mehrere Male und von verschiedenen Angestellten berichtet wurde: Die 57jährige Frau Cileli lebt allein in einer kleinen Wohnung. In Folge eines Schlaganfall konnte sie zu Beginn meines Praktikums kaum sprechen und nur mit Unterstützung laufen. Ich selber war mehrere Male bei ihr und mochte sie sehr, genau wie alle anderen Pflegekräfte auch. Sie freute sich jedes Mal, wenn Besuch kam, liebte es, wenn man

---

[7] Da ambulante Pflegekräfte im Normalfall alleine unterwegs sind, war dies eine gewisse Ausnahmesituation (obwohl öfter PraktikantInnen mitfahren); dadurch ergab sich aber eine gute Gelegenheit zum Erzählen von »Pflegegeschichten«.

auf dem Weg ins Badezimmer mit ihr »tanzte« und machte gerne ihre Späße in improvisierter Zeichensprache. Die Pflege bei ihr funktionierte offensichtlich zur beiderseitigen Zufriedenheit.

Am Ausführlichsten erzählte mir Frau Müjdeci, die Pflegedienstleiterin, kurz vor Abschluss meines Praktikums von dieser Pflegegeschichte. Am Anfang sei es Frau Cileli sehr schlecht gegangen, sie habe sich bei einem Sturz die ganze Seite verletzt und sich mit wichtigen Personen aus ihrem sozialem Umfeld, insbesondere ihrem Sohn, ihrer Schwiegertochter und ihrem Freund, zerstritten. Außerdem habe sie schwere Depressionen bekommen, wollte sich aus dem Fenster stürzen und nichts essen. Der Pflegedienst habe viele Anstrengungen unternommen, ihr ein schönes Leben zu ermöglichen, dafür viele Gespräche geführt und sich auch an die Verwandten gerichtet. Jetzt gehe es ihr besser, das hätten sie geschafft. Als ich einwarf, dass sie sich jetzt immer so freue, wenn man komme, stimmte Frau Müjdeci mir zu und sagte, Frau Cileli sei eigentlich ein sehr lebenslustiger Mensch; sie wolle leben – jetzt. Es gehe ihr auch besser, seit sie in ihrer neuen Wohnung sei; sie könne jetzt alleine mit dem Rollstuhl und dem Fahrstuhl hinaus; vorher habe sie im 4. Stock gewohnt, mit Blick auf eine Mauer. Und sie habe jetzt die Wellensittiche, da habe sie etwas, womit sie sich beschäftigen könne. (16.02.2005: 1)

Bemerkenswert im hier diskutierten Zusammenhang ist vor allem, dass in dieser Geschichte von Pflege tatsächlich in seinem umfassenden Anspruch erzählt wird. Gemäß dem Prinzip »ganzheitlicher Pflege«, kümmert sich der Pflegedienst um das physische, psychische und soziale Wohl der Klientin. Der physische Aspekt, ihre gesundheitlichen Fortschritte, stehen in der Erzählung sogar eher im Hintergrund, dagegen wird die Verbesserung der sozialen Kontakte und vor allem die Rückkehr der Lebenslust betont. Da es sich um eine Geschichte aus Sicht der Pflegedienstleitung handelt, werden die von ihr durchgeführten Maßnahmen auch besonders hervorgehoben: die Gespräche, die von der Leitung durchgeführt werden, die materiellen Verbesserungen, die neue Wohnung und die Wellensittiche; dies alles sind Elemente, an deren Organisation die Pflegedienstleitung zumindest beteiligt war. Eda, eine Mitarbeiterin, erzählte mir dagegen von den neuen Kleidern, die sie für Frau Cileli gekauft habe und eine andere Pflegekraft erwähnte die Gymnastik, die sie zusätzlich mit Frau Cileli mache.

Auffällig ist, dass es in diesen Geschichten immer um das Außergewöhnliche, die über das Normale hinausgehende Leistung geht, um den besonderen Einsatz für die Klientin. Teilweise handelt es sich dabei auch um Leistungen, die nicht abgerechnet werden können, wie z.B. die Gespräche. Der zusätzliche Einsatz zeigt das große Engagement des Pflegedienstes oder der einzelnen Pflegekraft auf und macht die Geschichte erst erzählenswert. In Bezug auf das Pflegeverständnis lässt sich an diesem Beispiel gut beobachten, wie umfassend der Anspruch an eine ganzheitliche Pflege ist. Inhalt dieser Geschichte ist vor allem die positive Neuordnung des Lebens von Frau Cileli, ihr Herausholen aus Depression und Einsamkeit.

In weiteren, mir von Pflegekräften erzählten Erfolgsgeschichten über andere KlientInnen spielte die Körperpflege die zentrale Rolle; hier wurde zumeist von einer vorherigen körperlichen Verwahrlosung und ihrer Überwindung durch den Pflegedienst berichtet. Alle diese Geschichten haben gemeinsam, dass klar in ein Vorher und ein Nachher unterschieden wird – der Beginn der Pflege wird aus der Sicht des Pflegedienstes als einschneidende Veränderung und Verbesserung für das Leben der KlientInnen dargestellt.

Konfliktgeschichten

Im Zusammenhang mit auftretenden Konflikten sprach die Pflegedienstleiterin Frau Müjdeci öfter von Überforderung. Darunter verstand sie aber nicht die Überbelastung der Pflegekräfte durch die Arbeitsbedingungen und zu hohe gesellschaftliche Ansprüche an Pflege, also in dem Sinne, wie ich den Begriff eingeführt habe. Statt dessen sprach sie mit dem Begriff Überforderung hier eine zu hohe Anforderung oder Erwartungshaltung durch die KlientInnen an. Um dies zu erläutern, möchte ich zwei Geschichten über Konflikte und ihre Deutung im Pflegedienst vorstellen. Die erste erzählte mir Özlem, eine Pflegekraft; sie erwähnt die Überforderung nicht explizit, dennoch ist sie ein wesentlicher Aspekt der Erzählung:

> »Als wir nach der Pflege wieder draußen sind, erzählt mir Özlem, Herr Ibis denke, der Pflegedienst müsse alles für ihn machen. Er beschwere sich, sie würden gar nichts machen. Sie habe ihm gesagt, sie mache nur das, was abgerechnet wird und das sei nur Körperpflege. Wir reden später im Büro noch darüber und Frau Müjdeci erzählt, gerade erst vor ein paar Tagen hätten sie ein Gespräch mit Herrn Ibis gehabt. Das Sozialamt bezahle nur Körperpflege, den Rest könne seine Frau machen. Özlem sagt daraufhin, er meine aber, wenn seine Frau im Urlaub sei. Das müsse man dann beantragen, erwidert Frau Müjdeci, aber im Moment sei seine Frau da.« (19.11.2004: 6)

Zwischen Frau Müjdeci, als Vertreterin des Pflegedienstes, und Herr Ibis bestand also ein Konflikt über den Umfang der Leistungen; lösen wollte sie das Problem durch ein Gespräch. Gegenüber Özlem versuchte der Klient aber trotzdem mehr Hilfe im Haushalt einzufordern. Welches Pflegeverständnis wird hier zur Klärung herangezogen? Es handelt sich um die gleiche Problematik, die Frau Müjdeci ansprach und die sie als das Nicht-Verstehen der Pflege von Seiten der türkischen KlientInnen bezeichnete. Die Grenzen werden klar von ihr gezogen: Auf der einen Seite der Klient, der unzulässige Forderungen stellt, auf der anderen Seite der Pflegedienst, der nur bezahlte Leistungen erfüllen kann. Erst im Vergleich mit dem vorherigen Kapitel wird deutlich, dass es nicht so einfach ist. Pflegeerfolg wird auch vom Pflegedienst über ein »Mehr als nur Körperpflege« und also einen ganzheitlichen Ansatz definiert. Ein reduziertes Verständnis von Pflege, verstanden als klar begrenzte Dienstleistung, wird dagegen von Frau Müjdeci im Konfliktfall herangezogen. Das Fehlverständnis der türkischen KlientInnen beruht also im Grunde nicht nur darauf, dass sie zuviel fordern – sie sind vor allem nicht imstande, die ambivalente Stellung der pflegerischen Hilfe zwischen hohem Anspruch und eingeschränkten finanziellen und rechtlichen Möglichkeiten zu verstehen.

Ein anderes Konfliktthema ist das der sexuellen Belästigung. Diese wird von der Pflegedienstleitung explizit als Überforderung durch die KlientInnen bezeichnet. In der Teamsitzung, an der ich zu Beginn meines Praktikums teilnahm, wurde ein sexueller Übergriff besprochen: Ein Klient wollte nur von einer Mitarbeiterin, Eda, als seiner Bezugspflegekraft gepflegt werden und war sehr auf sie »fixiert«. An einem Tag wollte er sie nicht mehr aus der Tür lassen, wenn sie ihn nicht küsse. Es wurde diskutiert, wie das Problem gelöst werden könne. Der genannte Ausdruck »Fixierung« fiel nicht während der hier beschriebenen Diskussion, sondern trat erst während meiner Begleitungen der Pflegekräfte wiederholt als Bezeichnung für eine zu nahe Bindung eines Klienten an eine (meist weibliche) Pflegekraft auf, er ist aber für die folgende Analyse relevant. Während der Diskussion schilderte Meltem, eine andere Mitarbeiterin, eine Situation mit dem gleichen Klienten. Sie erzählte, dass er sie immer fest an sich drücke. Um es anschaulicher zu machen, umfasste sie den Pflegedienstleiter, Herr Bender, der neben ihr saß, mit beiden Armen und drückte ihn an sich. Daraufhin meinte dieser sofort, sie dürfe den Klienten gar nicht so nahe an sich heranlassen. Meltem rief daraufhin aus, sie begrüße ihn ja nur und schon »packe« er sie. (21.10.2005: 5) In der Diskussion wurden, wie in diesem Beispiel, verschiedene Arten des Umgangs mit dem Klienten diskutiert und von Seiten der Pflegedienstleitung Ratschläge für ein richtiges Verhalten gegeben. Diese reichten von praktischen Hinweisen – ordentlich zu putzen, dann sei er friedlicher – bis zu der Diskussion darüber, dass die Pflegekräfte hinausgehen sollen, auch wenn er einem drohe, dass er sich umbringe, wenn man ihn nicht küsse. An der erregten Diskussion aller anwesenden Pflegekräfte wurde sehr deutlich, dass es sich um ein für alle wichtiges Thema der Pflegepraxis handelte. In meiner eigenen Praktikumszeit bestätigte sich dies für mich.[8]

Während der Teambesprechung hieß es allgemein, die Pflegekräfte sollten einen »guten Umgang« damit finden und »stark auftreten«. Am Ende meines Praktikums sprach ich dann noch einmal mit Frau Müjdeci über den gleichen Fall. Sie war der Ansicht, da könne es zu Überforderungen kommen und man müsse immer

---

[8] Der Umgang mit der Sexualität der KlientInnen ist im Allgemeinen ein großes Thema innerhalb der Pflegepraxis und Pflegewissenschaften, auf welches ich hier nicht eingehen kann. Mich interessiert in diesem Kontext nur der Umgang des Pflegedienstes mit dadurch entstehenden Konfliktsituationen in Bezug auf die dabei entstehende Überforderung.

wieder mit den KlientInnen darüber reden. Sie sagte dann, dass es auch Edas Schuld gewesen sei, denn die MitarbeiterInnen müssten entscheiden, welches Maß an Nähe sie jeweils bei KlientInnen zuließen, wie weit sie sie heranlassen wollten. Ich erwiderte daraufhin, dass das aber auch gar nicht so einfach sei, bei so engem körperlichen Kontakt. Sie räumte ein, dass körperliche Nähe unvermeidlich sei, aber durch die Sprache könne man die Distanz klar machen. Sie selbst habe lange als Krankenschwester gearbeitet und empfände es als sehr leicht, zu verschiedenen PatientInnen jeweils eine andere Distanz herzustellen, ohne dass man immer darüber nachdenken müsse. (16.02. 2005: 3/4) Bezogen auf die Thematik von Nähe und Distanz scheint mir hier interessant zu sein, dass die Idee des Konzeptes der Bezugspflege sich gerade durch eine nahe und intensive Beziehung zwischen Pflegekraft und KlientIn auszeichnet. Für manche KlientInnen könnte Bezug und Fixierung nahe beieinander liegen. Für die Pflegekräfte besteht somit eine große Herausforderung darin, den KlientInnen das komplexe Verständnis von Bezugspflege und das »richtige« Verhältnis von Nähe und Distanz zu vermitteln. Auch der finanzielle Druck, unter dem sowohl die Pflegekräfte als Angestellte als auch der Pflegedienst insgesamt stehen, könnte dabei dazu führen, dass eine klare Abgrenzung gegenüber KlientInnen, die sich Übergriffe leisten, nicht leicht fällt. Der Begriff der Überforderung verweist auf genau diese Herausforderung: Denn oft kann dieses »richtige« Verhältnis von Nähe und Distanz nicht vermittelt werden, so dass sexuelle Übergriffe im Pflegedienst schlicht als zu hohe oder verfehlte Ansprüche der KlientInnen und als Nicht-Verstehen des Pflegekonzeptes gedeutet werden. Die Pflegedienstleitung versucht entstehende Probleme zwar durch Gespräche mit den KlientInnen zu klären, problematisch scheint mir aber zu sein, dass die Hauptverantwortung für solche Zwischenfälle den Pflegekräften gegeben wird. Der Druck, alles »richtig« zu machen, lastet somit allein auf ihnen; nicht thematisiert wird hingegen, dass durch die im Konzept der Bezugspflege geforderte, enge Bindung zwischen KlientInnen und Pflegekräften ebenso wie die finanzielle Notwendigkeit des Pflegedienstes, seine KlientInnen zu halten, auch eine wechselseitige Abhängigkeit entstehen kann, die die notwendige klare Abgrenzung erschwert.

Pflegebeziehungen:
Aushandlungen und Umdeutungen in der Interaktion

Im Folgenden möchte ich die Beziehungen zwischen Pflegekraft und KlientIn in den Mittelpunkt der Argumentation stellen. Während meines Praktikums war ich davon beeindruckt, in welchem Maße von den Pflegekräften in der ambulanten Pflege auf die individuelle Situation der KlientInnen eingegangen wurde. Dadurch, dass die Pflegekräfte in einen privaten und ihnen am Anfang der Pflegebeziehung fremden Raum eindringen und darauf hoffen müssen, dort freundlich empfangen zu werden, haben die KlientInnen einen größeren Einfluss auf die Art der Pflegebeziehung als etwa in einem Krankenhaus oder Pflegeheim. Insofern wird schon durch den räumlichen Kontext, in dem Pflege stattfindet, eine größere Patientenorientierung erreicht. Andererseits kann dieses Eindringen in ihre Privatsphäre auch eine große Belastung für die KlientInnen sein, gerade wenn sie, wie ich am Beispiel einer dementen Frau zeigen werde, nicht mehr die Autonomie haben, Pflege abzulehnen. In der ambulanten Pflege, so möchte ich deutlich machen, herrscht ein komplexes hierarchisches Verhältnis, während ein gleichberechtigter Umgang das hohe Beziehungsideal darstellt. In der Realität können sowohl die KlientInnen als auch die Pflegekräfte die Beziehung dominieren, die auch dadurch beeinflusst wird, wie Pflege verstanden wird, welche Erwartungen die KlientInnen im positiven wie negativen Sinn gegenüber der Pflege haben. Insofern ist das Pflegeverständnis eine der Voraussetzungen dafür, wie sich die Pflegebeziehung gestaltet. Da ich die KlientInnen nicht nach ihrem Pflegeverständnis befragt habe, kann ich es nur aus ihren Reaktionen auf Pflege und wiederum aus den Erzählungen der Pflegekräfte erschließen. Im Mittelpunkt der folgenden Analyse steht die gemeinsame Aushandlung eines tragfähigen Pflege-Verhältnisses, einer Beziehung zwischen Pflegekraft und KlientIn, die für beide Seiten annehmbar und möglichst angenehm ist. Dabei sollen zwei Arten der Beziehung vorgestellt werden: Unter dem Stichwort der Familiarisierung soll die Umdeutung einer Pflegebeziehung als quasi familiäre Beziehung mit einer daraus resultierenden großen Nähe gezeigt werden, die für beide Seiten die Pflege angenehm machen, aber auch zu Problemen mit überschießenden Anforderungen an Pflege führen kann. Unter dem Stichwort von Pflege als Kontrolle hingegen soll die Aushandlung einer Beziehung mit einer Klientin vorgestellt werden, die Pflege als Einschränkung ihrer Autonomie ablehnt und sich dagegen wehrt.

Familiarisierung der Pflegebeziehung

Eine familiäre Umdeutung der durch eine lange andauernde Pflege entstehenden Beziehung ist nach meinen Erfahrungen nicht selten und wird zumeist von beiden Seiten als positiv empfunden, da dadurch eine emotionale Nähe und die Normalisierung des sehr intimen Kontakts erreicht wird.

> »Eda erzählt mir im Auto, Herr Ozer sei am Anfang sehr aggressiv gewesen und habe nichts gegessen. Doch dann habe er sich an sie gewöhnt und wollte nur noch von ihr gepflegt werden. Sie mögen sich sehr, es sei fast wie Familie. Mit der Tochter sei sie inzwischen befreundet, letzte Woche, als die Eltern noch in der Türkei in Urlaub waren, sei Eda bei ihr zum Essen eingeladen gewesen.« (5.11.2005: 3)

In diesem Zusammenhang scheint mir das intergenerationale Verhältnis von Bedeutung zu sein. Von zwei Pflegekräften wurde mir erzählt, dass die höflichere, respektvollere Anredeform in der türkischen Sprache für ältere Menschen nicht »Herr« sei, meine MitarbeiterInnen sagten statt dessen »Onkel« zu den sehr viel älteren Klienten und »Bruder« zu den etwas älteren Klienten.[9]

> »Eda verabschiedet sich sehr rituell (mit Küssen auf die Hand bei Herrn Yildirim und auf die Wangen bei Frau Yildirim). Am Ende bringt uns Frau Yildirim noch Baklava, jedem zwei Stück. Ich freue mich darüber, weil ich sehr hungrig bin und sage »Teşekür ederim« Die Frau lächelt Eda und auch mich an.« (20.11.2005: 2)

Die Begrüßungen und Verabschiedungen waren während meiner Forschung hoch interessante Ereignisse für mich, da sie von völliger Formlosigkeit bis zu großer Höflichkeit und Ehrerbietung variieren konnten. Die hier gezeigte große Ehrerbietung war eher die Ausnahme; für Eda spielt Achtung für ältere Menschen aber auch außerhalb der Arbeit eine besondere Rolle. Sie erzählte mir während einer Autofahrt über das Abschlussfest des Ramadan, der zufällig in die Anfangszeit meines Praktikums fiel. Die jüngeren Leute würden die Älteren besuchen; überall bleibe man eine halbe Stunde, esse Gebäck und trinke Tee. Die alten Leute würden noch eigenes Gebäck machen (5.11.2005: 4). Auch bei der Arbeit wurde uns am Zuckerfest in einigen Haushalten Tee und Baklava angeboten und im Auftrag des Pflegedienstes brachten wir auch selber Süßigkeiten als Geschenk mit.

Wie im letzten Abschnitt ausgeführt, ist die Familiarisierung der Pflegebeziehung für die Pflegekräfte aber auch eine Möglichkeit, unangenehme Annäherungen abzuwehren; so klagte etwa Meltem in einem Gespräch über das Problem sexueller Übergriffe, dass es manchmal wirklich schwierig sei; sie wisse auch nicht, was mit manchen der Männer sei. Wie sie es ausdrückte: »Sie müssten uns doch eigentlich wie ihre Töchter behandeln.« (13.11.2005: 4) Meltem fordert damit explizit von den alten Männern eine familiäre (statt einer sexuellen) Deutung des intergenerationalen und intergeschlechtlichen Pflegeverhältnisses. Hier erscheint die familiäre Einbindung als eine, vor allem positiv empfundene, Rollenzuschreibung der Pflegekräfte, die ihnen die schwierige Balance zwischen Nähe und Distanz ermöglicht. Nicht nur die KlientInnen, sondern auch die Pflegekräfte deuten die Pflegebeziehung teilweise als familiäre Beziehung um. Es scheint mir zu kurz gegriffen, dies nur mit ihrem türkischen Migrationshintergrund und einer dort vermeintlich üblichen, engeren Familienbindung zu erklären. Im ersten Abschnitt habe ich ausgeführt, dass die Pflege historisch auch in Deutschland zunächst als »familiäre Liebes-

---

9 Vergleiche hierzu das Kapitel »Respekt vor Älteren« im Beitrag von Sulamith Hamra über alternde Migranten türkischer Herkunft in diesem Band.

tätigkeit« verstanden wurde, als »Nicht-Beruf«; und es wurde deutlich, dass der umfassende Anspruch an die Pflegebeziehung durch das ganzheitliche Modell der Bezugspflege auch heute noch aktuell ist. Ein familiarisiertes Verständnis der Pflegebeziehung liegt also sowohl aufgrund von deutschen als auch von türkischen (Pflege-)Traditionen nahe. Problematisch für die Pflegekräfte und den Pflegedienst kann diese familiäre Deutung der Nähe jedoch dann werden, wenn von den KlientInnen eine umfassende Versorgung unabhängig von einer finanziellen Gegenleistung gefordert wird, wie sie etwa durch Kinder oder andere Verwandte in einem Familienkontext erwartet werden kann. Eben dieses Problem schien Frau Müjdeci anzusprechen, als sie von einem Nicht-Verstehen von Pflege durch die türkischen KlientInnen sprach: von einer Wahrnehmung der Pflege als quasi-familiäre Versorgung. Auf einem solchen nicht zutreffenden Verständnis von Pflege könnte auch der Konflikt mit Herrn Ibis beruhen, dem die auf die Gesundheitsversorgung begrenzten Pflegeleistungen nicht genügten.

Pflege als Kontrolle

Die 82jährige Frau Holoschek wuchs in Ostpreußen auf, lebt aber schon seit ihrer Jugend in Berlin. Sie wohnt ganz allein in einer riesigen Wohnung im vierten Stock eines Altbaus. Während meines Praktikums wurde sie zwei Mal am Tag von Meltem besucht; ich begleitete sie beziehungsweise ihre Wochenendvertretungen insgesamt neun Mal. Ursache für die Pflegebedürftigkeit Frau Holoscheks ist ihre Altersdemenz; die Aufgaben des Pflegedienstes bestehen daher vor allem darin, dafür zu sorgen, dass sie Frühstück und Mittagessen zu sich nimmt, genügend Essen für den restlichen Tag bereit steht und eine gewisse Aufsicht über ihre Körperpflege ausgeübt wird, die sie überwiegend noch alleine durchführen kann. Die Besuche bei ihr glichen für mich einer Reise in die Vergangenheit. Mich mit Frau Holoschek zu unterhalten, hieß für mich, sie zum Erzählen zu bringen über ihre Kindheit in Ostpreußen und die Kriegszeit, als sie als Schneiderin am Theater arbeitete. In ihren Erzählungen vermischten sich auch Wunschtraum und Realität, in endlosen Schleifen und Variationen wiederholten sich die Geschichten, die sie besonders beschäftigen. Zu den sie besuchenden Pflegekräften hat Frau Holoschek eine ambivalente Einstellung, wie ich in meinen Feldforschungsnotizen festhielt:

> »Frau Holoschek liegt noch im Bett und streckt sich, als wir in ihr Schlafzimmer kommen. Meltem versucht sie zu kitzeln. Frau Holoschek sagt, blendend gelaunt, sie sei nicht kitzelig und überhaupt, so viel Stärke habe sie noch stillzuhalten. Ich gehe schon mal in die Küche vor und setze Wasser für den Kaffee auf, decke den Tisch. Frau Holoschek kommt nur mit einem dünnen Nachthemd bekleidet hinterher. Ich frage sie ›Wollen Sie sich nicht einen Morgenmantel anziehen?‹ ›Ja, das

mache ich gleich‹, sagt sie. ›Aber ich muss doch erst mal gucken, wenn jemand in meiner Küche rumräumt. Ich möchte doch wirklich wissen, wer Ihnen dazu die Erlaubnis gegeben hat.‹ Ich reagiere irgendwie darauf, ich sage, dass wir zum Frühstücken gekommen seien und Brötchen mitgebracht hätten. Schließlich holt sie sich einen Morgenmantel, Meltem kommt rein und macht Kaffee. Wir sitzen dann alle und trinken Kaffee, essen Brötchen. Ich frage Frau Holoschek wieder nach ihrer Vergangenheit und sie erzählt.« (16.11.2005: 2)

Pflege wird von Frau Holoschek als Kontrolle verstanden, die es abzuwehren gilt. Sobald sie merkt, dass sie nicht diejenige ist, die in einer Situation entscheidet, setzt bei ihr der Ärger über die »Aufpasser« ein, wie sie die Pflegekräfte täglich wiederholt beschimpft. Trotz ihrer Ablehnung, gepflegt zu werden, genießt sie aber durchaus den sozialen Kontakt, erzählt gerne und ausführlich über ihre Jugend. Eine der Routinen, die ihre Ambivalenz ausdrücken, ist die immer gleiche Abschiedsszene: Jeden Tag brachte sie uns zur Tür, fragte, wann wir wiederkämen, und sagte dann: »Nein, da bin ich nicht da!« Frau Holoschek ist insofern ein Ausnahmefall unter den KlientInnen des Pflegedienstes, als dass der Pflegebedarf aufgrund ihrer Demenz gegen ihren Willen festgestellt wurde und sie täglich dagegen protestiert. In ihrem Verständnis ist Pflege mit Kontrolle, der Einschränkung ihrer Autonomie und mit Unmündigkeit verbunden. Diese Reaktion könnte auch dadurch erklärt werden, dass Pflege lange Zeit auch genau das war – das gegenwärtig in der Pflegewissenschaft vertretene Konzept der Hilfe zur Selbsthilfe und eines gleichberechtigten Umgangs in der Pflegebeziehung war in Frau Holoscheks Jugend noch nicht aktuell. Durch ihre Demenz und die dadurch entstehende tatsächliche Entmündigung ist es allerdings kaum mehr möglich, ihr dauerhaft ein anderes Verständnis von Pflege zu vermitteln. Die für beide Seiten noch tragfähigste Möglichkeit scheint hier die Simulation eines Verhältnisses von Gastgeber und Gast oder einer ähnlich gleichberechtigten Beziehung zu sein. So »funktioniert« der Kontakt am besten, wenn man mit ihr frühstückt und sich aufmerksam mit ihr unterhält. Allerdings wird diese Illusion durch die Notwendigkeit bestimmter Pflegeaufgaben, des Bereitstellens von Essen und Trinken, des Schneidens der Fingernägel, des Abspülens und des Schreibens der Pflegeberichte, stets gefährdet. Auch haben die Pflegekräfte nicht genug Zeit, ihr neben den Tätigkeiten so viel Zeit zu widmen, dass sie die Pflege wirkungsvoll »vertuschen« könnten. Mir als zusätzlicher Praktikantin war dies eher möglich. Als Strategie, mit Frau Holoscheks Selbstbestimmungsansprüchen umzugehen, versuchen die Pflegekräfte so einerseits für eine möglichst harmonische Atmosphäre zu sorgen, andererseits versuchen sie ihr Schimpfen über die »Aufpasser« möglichst zu ignorieren. An jedem Tag findet dieser Balanceakt von Neuem statt, manchmal mit mehr, manchmal mit weniger Erfolg.

Schluss

Wie ich versucht habe zu zeigen, wird das Verständnis dessen, was Pflege leisten soll, im Pflegedienst Müjdeci sowohl durch die etwa in den Leitbildern festgehaltenen hohen Ansprüche als auch durch die eingeschränkten finanziellen Möglichkeiten geprägt. Über die Erzählung von Erfolgsgeschichten wird definiert, wie Pflege idealerweise sein sollte: Die Sorge für das physische, psychische und soziale Wohl der KlientInnen und die Schaffung einer positiven Pflegebeziehung stehen im Mittelpunkt. Die Geschichte der erfolgreichen Pflege von Frau Cileli verkörpert alle diese Elemente.

In den Konfliktgeschichten wird dagegen ein Verständnis von Pflege als klar definierte Dienstleistung hergestellt, eine Grenzziehung, die notwendig erscheint, um sich von umfassenden, familiarisierten Pflegeanforderungen der KlientInnen abzugrenzen. Mit dem Ausdruck »Pflege nicht verstehen« spricht die Pflegedienstleitung die mangelnde Einsicht vor allem der türkischen KlientInnen an, die die professionellen und finanziellen Begrenzungen der Pflege nicht ausreichend akzeptieren möchten.

Das Verhältnis zwischen KlientInnen und Pflegekräften wird durch die ambulante Pflegesituation, also den privaten Raum, und das Instrument der Bezugspflege geprägt. Die oben analysierte Familiarisierung der Pflegebeziehung kann zunächst einfach als eine Strategie der Pflegekräfte wie der KlientInnen betrachtet werden, mit der sehr intimen und für die KlientInnen zunächst ungewohnten Situation umzugehen. Dies kann für beide Seiten ein Gewinn sein, aber auch zum Problem werden, wenn die Anforderungen der KlientInnen an Pflege ebenfalls familiär gefasst und somit nicht mehr durch vertragliche Bedingungen begrenzt werden. Im Pflegedienst Müjdeci scheint dieser Konflikt vor allem mit den türkischen KlientInnen aufzutreten. Eine mögliche Erklärung dafür könnte sein, dass der älteren türkischen Generation das Konzept professioneller Pflege noch relativ fremd ist, also auch noch kein Verständnis entwickelt wurde, das sinnvoll zwischen professioneller und familiärer Pflege unterscheidet. Diese »Vermittlungsarbeit« versucht der Pflegedienst durch Gespräche zu leisten.

Das Pflegeverständnis Frau Holoscheks dagegen steht für ein anderes Extrem des Nicht-Verständnisses: Pflege wird hier als Eingriff in die Autonomie, als Kontrolle, gedeutet, gegen die sich gewehrt werden muss. Die Pflegekräfte versuchen damit umzugehen, indem sie gegenüber der widerwilligen Klientin möglichst verschleiern, dass sie gepflegt wird – im Grunde eine beinahe unmögliche Aufgabe. Beide Strategien arbeiten also mit Umdeutungen oder sogar Verschleierungen der Pflegebeziehung. Denn die Tatsache, von zunächst Fremden gepflegt zu werden, scheint auch heute noch etwas höchst Problematisches oder zumindest sehr Ungewohntes zu sein, mit dem die KlientInnen mit Hilfe von vertrauteren Mustern versuchen umzugehen.

Die Pflegedienste und Pflegekräfte müssen dabei versuchen die hohen Ansprüche, die heute an Pflege gestellt werden, mit äußerst knappen finanziellen Mitteln umzusetzen. Als Überforderung werden im Pflegedienst Müjdeci dabei zu hohe oder nicht angebrachte Anforderungen der KlientInnen bezeichnet. Der unter dem Stichwort der Überforderung zur Sprache gebrachte Konflikt ist aber auch struktureller Art: Dem Pflegedienst Müjdeci fehlen schlicht die finanziellen Mittel, um den vielfältigen Ansprüchen gewachsen zu sein; ein Problem, das sich – wie ich gezeigt habe – durch die gesamte Geschichte der Pflege zieht. Dass Anspruch und Wirklichkeit zwei verschiedene Dinge sind, ist zunächst eine Binsenweisheit. Entscheidend ist vielmehr, wie mit diesem Konflikt umgegangen wird. Hier zeigt sich, dass auf den Pflegediensten und Pflegekräften ein hoher moralischer Druck lastet: Sie sollen die strukturellen Mängel in der Versorgung alter und kranker Menschen auffangen. Sehr weit scheinen wir dabei noch nicht von den Idealen des 19. Jahrhunderts entfernt zu sein, die von familiärer Liebestätigkeit und innerlicher Hingabe reden. Allerdings sind im Zuge der Professionalisierung der Pflege neue Ideen hinzugekommen: der Anspruch eines gleichberechtigten Umgangs, der Förderung von Selbstständigkeit oder der einer kultursensiblen Pflege. Doch solange diese Forderungen nicht im politischen Raum artikuliert, sondern nur als moralisch konnotierte Ansprüche an die Pflegedienste und Pflegekräfte gestellt werden, können sie nur zu einer zusätzlichen Belastung des Berufsalltags in der Pflege werden.

Humor

»Humor ist, wenn man trotzdem lacht« erkannte schon der Lyriker Otto Julius Bierbaum. Er verwies damit darauf, dass es sich beim Humor nicht nur um eine Tätigkeit – das Lachen – handele. Zudem stellte er heraus, dass Humor die Fähigkeit kennzeichne, die Dinge *trotz* ihrer Unvollkommenheit mit dieser lockeren Haltung zu nehmen. Im Rahmen unserer Forschung zum Thema Alter(n) sind wir immer wieder mit Humor in Berührung gekommen. Die Momente, in denen gelacht wurde, verwiesen auf den spezifischen Kontext, in dem die alten Menschen sich gerade befanden: Gelacht werden konnte *trotz* verschiedener Unannehmlichkeiten, die mit dem Altwerden oder Altsein verbunden waren. Es sollen hier drei Bereiche vorgestellt werden, zu denen trotzdem gelacht werden konnte.

Trotz des bevorstehenden Todes konnte gelacht werden. So konnte während der Feldforschungen in Migrantenmilieus beobachtet werden, dass es unter den Alten geradezu als Witz kursierte, sich gegenseitig als Tote oder Fast-Tote zu bezeichnen. In diesem Witz wurde ausgesprochen, was jeder weiß, nämlich dass die Alten bald sterben werden. Der Witz thematisierte dieses Wissen um den zu erwartenden Tod und umging die Angst, welche mit ihm verbunden ist. Zugleich wird mit dem Wert des Lebens auf spielerische Art und Weise umgegangen. Diesen spielerischen Umgang entwickelte – allerdings in einer anderen Forschung – auch Frieda:

> »Ich hab' mal oben mit Petrus gesprochen. Da ging's mir auch so schlecht. Und da hab' ich gesagt: ›Petrus, nimm mich zu dir.‹ Da hat der Kerl gesagt: ›Was willst du? So 'ne alten Schrarten wie dich hab' ich genug hier oben. Bleib du mal unten‹. Da musst' ich weiterleben.«

Auch *trotz* körperlicher Abbauprozesse konnte gelacht werden. Die mit dem Altern einhergehenden körperlichen Beeinträchtigungen wurden nicht nur beklagt, sondern oft auch mit Witzen kommentiert. Ein künstliches Gebiss zum Beispiel, nicht unbedingt positiv konnotiert und oft mit Peinlichkeit verbunden, konnte zum Gegenstand humorvoller Auseinandersetzung werden. Die schon zitierte Frieda, schilderte den Ablauf der zahnärztlichen Behandlung wie folgt: Zuerst lege sie sich auf den Zahnarztstuhl, dann nehme sie sich die Prothesen aus dem Mund und lege sie dem Zahnarzt zur Behandlung hin. Frieda spielte bewusst mit dieser Komik. Eine Bewohnerin eines Altenpflegeheims, welche gerne Gedichte und Reime vortrug, zitierte während des Mittagessens Heinz Erhard, was von den um sie sitzenden Bewohnern mit lautem Lachen begleitet wurde:

»Alte Zähne wurden schlecht,
man begann sie auszureißen,
die neuen kamen grade recht,
um damit ins Gras zu beißen.«

Hiermit wird nicht nur der bevorstehende Tod belächelt und salopp umschrieben, auch die negative Konnotation der »Dritten« wurde humorvoll umgedeutet und entsprechend zu einem Gegenstand gemacht, über den man lachen konnte. Das Vergesslich Werden kann auch Element körperlicher Abbauprozesse werden. Eine Bewohnerin der Demenzstation eines Altenpflegeheims berichtete von den drei guten Gründen, warum es sich lohne, vergesslich zu sein. Als diese nannte sie – erstens –, dass man sich jedes Jahr zu Ostern die Ostereier selber verstecken könne. Zweitens – man jeden Tag neue Leute kennen lerne. Und – drittens, nach einer kurzen Phase der Überlegung, worin denn nochmal der dritte Punkt bestehe –, dass man sich jedes Jahr zu Ostern die Ostereier selber verstecken könne. Bei Männern ist die Auseinandersetzung mit der Potenz häufig Bestandteil der Reflexion eines spezifischen körperlichen Abbauprozesses. Während der Feldforschungen im ambulanten Pflegedienst konnte der humorvolle Umgang mit der Impotenz der Männer und der damit vermeintlich verloren gegangenen Männlichkeit beobachtet werden. Um den entblößten Herrn Sagül herum stehend, scherzten Pflegepersonal und er selbst über dessen »schlappes« Geschlecht und die Erkenntnis »der könne nichts mehr«.

Schließlich konnte *trotz* unliebsamer Lebensumstände gelacht werden. Physische und psychische Abbauprozesse sind Phänomene, die die Wenigsten freiwillig über sich ergehen lassen. Entsprechend ist der Entschluss, sich in Pflege zu begeben um die Verrichtungen des alltäglichen Lebens von fremden Menschen ausführen zu lassen, kein freiwilliger. Aber auch in dieser Situation entdeckten die pflegebedürftigen Menschen den Humor als Strategie, um mit ihrer Situation fertig zu werden. So konnte während der Feldforschungen im ambulanten Pflegedienst beobachtet werden, wie es in Kommunikation zwischen der Pflegekraft Eda und der zu versorgenden Frau Cileli immer wieder zu lustigen Situationen kam, weil letztere für alberne Späße gewonnen werden konnte. Eda lockte diese zum Beispiel hervor, indem sie Frau Cileli eine Hexe nannte und ihr die Zunge herausstreckte. Sie konnte sich sicher sein, dass Frau Cileli sich daraufhin nicht beleidigt zurückzöge, sondern die Aussage samt Geste angemessen beantwortet: sie streckt Frau Eda schlicht ebenso ihre Zunge aus. Daraufhin verfielen beide Seiten in Gelächter.
Auch zu einem anderen Zeitpunkt wurde zwischen Eda und Frau Cileli eine humorvolle Situation hergestellt. Um den Fernseher herum sitzend, den tanzenden Musi-

ker Tarkan beobachtend, war es diesmal Frau Cileli, welche die Initiative ergriff: sie hob ihren Arm und schnippte sehr galant mit der Hand im Takt zur Musik. Nicht nur das, sie forderte die umher Sitzenden auf, zu tanzen und freute sich, als Eda dies tatsächlich tat. Letztere beließ es jedoch nicht bei einem schlichten Tanz. Sie zog zudem ihr T-Shirt hoch und bewegte sich bauchfrei zu Tarkan und der schnippenden Frau Cileli. Und auch dabei blieb es nicht. Durch Eda angeregt, lockerte auch Frau Cileli ihre Bekleidung und legte ihren Bauch frei. Ebenso komisch erscheint im Pflegekontext die Benutzung einer derben Sprache. Frau Holoschek, welche ebenso eine Klientin des ambulanten Pflegedienstes ist, lockte das Lachen der Anwesenden hervor, indem sie davon sprach, dass ihr etwas »scheißegal« sei, sie etwas »im hohen Bogen zum Fenster hinauswerfen wolle« und sie »rechts und links herum kacken« würde.

Humor ist, so konnte gezeigt werden, eine Art und Weise mit den spezifischen, mit dem Alter(n) verbundenen Veränderungen umzugehen. In allen drei Bereichen wurde eine spezifische Situation, so wie sie ist, anerkannt. Die alten Menschen, denen wir in unserer Forschung begegneten, nahmen zur Kenntnis, dass die Umstände, in denen sie sich befinden, unliebsam sind. *Trotzdem* nehmen sie dies mit Humor. Dadurch wird zugleich auch eine Selbstdistanzierung möglich: Mit Hilfe des Humors kann man so viel Distanz zu sich aufbauen, dass der bevorstehende Tod, die körperlichen Gebrechen und die unfreiwilligen Lebenslagen – allesamt eigentlich tragische Dinge des Lebens – als solche wahrgenommen werden können, man sich mit ihnen aber nicht identifizieren muss. Und vielleicht hat deshalb Samuel Beckett Recht, wenn er feststellt, dass nichts so komisch ist wie die Tragödie.

Tom Mathar

Ehret die Alten
Zur Lebenswelt alternder Migranten türkischer Herkunft im Amselviertel

Sulamith Hamra

Die Amselstraße[1] ist eine ruhige und gepflegte Straße in der Berliner Innenstadt, in der in den letzten Jahren zahlreiche Sanierungsmaßnahmen durchgeführt wurden. In einer Ladenwohnung befindet sich eine unauffällige, kleine Moschee, zu der ein Geschäft gehört. Viele männliche Mitglieder der Moschee kommen täglich hierher, um vor und nach dem Gebet Tee oder Kaffee zu trinken oder um eine Kleinigkeit zu essen. Wegen des guten Wetters stehen Tische vor dem Geschäft; nahe der Tür sitzen einige ältere Herren und trinken Tee, am Nachbartisch unterhalten sich mehrere jüngere Männer lebhaft. Die älteren Männer beobachten die Passanten, auf der verkehrsberuhigten Straße spielen Kinder. Die Restaurants und Cafés sind gut besucht; hier sitzen vor allem Deutsche, ein paar Touristen, aber keine Männer aus der Moschee. Auf einer Bank unterhalten sich zwei Kopftuch tragende ältere Frauen auf Türkisch. Hin und wieder treten Gesprächspausen ein. Beide lassen abwechselnd die Füße kreisen, als würden sie schmerzen. Eine der Frauen gähnt. Nach einer Weile erhebt sich die andere mühsam und verschwindet mit schlurfenden Schritten in einem Hauseingang. Zwei Neuankömmlinge stoßen zu den Männern vor dem Geschäft, ein Älterer, der sich am Arm eines Jüngeren abstützt. Der Jüngere hilft dem Älteren, sich zu setzen und begrüßt die schon Sitzenden höflich. Der Wirt begrüßt den hinzugekommenen alten Herrn mit Handschlag und bringt den Neuankömmlingen Tee. Unter den Alten entsteht ein kurzer Wortwechsel, dann verebbt das Gespräch im Klappern der Teegläser. Die Alten sitzen da, als würden sie auf etwas warten.

Im Bild der Amselstraße dominieren neben Cafébesuchern kleine Gruppen Türkisch sprechender Menschen. Obwohl hier nicht nur Senioren türkischer Herkunft leben, bleiben die älteren Migranten eher unter sich. Die Amselstraße und die umliegenden Straßenzüge, die ich hier als *Amselviertel* bezeichne, bilden den sozialen Anlaufpunkt meiner InterviewpartnerInnen, nicht alle wohnen jedoch tatsächlich dort. Neben den von mir untersuchten Migranten türkischer Herkunft

---

[1] Auch die Straßennamen wurden in diesem Aufsatz von mir geändert. Ich danke allen meinen GesprächspartnerInnen für die Offenheit und das Vertrauen, das sie mir entgegengebracht haben. Ganz besonders danke ich Fuat Kamaci, ohne dessen Hilfe und Unterstützung meine Forschung in dieser Form nicht möglich gewesen wäre.

leben im Amselviertel auch Migranten aus anderen Ländern; viele der Anwohner sind deutscher Herkunft. Da ich in diesem Aufsatz der Frage nachgehe, was es für die im Amselviertel lebenden Migranten türkischer Herkunft bedeutet, in Deutschland zu altern, lässt sich nicht vermeiden, dass die vielfältige Bevölkerungsstruktur dieses Viertels dabei etwas in den Hintergrund gerät. Sie ist jedoch eine Voraussetzung für den Charakter der Gemeinschaft, die sich zwischen einigen Migranten türkischer Herkunft hier gebildet hat. Wenn ich im Folgenden der Einfachheit halber vom Amselviertel ohne weitere Erklärungen spreche, dann meine ich immer die dort von diesen Migranten gebildete Gruppe.

Meine GesprächspartnerInnen[2] waren zum Zeitpunkt der Interviews zwischen 50 und 78 Jahren alt[3] und nicht berufstätig. Der Großteil meiner männlichen Interviewpartner hat in Deutschland als Bauarbeiter gearbeitet und leidet heute auf Grund der harten Arbeit unter massiven gesundheitlichen Problemen. Von den jüngeren InterviewpartnerInnen sind die meisten wegen starker gesundheitlicher Beeinträchtigung in Frührente. Trotz des großen Altersunterschieds bestehen viele Gemeinsamkeiten zwischen meinen InterviewpartnerInnen: Alle haben einen muslimischen Hintergrund und bezeichnen sich mit Ausnahme des kommunistischen Herrn Tetik als gläubig. Fast alle wurden in ländlichen Regionen geboren, keiner hatte ursprünglich geplant, länger als fünf bis sechs Jahre in Deutschland zu bleiben.[4] Alle hatten davon geträumt, in kürzester Zeit wohlhabend zu werden, um dann endgültig in die Heimat zurückzukehren und dort ein Haus, einen Laden, einen Garten und/oder ein Auto zu kaufen. Aus finanziellen und persönlichen

---

2 Mein Datenmaterial beruht zum Teil auf verdeckter und teilnehmender Beobachtung in einem staatlich organisierten Treff für Senioren türkischer Herkunft; die meiste Zeit verbrachte ich jedoch in der Amselstraße und deren Umgebung. Dort führte ich 18 Interviews mit Migranten türkischer Herkunft. Da mir die meisten InterviewpartnerInnen von einem männlichen Mitglied der in der Amselstraße gelegenen Moschee vermittelt wurden, konnte ich nur drei ausführlichere Interviews mit Frauen führen. Im Abschnitt »Geschlechtertrennung« wird genauer auf dieses Problem eingegangen. Eine weitere Schwierigkeit war die Tatsache, dass viele der alten Frauen im Amselviertel nur so wenig Deutsch sprechen, dass die Hemmungen sehr groß waren, sich für ein Interview bereit zu erklären.

3 Fünf InterviewpartnerInnen waren in den 70ern, vier waren mindestens 65 Jahre alt, fünf waren 60-64 Jahre alt und vier waren in den 50ern. Wesentlich jünger waren der Sohn und die Schwiegertochter von Frau Büyük, die in der Amselstraße wohnen und mir viel über den Alltag dort berichten konnten. Die Länge der einzelnen Interviews variierte zwischen 30 und 85 Minuten.

4 Eine Ausnahme bildet Frau Büyük, die erklärte, sie habe so lange in Deutschland bleiben wollen, wie es eben ginge. Herr Bulut bildet ebenfalls eine Ausnahme, da er eine höhere akademische Laufbahn in der Türkei anstrebte und erst später wieder nach Deutschland zurückkehrte. Auch Herr Gürgens Migrationspläne weichen etwas ab: Seiner Aussage zufolge ging er auf unbestimmte Zeit nach Deutschland, nachdem seine Frau in der Türkei gestorben war.

Gründen wurde die Rückkehr in die Türkei jedoch immer weiter hinausgeschoben. Je mehr sich der Aufenthalt in Deutschland ausdehnte, desto mehr veränderten sich auch die Gestaltungsmöglichkeiten der Zukunft: Die Kinder der meisten Befragten sind in Deutschland aufgewachsen und wollen nicht in der Türkei leben. Aber selbst diejenigen, die mit ihren Familien heute wieder einen Wohnsitz in der Türkei haben, kehren immer wieder nach Deutschland zurück – sei es auch nur für wenige Monate – denn keiner von ihnen hat eine Krankenversicherung in der Türkei und nur wenige haben dort Rentenansprüche. Mit steigendem Alter wird eine gute medizinische Versorgung für sie jedoch zunehmend wichtiger. Solange sie arbeiteten, konnten sie das Leben in Deutschland noch als vorübergehende Station auf dem Weg zur erfolgreichen Rückkehr in die Heimat betrachten – diese Legitimation entfiel mit der Arbeitslosigkeit oder dem Eintritt in den Ruhestand. Gleichzeitig mussten sich meine InterviewpartnerInnen eingestehen, dass sie aus unterschiedlichen Gründen nicht bereit waren, endgültig in die Türkei zurückzukehren. Wie der 65jährige Herr Gürgen, der seit 35 Jahren in Deutschland lebt, lassen fast alle meine InterviewpartnerInnen erkennen, dass die Beendigung ihrer Erwerbstätigkeit ihr Selbstbild stark in Frage stellte. »Als ich nicht mehr arbeiten konnte«, so Herr Gürgen, »war [es] mir peinlich auf der Straße rumzulaufen. Warum kommen wir denn her? Müssen arbeiten!« (I-Gürgen: 2)

Für viele der Migranten wurde mit der Zeit immer klarer, dass der Übergangszustand zu einem Dauerzustand geworden war. Da die Arbeitsmigration in der Regel durch die Hoffnung auf einen gesellschaftlichen Aufstieg in der alten Heimat motiviert war, ist das Gefühl von Anerkennung bzw. Missachtung in Deutschland entscheidend für die Zufriedenheit oder Unzufriedenheit meiner InterviewpartnerInnen. Obwohl keiner der Befragten den Begriff *Ehre* gebrauchte und er auch von mir in den Interviews nicht verwendet wurde, wurde bei der Auswertung der Gespräche und auch in den Erfahrungen während der Feldforschung deutlich, dass viele meiner InterviewpartnerInnen ähnliche moralische Vorstellungen und Erwartungen haben. Dies äußert sich beispielsweise im wiederkehrenden *Motiv des Respekts* oder in der häufigen Thematisierung von *Rechtschaffenheit* und *Stolz*. Hieraus kann auf ein implizites Ehrverständnis geschlossen werden. *Ehre* als Analysekategorie hat in der Anthropologie des mediterranen Raums eine lange Tradition und wurde als ein die mediterrane Gesellschaft auf fundamentale Weise strukturierendes Element gesehen.[5] Zu Recht wurde allerdings kritisiert, dass in der anthropologischen Forschung sehr unklar geblieben sei, wie Ehre genau gefasst werden solle.[6] Ich definiere *Ehre* auf der Grundlage meines Materials im fol-

---

[5] Vergleiche Goddard 1994, Goddard/Llobera/Shore 1994: 5f., Steward 2001: 6905. Auch Werner Schiffauer, 1987 und 1991, verwendet Ehre als eine Analysekategorie. Mit seiner Arbeit werde ich mich im dritten Teil dieses Aufsatzes genauer auseinandersetzen.
[6] Vergleiche Steward 2001, Sp. 6904-6906.

genden als *positiven Teil* der sozialen Identität einer Person in der Öffentlichkeit, der ihr die Partizipation an der Gesellschaft ermöglicht: Sie macht das Ansehen einer Person in ihrer Bezugsgruppe aus. Ich verstehe *Ehre* damit nicht als Teil eines binären, essentialistischen Systems von *männlicher Ehre* und *weiblicher Scham* oder als fixierte, soziale Leitformation, wie sie in älteren sozialanthropologischen Arbeiten für vormoderne Gesellschaften als typisch erachtet wurde.[7] Meiner Definition nach ist *Ehre* Ergebnis von durchaus auch in modernen Gesellschaften verbreiteten Repräsentationspraxen[8], die in ihrer Bedeutung stets vom jeweiligen Handlungskontext bestimmt werden und aktive und passive Elemente umfassen. Durch die Einhaltung kontextspezifischer Regeln müssen Männer wie Frauen ihre *Ehrenhaftigkeit* beweisen und erhalten dafür *Respekt*; indem sie anderen *Respekt* erweisen, stellen sie wiederum ihre eigene *Ehrenhaftigkeit* unter Beweis. Für die Situation meiner InterviewpartnerInnen ist es von großer Bedeutung, dass sie in Berlin kontinuierlich mit einer Gesellschaft konfrontiert werden, die in vielen Punkten im Kontrast zu ihren persönlichen Vorstellungen eines angemessenen Soziallebens steht. Im vorliegenden Aufsatz werde ich untersuchen, welche Konflikte sich dabei aus der Konkurrenz der unterschiedlichen Vorstellungen des Zusammenlebens ergeben. Aus den Interviews geht hervor, dass meine GesprächspartnerInnen drei Bereiche in ihrer Lebenswelt unterscheiden: die deutsche Aufnahmegesellschaft als äußeres soziales Umfeld, die Familie, die den Kern ihres Soziallebens ausmacht und das von den Migranten geprägte Amselviertel, in dem sich das familiäre und das äußere soziale Umfeld überschneiden. Dieser Unterteilung folgend, untersuche ich im ersten Kapitel dieses Aufsatzes das Verhältnis meiner InterviewpartnerInnen zur deutschen Aufnahmegesellschaft, im zweiten Kapitel gehe ich auf die Familienbeziehungen ein, die für die Befragten von Bedeutung waren. Im dritten Kapitel beschreibe ich Aspekte des Soziallebens der Migranten im Amselviertel und versuche dabei herauszuarbeiten, wie die Alten ihre *Ehre* durch Rückgriff auf unterschiedliche Repräsentationsformen *demonstrieren*. Ich möchte zeigen, dass sich die älteren Migranten in ihrem Viertel einen sozialen *Zwischen-Raum* geschaffen haben, der ihren Bedürfnissen bis zu einem gewissen Grad angepasst ist. Es kann in dieser Arbeit nicht darum gehen, allgemeine Aussagen über in Deutschland lebende Migranten türkischer Herkunft oder gar über *die Türken* zu machen. Das Leben im Amselviertel steht nur für eine von vielen Möglichkeiten, mit denen versucht wird, durch ein nach eigenen Regeln gebildetes Sozialsystem das zu kompensieren, was seine Bewohner in anderen Gesellschaftsbereichen vermissen.

---

[7] Z.B. Campbell 1964: 286f. Siehe zur Kritik auch Goddard 1994: 68, Goddard/Llobera/Shore 1994: 5.

[8] Vergleiche hierzu den Beitrag von Carola Pohlen zu gewerkschaftlichen Jubilarehrungen in diesem Band.

Außen – Ich bin ein guter Mensch

»Kann ich nicht alles erzählen, was für ein Leben wir gehabt haben. Arbeit und Ungerechtigkeit. Weil, erst mal waren wir hier, müssen die uns Schule [Sprachschule] schicken! Gleich haben sie uns Arbeit gegeben. Durch diese Sprache Schwierigkeit, soviel Ungerechtigkeit haben wir gehabt. Beispiel ich: Für drei Leute gearbeitet. Das war okay damals. Soviel geackert haben wir, ich sehe mich immer noch ein Ausländer. Wir sind die Dritte-Klasse-Deutschen, denke ich immer. Aber sage ich immer: ›Kopf hoch, egal, was die so denken. Ich bin ein Mensch, ich bin ein guter Mensch.‹« (I-Ümit: 2)

Frau Ümit war 26 Jahre alt, als sie von der Firma »Telefunken« angeworben wurde und nach Berlin kam. Heute, nach 40 Jahren Lebens und Arbeitens in Deutschland, fühlt sie sich noch immer nicht als vollwertiges Mitglied der Gesellschaft. Frau Ümits Aussage enthält viele Aspekte, die alle meine InterviewpartnerInnen sehr beschäftigen: Ausbeutung und Diskriminierung sowie fehlende Kenntnisse der deutschen Sprache, die als bedeutendes Handicap erfahren werden.

Sprache als Exklusionsmechanismus

Sämtliche Interviews mussten auf Deutsch stattfinden, da ich kein Türkisch spreche; und obwohl meine GesprächspartnerInnen unsere Kommunikationsschwierigkeiten mit großer Kreativität lösten, hatten alle das Bedürfnis, sich für mangelnde Deutschkenntnisse zu entschuldigen und zu rechtfertigen. Ich habe in den hier abgedruckten Transkriptionen meiner Interviews bis auf wenige Glättungen die Äußerungen nicht verändert, um die Ausdruckskraft und Kreativität im Umgang mit der ihnen fremden Sprache zu erhalten. Wie Frau Ümit beschrieben meine InterviewpartnerInnen, dass sie nach ihrer Ankunft in Deutschland übergangslos angefangen hätten zu arbeiten, ohne dass Arbeitgeber oder Staat ihnen die Möglichkeit des Spracherwerbs geboten hätten. Hinzu kam, dass die Migranten es vor dem Hintergrund der bald geplanten Rückkehr nicht für besonders dringlich hielten, Deutsch zu lernen. Da der Spracherwerb viel Zeit und Energie, wenn nicht sogar Geld gekostet hätte, wäre er im Hinblick auf die Rückkehrpläne eine Fehlinvestition gewesen. Mit der langsam wachsenden Erkenntnis, längerfristig in Deutschland zu bleiben, gewann die deutsche Sprache für meine InterviewpartnerInnen jedoch eine andere Bedeutung. Mehrere wurden ihren Aussagen zufolge betrogen und erlitten, wie Frau Ümit es ausdrückt, große »Ungerechtigkeit«. Im Rückblick stellen die meisten fest, dass sie wegen mangelnder Sprachkenntnisse schlecht bezahlte Jobs annehmen mussten oder regelrecht der Ausbeutung durch ihre Arbeitgeber ausgeliefert waren. Auch mit der Beendigung des Arbeitslebens wird das Sprachproblem für die Bewohner des Amselviertels nicht weniger dringlich: Das mit der Verrentung gesunkene Einkommen macht die Verständigung mit dem Sozialamt oft unumgänglich, und auch ärztliche Beratungsgespräche werden mit gesundheitlichen Problemen im Alter immer wichtiger. Obwohl es gerade in Berlin viele türkischsprachige Beratungsstellen und Arztpraxen gibt, lassen sich fehlende Deutschkenntnisse damit nicht ausgleichen. In so sensiblen Bereichen wie der Sorge um die eigene Gesundheit und dem finanziellen Auskommen wird die fehlende Beherrschung der Sprache zum existenziellen Problem. Nun, im fortgeschrittenen Alter, fühlen sich meine InterviewpartnerInnen jedoch nicht mehr in der Lage, Deutsch zu lernen. Im Alltag sind sie daher immer auf Kinder, Enkel, Freunde oder Bekannte angewiesen, die für sie übersetzen.

Fehlende Anerkennung

In der türkischen Grund- und Mittelschule wurde der Generation meiner InterviewpartnerInnen die Verbundenheit zwischen Deutschland und der Türkei mit Verweis auf die traditionelle Freundschaft zwischen dem Kaiserreich und dem Osmanischen Reich im Unterricht beigebracht und die »Liebe zu den Deutschen« propagiert. Der 75jährige Herr Yesil, der im Osten der Türkei an der iranischen Grenze geboren wurde erinnert sich sogar daran, dass seine Eltern während des Ersten Weltkriegs Lebensmittelpakete zu den »deutschen Freunden« schickten. (I-Yesil: 5f.) In Deutschland fühlen sich meine GesprächspartnerInnen jedoch nicht als langjährige Freunde aufgenommen. Sie empfinden eine große Bitterkeit bei dem Gefühl, in dem Land, in dem sie jahrzehntelang arbeiteten und lebten, immer noch »Ausländer« und Deutsche »dritter Klasse« zu sein. Fast alle müssen mit sehr geringen Renten auskommen. Schlimmer ist für sie jedoch, dass auch die eigenen Kinder auf dem Arbeitsmarkt benachteiligt sind, obwohl diese in Deutschland geboren wurden oder aufwuchsen.[9]

Herr Yildiz, der 60 Jahre alt ist und seit 1966 in Deutschland lebt, formuliert diese Enttäuschung im Interview sehr deutlich. Aus gesundheitlichen Gründen erhält er seit 1997 eine Erwerbsunfähigkeitsrente. Im Interview erklärt er, dass er ursprünglich nur zwei Jahre in Deutschland habe bleiben wollen, um dann als reicher Mann in die Türkei zurückzukehren. Als ihm jedoch nach mehreren Jahren bewusst wurde, dass er seine finanziellen Ziele nicht erreichen würde, entschloss er sich, in Deutschland zu bleiben, teils wegen der Kinder, teils um sich selbst einen Neuanfang zu ersparen:

---

[9] Die Kinder von 16 der Interviewten hatten die Ausbildung zum Zeitpunkt der Interviews abgeschlossen. In zehn dieser Familien waren eine oder mehr Personen arbeitslos.

»[In] dieser Situation kann man nicht mehr so leicht zurückgehen, weil dann fängt man wieder von vorne an. Und von vorne anfangen, das dauert wieder ein paar Jahre. Das bringt nichts. Man verliert nur Zeit und Nerven.« (I-Yildiz: 2)

Konsequent beantragte er die deutsche Staatsbürgerschaft, um seinen Aufenthaltsort zur zweiten Heimat zu machen und dort politische Rechte und Pflichten wahrnehmen zu können. Wie meine anderen InterviewpartnerInnen fühlt er sich jedoch weiterhin zum »Ausländer« abgestempelt und benachteiligt: »Ich habe einen neuen Pass, aber mein Gesicht bleibt das gleiche.« (I-Yildiz: 3) Für keine[n] meiner InterviewpartnerInnen stellt die endgültige Rückkehr in die Türkei eine Option dar. Der 64jährige Herr Kiraz, der seit 40 Jahren in Deutschland lebt, spricht davon, dass er »keine Heimat« mehr habe, da er sowohl in der Türkei als auch in Deutschland zum »Ausländer« und damit zum Außenseiter der Gesellschaft gemacht werde. »Wohin ich auch gehe«, erklärt er, »ich bin Ausländer«. (I-Kiraz: 2) Diese Diskriminierungserfahrung ist eine große psychische Belastung für alle InterviewpartnerInnen. Die Reaktion der meisten darauf ist die Forderung nach Gerechtigkeit mit dem Verweis auf eine *universelle Menschenwürde*. Wie Herr Yildiz, Herr Kiraz und Frau Ümit erklären viele meiner InterviewpartnerInnen, dass für sie alle Menschen gleich seien und jeder in ihren Augen den gleichen Respekt verdiene. Mit Aussprüchen wie »Mensch ist Mensch«, »Leute ist Leute« oder »immer menschlich« bekräftigen sie dies in den Gesprächen wiederholt und klagen damit einen aus ihrer Sicht eklatanten Missstand an. Verantwortlich dafür machen sie die deutsche Gesellschaft und den Staat – den deutschen wie den türkischen.

Türkei und Deutschland: Heile Welt versus Großstadtmoloch

Obwohl keine[r] meiner InterviewpartnerInnen Zweifel daran lässt, dass Deutschland gegenüber der Türkei über das umfassendere und gerechtere Sozialsystem verfüge, meinen die meisten, dass das Leben in der Türkei den Bedürfnissen alter Menschen besser gerecht würde. Auffällig ist in den Gesprächen, dass die meisten meiner InterviewpartnerInnen mit der Türkei eine intakte und unberührte Natur assoziieren. Sie vertreten die Ansicht, dass Naturverbundenheit und die Ruhe des Landes gerade für ältere Menschen wichtig seien. Viele berichten, dass ihre gesundheitlichen Beschwerden nachließen, wenn sie in der Türkei seien. Tatsächlich sind alle, die diese Aussage machen, aus dörflichen Gegenden der Türkei nach Deutschland migriert, um schließlich in der Großstadt Berlin zu bleiben. Für sie steht Deutschland darum für industrialisiertes Großstadtleben im Gegensatz zum naturverbundenen Dorfleben in ihrer Heimat. Nicht nur die intakte Natur vermissen meine InterviewpartnerInnen jedoch in Deutschland, sondern vor allem das Leben in der Dorfgemeinschaft.

So schwärmt etwa der 63jährige Herr Güllük, der aus der Gegend von Mersin kommt, von der Warmherzigkeit und Kontaktfreudigkeit der Menschen, die in seinem Heimatdorf leben. Herr Güllük kam 1969 nach Deutschland, seine Frau folgte kurze Zeit später. Er arbeitete die meiste Zeit als Bauarbeiter in Berlin. Die Geburt der Kinder, dann deren Einschulung und schließlich deren Ausbildung und Familiengründung in Deutschland waren immer wieder Gründe, die Rückkehr aufzuschieben. Derzeit ist er arbeitslos und hat so geringe Chancen auf dem Arbeitsmarkt, dass er nur noch auf die Verrentung wartet. Im Interview kommt er zu dem Schluss, dass es für ihn und seine Frau nun zu spät sei, in die Türkei zurückzukehren: »Jetzt bleibt man bis zum Lebensende«, resümiert er. Dennoch erklärt er wiederholt, so viel Zeit wie möglich in der Heimat verbringen zu wollen, sobald er in Rente sei. (I-Güllük: 9) Solange er arbeitete, habe er nie weiter über sein Leben nachgedacht. Wie mehrere meiner InterviewpartnerInnen meint er, dass es damals gut gewesen sei, viel zu arbeiten, alles andere sei dabei in den Hintergrund gerückt. Mit voranschreitendem Alter sehnt er sich jedoch nach einer Lebensform, die dem Alter angemessener sei. Für junge Menschen böte das Leben in der Stadt interessante Reize, »aber alte Leute wollen nicht mehr leben wie junge. Alte Leute müssen leben wie alte Leute«, erklärt er. Es sei nicht ausreichend, einfach nur Bekannte zu haben. Wichtig neben »Ruhe und frische[r] Luft« sei die alle einschließende Gemeinschaft im Dorf: »Ich habe hier auch viele Bekannte, aber für mich allein reicht nicht. Es muss für alle Leute so sein.« (I-Güllük: 8) Mangelnde Hilfsbereitschaft der Deutschen und fehlende gegenseitige Anteilnahme innerhalb der Berliner Nachbarschaft wird von vielen meiner InterviewpartnerInnen beklagt.

Resümierend lässt sich sagen, dass meine InterviewpartnerInnen zwei unterschiedliche Formen des Sozialen gegeneinander stellen. Die *face to face* Gesellschaft, in der sie aufgewachsen sind, steht im Kontrast zur anonymisierten Großstadt. Meine GesprächspartnerInnen selbst interpretieren das Verschwinden dieser *Dorflebensform* als ein Urbanisierungsphänomen, indem sie erklären, dass sowohl Berliner als auch Istanbuler Jugendliche sich nicht *angemessen* verhielten. Die Jugendlichen seien Älteren gegenüber respektlos und nicht zuvorkommend. Meine InterviewpartnerInnen bringen darin die Überzeugung zum Ausdruck, auf Grund ihres fortgeschrittenen Alters Anspruch auf einen erhöhten gesellschaftlichen Status zu haben. Wenn sie davon sprechen, dass *die türkische Gesellschaft* besser für alte Menschen sei als die deutsche, dann geht es vor allem um diese herausgehobene soziale Stellung alter Menschen. Als meine InterviewpartnerInnen in der Hoffnung auf ein eigenes Haus oder ein Auto zum Arbeiten nach Deutschland kamen, ging es ihnen darum, gesellschaftliches Ansehen zu erwerben. An der Herabwürdigung als Ausländer, an ihren schlechten Chancen auf dem Arbeitsmarkt, unter denen auch ihre Kinder leiden, an ihrer allgemein meist schlechten finanziellen Situation und an den sprachlichen Hürden, die sie täglich zu bewältigen haben, manifestiert sich für sie jedoch unübersehbar, dass der deutsche, wie auch der türkische Staat ihnen das erhoffte soziale Prestige verwehren. Mit Aussagen wie der von Herrn Yildiz, dass die Deutschen sie, die heute gealterten Arbeitsmigranten, bisher »wenig respektiert« (I-Yildiz: 2) hätten, drücken meine InterviewpartnerInnen aus, was sie in Deutschland am meisten vermissen: den sozialen Status, der ihrem Gesellschaftsverständnis nach einem ehrenhaften Menschen am Lebensabend gebührt.

Innen – Allein ist nur Gott, der Mensch ist nicht alleine

Die Familie ist die soziale Einheit, die für alle meine InterviewpartnerInnen den höchsten Stellenwert hat.[10] Einer der Gründe für die Migration war das Ziel, den eigenen Kindern eine gute Zukunft bieten zu können. Daher identifizieren sich meine InterviewpartnerInnen sehr stark mit Erfolgen und Schwierigkeiten ihrer Kinder. Alle äußern sich befremdet über die aus ihrer Sicht geringe Wertschätzung der Familie in der deutschen Gesellschaft. Die Beobachtung, dass viele deutsche Jugendliche mit 18 Jahren oder früher von zu Hause ausziehen, um allein zu wohnen, löst bei allen Interviewten Unverständnis aus; sie kritisieren Eltern, die ihre Kinder mit Erreichen der Volljährigkeit nicht mehr unterstützen wollen.

Pflichten

Familienleben impliziert für meine InterviewpartnerInnen die Verpflichtung aller Familienmitglieder, sich gegenseitig so weit zu unterstützen, wie es dem Einzelnen möglich ist. Jeder von ihnen schickte den Eltern zu Lebzeiten regelmäßig Geld in die Türkei. Heute werden auch sie selbst im Falle zu niedriger Renten von ihren Kindern unterstützt. Mit steigendem Alter wird die eigene Familie für meine InterviewpartnerInnen immer wichtiger. Der 50jährige Herr Ömür etwa kam im Alter von 16 Jahren nach Deutschland und begann gemeinsam mit seinem Vater im Baugewerbe zu arbeiten. Nachdem sein Vater in die Türkei zurückgekehrt war, blieb er in Deutschland, um seine frisch gegründete Familie auf eine bessere finanzielle Basis zu stellen. Im Interview erzählt er, dass es ihm

---

10 Durch den Koran wird die Familie auch religiös aufgewertet: »[...] Aber die Blutsverwandten stehen (sonst, so wie es) in der Schrift Gottes (festgelegt ist) einander näher als die (nicht miteinander blutsverwandten) Gläubigen und Ausgewanderten [...].« (Sure 33: 6).

früher wenig ausgemacht habe, allein zu sein; heute leide er so sehr darunter, dass er nicht zu Hause essen wolle, wenn seine Familie nicht da sei:

> »Ich mach alles: kochen, waschen... Ich mache alles gerne. Aber wenn meine Familie im Urlaub in der Türkei ist: Ich komm in die Wohnung, ich habe großen Hunger, ich suche meine Kinder, nicht da. Frau nicht da. Ich schnell weg, im Imbiss essen. Lieber mit Leuten, quatschen. Ich ganz allein, ehrlich Mann, das will ich nicht mehr machen. Allein ist nur Gott, Mensch ist nicht alleine. [...] Ab 50 Jahren, egal ob Mann oder Frau, brauchen beide Hilfe. Über 50 weitermachen mit Frau: gut. Aber alleine? Nee!« (I-Ömür: 6)

Alle meine InterviewpartnerInnen empfinden es als selbstverständlich, dass Kinder ihre Eltern im Krankheitsfall pflegen. Indem sich Kinder um ihre Eltern kümmern, so die Überzeugung, geben sie ihnen die Unterstützung zurück, die sie früher von ihnen empfangen haben und erfüllen damit ihre familiären Pflichten. Die Unterstützung der eigenen Eltern ist auch eine Form, Achtung und Respekt zu zeigen. Herr Ömür schildert im Interview, wie er einmal bei Arbeiten an der Fassade eines Altenheimes einen alten Mann durch das Fenster beobachtete, der einsam und hilflos weinend in seinem Bett gelegen habe. Er erinnert sich, davon so berührt gewesen zu sein, dass er mitweinen musste. Viele meiner InterviewpartnerInnen erzählen, dass sie im Alltag immer wieder die Vereinsamung alter Menschen in Deutschland beobachten. Auch der 72jährige Herr Canli weist auf dieses Problem hin, als er schildert, wie dankbar eine deutsche alte Nachbarin, um die sich niemand kümmerte, gewesen sei, als er sie im Krankenhaus besucht habe.

Als Herr Canli 1968 nach Deutschland kam, hatte er zuvor zwölf Jahre in der Türkei gearbeitet und ließ dort Frau und Kinder zurück. Nach beinahe 20-jähriger Berufstätigkeit als Bauarbeiter in Deutschland, musste er wegen schwerer gesundheitlicher Probleme aufhören, zu arbeiten. Heute verbringt er zwei Monate des Jahres in Deutschland, um Arztbesuche und Behördengänge zu erledigen. Den Rest der Zeit lebt er bei seiner Ehefrau und den Kindern in der Türkei. Wie den meisten meiner InterviewpartnerInnen erscheint Herrn Canli die Vorstellung, im Alter ohne Familie auskommen zu müssen, unerträglich:

> »Wenn du keine Familie hast, musst du in ein Heim gehen. [...] Wo ist deine Tochter? Wo ist dein Junge? Hast du nichts? Dann bleib hier [im Heim], kommt der Doktor oder kommt Hilfe, aber wer kommt Sonntag? Oder Sonnabend? Kommt keiner! Keiner sagt: ›Mutti, wie geht es dir?‹ Die Kinder nicht da, schlimm! Dann steht man nicht auf. [...] In Deutschland, wenn Mädchen oder Junge 18 Jahre alt ist: allein. [...]

Aber in Türkei: Nein! Ich arbeite, komme nach Hause und frage: ›Vater, was willst du?‹« (I-Canli: 4-6)[11]

Herr Canli stellt hier das Beispiel einer *aufgelösten* deutschen Familie in den Kontrast zur fürsorglichen, intakten türkischen Familie. Das von ihm gezeichnete Bild des vereinsamten Deutschen ist ein immer wiederkehrendes Motiv in den unterschiedlichen Gesprächen.

Konflikte

Dass der deutsche Staat die finanzielle und medizinische Versorgung seiner Bürger übernimmt, empfinden meine InterviewpartnerInnen zwar als positiv, aber sie sehen mit Besorgnis, dass dies auch Einfluss auf das Gefühl gegenseitiger familiärer Verpflichtung habe. Herr Kiraz beispielsweise erklärt, dass in Deutschland heute viele Ehefrauen und Kinder die Familien verließen, weil sie sich durch staatliche Unterstützungsprogramme finanziell unabhängig von ihren Ehemännern und Vätern machen könnten. Viele Jugendliche verweigerten ihren Eltern den Gehorsam und gingen in staatlich betreute Heime, um sich der elterlichen Kontrolle zu entziehen. Am Ende blieben die alten Menschen ohne Hilfe der Familie allein zurück. Da der Staat den Jugendlichen Arbeitslosengeld statt Arbeit gebe, entwickelten sie kein Verantwortungsgefühl für die Versorgung der Familie. Stattdessen begännen sie Drogen zu nehmen und immer mehr zu verwahrlosen. Sein eigener Sohn erhalte Arbeitslosengeld, fühle sich darum unabhängig vom Vater und akzeptiere keine Ratschläge oder Verbote mehr von ihm. Herr Kiraz empfindet es als unnatürlich und widersinnig, dass nicht er in seiner Funktion als Familienoberhaupt die staatliche Unterstützung erhält, um die Familie zu versorgen. (I-Kiraz: 1–3, 7f.) Was er kritisiert, ist die Verkehrung der sozialen Ordnung, wie er sie in seiner Jugend kennen gelernt hat: Durch die niedrige Rente und die direkte Auszahlung des Arbeitslosengeldes an den Sohn werde ihm die Kontrolle über das Familieneinkommen entzogen, wodurch seine Autorität ernsthaft in Frage gestellt sei. Wie Herr Kiraz leiden viele meiner InterviewpartnerInnen unter dem Gefühl, in Deutschland die soziale Rolle des Familienoberhauptes nicht

---

[11] Interessant ist hierbei, dass Alten- und Pflegeheime Marschall Sahlins zufolge auch in *westlichen Gesellschaften* negative Assoziationen hervorrufen. Sahlins führt diese negativen Assoziationen jedoch darauf zurück, dass mit dem Leben im Heim ein Verlust an Individualität und Freiheit des Individuums in Verbindung gebracht wird. Für meine InterviewpartnerInnen steht das Heim dagegen in erster Linie für fehlende familiäre Unterstützung und Einsamkeit. Freiheits- und Individualitätsverlust sind für sie in diesem Zusammenhang keine prioritären Probleme. Vergleiche hierzu Tom Mathars Beitrag über Autonomie in Alten- und Pflegeheimen in diesem Band.

mehr ausfüllen zu können. Herr Kiraz erklärt, dass alte Menschen in der Türkei zwar auf die Hilfe ihrer Kinder angewiesen seien; dort sei es jedoch die Pflicht der Kinder, ihre Eltern zu unterstützen:

> »Mein Vater war die Versicherung meines Opas. Ich bin auch die Versicherung meines Vaters. [...] Mein Vater hat meinem Opa geholfen, darum muss ich auch meinem Vater helfen! Ich habe es da gelernt.« (I-Kiraz: 7)

Als ich Herrn Canli zu angemessenem Verhalten befragte und darüber, wie sich seine Kinder ihm gegenüber verhielten, erklärt er stolz:

> »Wenn ich nach Istanbul komme, kommt zweiter Sohn: ›Vater, wo ist dein zweiter Anzug? Nimm einen von mir, ich habe zu viele!‹ ›Ich brauche keinen!‹ ›Nein Vater! Nimm, es ist ein Geschenk!‹ 200000 türkische Lira! Ich habe zu meinem zweiten Sohn gesagt: ›Ich brauche keinen, ich habe einen Anzug zu Hause.‹ ›Nein! Nimm ihn, es ist ein Geschenk für dich!‹« (I-Canli: 7)

Für Herrn Kiraz und Herrn Canli ist ähnlich wie für die anderen Interviewten klar, dass den Ältesten der Familie der höchste Status zustehen müsse. Diese Hierarchie verkehre sich in Deutschland jedoch durch das Eingreifen des Staates. Viele meiner GesprächspartnerInnen erfahren diesen Prozess als Demütigung. Frau Ümit erklärt:

> »Ja, ich bin auch berentet worden. Freut mich, dass ich nicht arbeiten gehen muss. Eine Seite. Auf der anderen Seite bin ich traurig: Ich habe keine Macht...keine Macht. [...] [Könnte ich] bisschen arbeiten, bisschen selber Geld verdienen, [bräuchte] ich nicht jede Hilfe kriegen. Jeden Monat meine Hand meinem Sohn [hinhalten]: Geld reicht nicht? Mein Sohn gibt mir. Weißt du, wir sind stolze Menschen! Ich möchte nicht vor meinem Sohn die Hände aufmachen.« (I-Ümit: 4)

Die Kränkung liegt für meine InterviewpartnerInnen nicht darin, finanzielle Unterstützung zu erhalten, es verletzt ihren Stolz, darum bitten zu müssen. Dabei fühlen sie sich nicht als Empfänger von Gaben, die ihnen aufgrund ihres Familienstatus dargebracht werden, sondern als Bettler. Die Verpflichtung der Jüngeren gegenüber den Älteren tritt in den Hintergrund und in der von den Kindern erhaltenen Hilfe manifestiert sich die Abhängigkeit der Eltern.

An den Beispielen dieses Kapitels wird deutlich, dass die gegenseitigen familiären Pflichten und Rechte einen Teil des Ehrverständnisses meiner InterviewpartnerInnen ausmachen. Durch Fürsorge, Hilfeleistung und Respekt erweisen die Kinder ihren Eltern die Ehre, die ihnen auf Grund ihres Alters gebührt. Die Alten erhalten so den Lohn für die Fürsorge, die sie einst ihren Eltern und den eigenen Kindern zukommen ließen. Aus den Gesprächen geht hervor, dass der Zusammenhalt innerhalb der Familien meiner InterviewpartnerInnen weiterhin stark ist. Ihrer Wahrnehmung nach stellt jedoch das vom Leben in Deutschland bzw. in der Großstadt Berlin beeinflusste Gesellschaftsverständnis ihrer Kinder eine persönliche Bedrohung für sie dar: Die Gesellschaft, die ihnen zuvor die rechtmäßige Anerkennung verwehrte, dringt nun auch noch in Form von Sozialpolitik ins Innerste vor und stellt die Familienordnung in Frage. Nach der Demütigung, die eigene Familie nicht mehr selbst versorgen zu können, entsteht durch Missachtung und Desinteresse am Rat der Älteren ein zusätzlicher Funktionsverlust für meine InterviewpartnerInnen. Um die Legitimation der bedrohten Familienordnung zu stärken, setzen sie häufig das Ideal einer funktionierenden türkischen Familie in Kontrast zum Schreckensbild des vereinsamten Deutschen.

Dazwischen – Hier sind die Menschen wie eine Familie

Bei schönem Wetter findet ein Großteil des Lebens im Amselviertel im öffentlichen Raum statt. Vor allem die älteren Anwohner türkischer Herkunft verbringen viel Zeit an den unterschiedlichen Treffpunkten der Straße: hier tauschen sie Informationen aus, sprechen über Probleme und helfen einander, die Schwierigkeiten des Alltags zu bewältigen. Ein in der Amselstraße gelegenes Sozialprojekt bietet älteren Migranten die Möglichkeit, sich in rechtlichen Fragen auf Türkisch beraten zu lassen. Zur Erleichterung der Kommunikation mit Behörden und Ärzten bitten die Alten häufig Nachbarn, die Deutsch und Türkisch verstehen, um Übersetzungshilfe. Auch alltagspraktische Probleme werden hier häufig gemeinsam unter Nachbarn gelöst, seien es Reparaturen am Auto und in der Wohnung oder auch die Beschaffung billigen Brennholzes für die Ofenheizung.

Respekt vor Älteren

Frau Büyük ist 78 Jahre alt und lebt seit vielen Jahren im Amselviertel. Anfang der 70er Jahre kam sie mit ihrem Ehemann und sieben Kindern nach Deutschland. Hier arbeitete sie 18 Jahre und musste dann wegen starker Rückenbeschwerden aufhören. Im Gespräch schwärmt sie von der Schönheit ihrer Heimat. Sie erklärt jedoch, dass sie es nicht mehr als drei Monate im Jahr in der Türkei aushalte, denn ihre Kinder und die inzwischen 13 Enkel lebten alle in Deutschland. Am wichtigsten sei es für sie, die Familie in der Nähe zu haben. Unter meinen InterviewpartnerInnen bilden Frau Büyük und ihre Familie insofern eine Ausnahme, als dass sie Aleviten sind. Sie beteiligen sich nicht am religiösen Leben des Amselviertels und sind weniger in den Alltag der Amselstraße integriert.[12] Ihre Ansichten zur Rolle des Respekts gegenüber älteren Menschen unterscheiden sich jedoch nicht von denen meiner anderen InterviewpartnerInnen. Ich war sehr beeindruckt, als ich nach dem Gespräch mit Frau Büyük beobachtete, wie einer ihrer Enkel sich von ihr verabschiedete, indem er ihre Hand küsste und diese dann kurz mit der Stirn berührte. In der Amselstraße konnte ich immer wieder beobachten, wie Jüngere aufstanden, um hinzugekommene Ältere zu begrüßen und ihnen ihren Platz anzubieten. Ibrahim, der jüngste Sohn Frau Büyüks und dessen Frau Aysun, die beide in der Amselstraße wohnen, berichten im Interview, dass Respektsbezeugungen gegenüber Älteren fest in den Verhaltensregeln des Amselviertels verankert seien:

> Aysun: »Wenn jetzt ältere Leute reinkommen, es ist so, dass wir alle aufstehen müssen und ihnen die Hand küssen. [...] Damit zeige ich, dass ich denjenigen respektiere. Oder wenn ich jetzt hier gemütlich sitze und da sitzt, sagen wir mal mein Schwiegervater, das geht gar nicht. Er muss einen Platz haben, wo es bequem ist, wo es gut ist. Oder wenn wir essen. Die Älteren kriegen immer die besten Ecken. Das ist so.« Ibrahim: »Das ist nicht nur bei uns so, das ist bei allen.« (I-Ibrahim/ Aysun: 10f.)

Dem Autoritätsanspruch des Alters wird durch religiöse Normen und die im Amselviertel gelebte Religiosität eine besondere Legitimation verliehen. Der Koran erklärt die Achtung vor den Eltern zur heiligen Pflicht (Suren 2:215, 4:36, 6:151, 17:23f., 29:8, 31:14, 46:15-17), bei Abwesenheit eines Imams übernimmt der Älteste der anwesenden Männer die Rolle des Vorbeters in der Moschee. Der Status der Alten drückt sich auch in den alltäglichen Umgangsformen aus. Ibrahim und Aysun zufolge verfügen die Großeltern in den Familien im Amselviertel über die höchste Autorität: Wenn sie etwas sagten, so Ibrahim, »dann ist das ein Gesetz« (I-Ibrahim/Aysun: 10). Aysun erklärt, dass Ältere prinzipiell nur mit respektvollen Titeln von Jüngeren angesprochen werden dürften:

> »Ich hab' das erlebt, als der Sohn von meiner Nachbarin in der Kita war und mich immer mit meinem [Vornamen] angesprochen hat. Da hat die Mutter zu ihm gesagt: Bist du verrückt? Du kannst ihr doch nicht

---

[12] Alevitische Muslime sind den fünf Säulen des Islam nicht verpflichtet. Darum sind meine alevitischen InterviewpartnerInnen nicht wie die anderen an die vorgeschriebenen Gebetszeiten gebunden. Frauen werden nicht zur Verschleierung angehalten und auch die Einhaltung der Ernährungsvorschriften des Koran ist für Aleviten nicht obligatorisch.

Aysun sagen! Entweder Aysun Abla, große Schwester, oder Tante. Das ist respektlos, wenn du nur Namen sagst.« (I-Ibrahim/Aysun: 12)

Diese Wahl eines dem Vokabular der Verwandtschaft entlehnten Titels ist im gesamten türkischen und arabischen Raum üblich.[13] Meiner Ansicht nach drückt sich darin der hohe Stellenwert aus, der der Familie beigemessen wird. Um einer fremden Person Respekt zu erweisen, wird ihr verbal der Status eines Familienmitgliedes in der ihr entsprechenden Hierarchiestufe verliehen. Bei gesellschaftlich höher stehenden Persönlichkeiten, wie Akademikern, tritt der akademische Titel oder der entsprechende Hoheitstitel an die Stelle des familiären Vokabulars. In beiden Fällen wird das hierarchische Verhältnis der beteiligten Personen durch die Anredeformen bestätigt.[14]

Geschlechtertrennung

Während viele Frauen türkischer Herkunft sich auf den öffentlichen Bänken und in den umliegenden Parks treffen, sieht man die Männer türkischer Herkunft abseits von den Frauen in kleinen Gruppen. Häufig leisten sie türkischen Ladeninhabern im Amselviertel Gesellschaft oder treffen sich in speziellen Männercafés, von denen es in der Umgebung mehrere gibt. Vor allem ältere Männer sitzen oft bei der Moschee in der Amselstraße. Zu Beginn meiner Forschung hatte ich beschlossen, dort Kontakte mit älteren Migranten zu knüpfen. Darum ging ich nach einer Phase der Beobachtung zu den älteren Männern, die bei der Moschee saßen und fragte, ob ich mich zu ihnen setzen dürfe. Sehr freundlich wurde mir die Erlaubnis dazu erteilt. Dennoch fühlte ich mich als einzige Frau vor dem Laden der Moschee im Blickfeld der ganzen Straße sehr unwohl. Kurze Zeit danach wurde mir zu verstehen gegeben, dass meine Besuche gegen die Regeln der Moschee verstießen und es den Männern durch meine Anwesenheit als Gast schwer falle,

---

[13] Dies wurde mir auch von meinen GesprächspartnerInnen bestätigt. In der Forschung Mareike Mischkes in diesem Band tauchte eine solche *Familiarisierung* im Umgang mit Pflegekräften ebenfalls auf.

[14] In weniger institutionalisierter und ritualisierter Form beobachtet auch Judit Bartel bei einigen ihrer Freundinnenpaare ein ähnliches Phänomen: Einige der älteren Freundinnen werden von den jüngeren mit »Tante« angesprochen, während sie selbst ihre wesentlich jüngeren Freundinnen als »Adoptivkelt[ö]chter« bezeichnen. Zwar steht bei den Interviewpartnerinnen Judit Bartels nicht der Respekt, sondern eher die enge Verbundenheit der Freundinnen im Vordergrund, auch sie rekurrieren jedoch zur Beschreibung einer Beziehung, die scheinbar anders nicht adäquat zu beschreiben ist, auf ein Beziehungsverhältnis, das beiden Beteiligten vertraut ist. Siehe hierzu das Kapitel *Verwandtschaft als Beschreibungsmodus* im Beitrag von Judit Bartel über Freundschaften zwischen alten und jungen Menschen in diesem Band.

sich innerlich zu sammeln und auf das kommende Gebet einzustellen. Später erfuhr ich, dass ich die erste Frau überhaupt war, die sich zu den Männern vor der Moschee gesetzt hatte. Überraschend war für mich dabei weniger die Tatsache, dass meine Anwesenheit dort ein Regelbruch war, sondern vielmehr, dass sich die Moscheebesucher selber nicht im Klaren über diese Regel zu sein schienen, als sie mir erlaubten, mich zu ihnen zu setzen. Das Verbot wurde erst formuliert, als ich eine Grenze überschritten hatte, an die sich alle Bewohner des Amselviertels intuitiv hielten. Meine Anwesenheit löste einen Konflikt aus, in dem nicht nur ein Teil der Männer die Respektierung der Geschlechtertrennung anmahnte, sondern vor allem ältere Frauen sich angegriffen fühlten. Auch Ibrahim und Aysun als liberales junges Ehepaar sagen aus, sich ganz selbstverständlich an die implizite Regel der Geschlechtertrennung im Amselviertel zu halten. Die Frage, warum Frauen nicht in die Männercafés gingen, beantwortet Aysun mit den Worten »weil da nur Männer sind« (I-Ibrahim/Aysun: 12). Sie selbst kenne nur die Frauen der Nachbarschaft. Wenn sie unter Frauen zusammen säßen, näherten sich die Männer höchstens, um kurz mit der Ehefrau zu sprechen und sich dann sofort wieder zu entfernen. Die Geschlechtertrennung gehe im Alltag so weit, dass es in den Gesprächen unter Frauen wirke, »als würden die Männer gar nicht existieren« (I-Ibrahim/Aysun: 1,16).

Demonstration von Ehre

In seiner Forschung im türkischen Dorf Subay (Schiffauer 1987 und 1991) traf Werner Schiffauer auf Vorstellungen, die denen meiner InterviewpartnerInnen sehr ähnlich sind. Schiffauer schreibt, dass Ehrenhaftigkeit in dem von ihm beforschten Dorf nicht nur gelebt, sondern vor allem auch »glaubhaft nach außen demonstriert« werden musste (Schiffauer 1991: 227). Es reicht also nicht, sich an Regeln zu halten, sondern bei allen Handlungen muss auch bedacht werden, wie sie nach außen wirken. Die gleiche Beobachtung machte auch ich im Amselviertel. Dadurch, dass ich mich an Orten aufhielt, die normalerweise Männern vorbehalten sind, war meine Ehrenhaftigkeit automatisch zweifelhaft, unabhängig von meinen tatsächlichen Motiven. Dank der Vermittlung eines angesehenen Geschäftsinhabers erhielt ich vom Gemeinderat der Moschee dennoch die Erlaubnis, Interviews zu führen. Für die weitere Forschung legte mir mein *Mentor* einige Verhaltensregeln nahe: Relativ selbstverständlich erschien es mir, dass ich in den Räumlichkeiten der Moschee immer ein Kopftuch tragen sollte. Außerdem sollte ich jedoch darauf achten, meine Interviews mit den älteren Männern nie allein zu führen. Um dies sicherzustellen, sollte ich mir angewöhnen, immer mit Begleitung zu den Interviews zu gehen. Da ich nicht zum Amselviertel gehörte, stand mein Ruf in dieser Situation nicht zur Debatte; Gefahr bestand vielmehr für das Ansehen meines Interviewpartners. Sollte dieser vergessen haben, ein weibliches

Familienmitglied bei einem Interview in seiner Wohnung um Anwesenheit zu bitten, wäre er automatisch dem Misstrauen seiner Nachbarn ausgesetzt gewesen. Schon die theoretische Möglichkeit eines Ehebruchs hätte seine Ehrenhaftigkeit in Frage gestellt. Ibrahim erzählt im Interview, dass seine Nachbarinnen ihn nur grüßten, wenn er sie ohne Ehemänner oder Schwiegermütter träfe:

> »Aber wenn sie jetzt mit ihrer Schwiegermutter da sind, dann tun sie so, als hätten sie mich gar nicht gesehen.« (I-Ibrahim/Aysun: 16)

Wie mir im Zusammenhang mit den Interviews geraten wurde, achten auch die Nachbarinnen Ibrahims darauf, nicht mit familienfremden Männern in Zusammenhang gebracht zu werden. Wenn jedoch keine Person anwesend ist, deren Ehre durch die Missachtung dieser Regel verletzt werden könnte, fühlen sich die jungen Frauen nicht veranlasst, ihren liberalen Nachbarn durch Nicht-Grüßen vor den Kopf zu stoßen. Zum einen bestätigt dies Schiffauers Beobachtung, dass es wichtiger sei, Regeleinhaltung nach außen zu demonstrieren, als die Regeln tatsächlich in jeder Situation zu befolgen. (Schiffauer 1991: 246) Zum anderen zeigt es, was für einen Balanceakt diese Frauen zwischen der Wahrung ihres Ansehens in der Gemeinschaft des Amselviertels und dem Interesse an einem guten Verhältnis auch zu den Nachbarn, denen die Regeln dieser Gemeinschaft fremd sind, bewerkstelligen müssen. Die älteren Bewohner des Amselviertels können jedoch mit dem Gebot der Geschlechtertrennung lockerer umgehen. Zwar sitzen auch ältere Männer und Frauen in der Öffentlichkeit nicht zusammen, Ibrahim erzählt aber beispielsweise, dass seine älteren Nachbarinnen ihn immer grüßten. (I-Ibrahim/Aysun: 16)

Für meine InterviewpartnerInnen macht die öffentliche Darstellung der eigenen Ehrenhaftigkeit einen wichtigen Teil des gemeinschaftlichen Zusammenlebens aus. Die Einhaltung der Geschlechtertrennung spielt hierbei eine große Rolle, aber auch andere Verhaltensregeln sind für sie entscheidend. Viele betonen, dass Rechtschaffenheit, Ehrlichkeit und Hilfsbereitschaft zentrale Werte für sie seien. Herr Canli beispielsweise erklärt:

> »Ich bin immer Herr, immer Mensch mit den Leuten. Was die Leute wollen, [ist] für mich egal. Immer gut leben. Warum? Warum nicht krank machen, warum nicht mit Geld spielen, warum nicht besaufen, warum nicht klauen? Nein, nein, nein, nein! In der Welt [müssen] alle Leute gut leben. Zum Beispiel die Nachbarn wundern sich: Wo ist der Herr Canli? Er hat einen Fernseher, er hat ein Radio, aber man hört gar nichts! Nein! Die Nachbarn beschweren sich nie!« (I-Canli: 2)

Herr Canli ist »Herr«, da er sich immer zurückhaltend und rücksichtsvoll verhält, und »Mensch«, weil er *gut* zu anderen Menschen ist. Er verweist hier jedoch nicht nur auf seinen ehrlichen Lebenswandel, sondern hebt besonders hervor, dass er seinen Nachbarn noch nie Grund zur Beschwerde gegeben habe. Im Mittelpunkt steht für ihn nicht die Tatsache, immer rechtschaffen gelebt zu haben, sondern das Ansehen, das er bei den Nachbarn genießt. Auffallend an Herrn Canlis Selbstdarstellung ist, dass er Verhaltensweisen hervorhebt, die ein klassisches Klischee des Deutschen reproduzieren: disziplinierter Lebenswandel und ruhiges Betragen. Durch die Anpassung daran zeigt er seinen Respekt vor den gesellschaftlichen Verhaltensregeln seiner deutschen Nachbarn. An anderer Stelle erklärt Herr Canli, dass es selbstverständlich für ihn sei, jedem zu helfen, der Hilfe brauche:

> »Wir wollen immer helfen, immer helfen. Ich sag nicht: ›Nein‹. [...] Wenn sie wollen eine Hilfe, ich sofort kommen. Immer. Ich habe eine Nachbarin gehabt, 80 Jahre alt: ›Mutti, was willst du heute kaufen? Ich helfe dir!‹ [...] Ich habe schon oft besoffene Leute gefunden, weißt du? Liegen auf der Straße. Ich sage: ›Komm, komm, komm! Was ist los!‹ Aber andere Leute, weißt du, was sie zu mir sagen? Deutsche Frau: ›Nicht anfassen! Wir haben Polizei, Polizei hilft aufstehen!‹ Nein! Echte Hilfe ist immer gut! [...] Ob Deutsche oder Türken ist für mich egal, erst mal helfen! [...] Allah will, dass die Menschen ein mitleidiges Herz haben.« (I-Canli: 5)

Hilfsbereitschaft ist Herrn Canlis Worten zufolge ein Gottesgebot. Die Gewährung von Hilfe ist daher eine unerlässliche Ehrenpflicht. Durch sein Handeln stellt Herr Canli seine Ehrenhaftigkeit unter Beweis und demonstriert im zitierten Beispiel, dass er sogar über das normale Maß hinausgeht: Er hilft nicht nur älteren Menschen, die auf Grund ihres Alters Anspruch auf zuvorkommende Behandlung haben; selbst Alkoholiker kommen in den Genuss seiner Hilfe. Für einen Menschen, der Alkohol aus religiösen Gründen ablehnt, ist dies Ausdruck äußerster Mildtätigkeit. Um so weniger ist es für ihn akzeptabel, dass deutsche Passanten dem Hilfebedürftigen die Hilfe verweigern und sich mit dem Hinweis auf die Verantwortlichkeit staatlicher Institutionen zurückziehen – ein Verhalten, das in der Migrantengemeinschaft im Amselviertel undenkbar erscheint. Auch Ibrahim und Aysun beschreiben im Interview viele Szenen spontaner Hilfsbereitschaft in der Amselstraße. Unabhängig von der Herkunft der Person würden die Migranten eingreifen, wenn jemand Hilfe brauche:

> Aysun: »Ja, die helfen immer. Da kann eigentlich auf der Straße niemandem was passieren, solange die draußen sitzen. Die passen ganz

doll auf. [...] Hier sind die Menschen alle, ich weiß nicht, wirklich wie eine Familie.« (I-Ibrahim/Aysun: 6f.)

Mit diesen Worten umschreibt Aysun, welche Voraussetzungen das Amselviertel für die hier lebenden älteren Migranten türkischer Herkunft zu etwas Besonderem machen: Dadurch, dass sich ein großer Teil des sozialen Lebens auf der Straße abspielt, gelingt es ihnen, die Anonymität der Stadt in der Nachbarschaft aufzuheben. Erst diese Aufhebung der Anonymität ermöglicht die Ausübung sozialer Kontrolle als Bestandteil einer durch Ehre geregelten Gemeinschaft. Soziale Kontrolle gewährleistet die Einhaltung gesellschaftlicher Regeln und Tabus, wie es das Beispiel der Geschlechtertrennung zeigt. Sie schützt den Einzelnen vor Kriminalität und bietet ihm Unterstützung bei der Bewältigung von Problemen, ein Aspekt, der bei älteren Menschen immer wichtiger wird. Weiter ist soziale Kontrolle die Voraussetzung dafür, dass ehrenhaftes Verhalten überhaupt zur Kenntnis genommen und honoriert werden kann. Die Anteilnahme am Leben der Nachbarn erzeugt so ein Zusammengehörigkeitsgefühl, das das Amselviertel in die Nähe der gesellschaftlichen Einheit rückt, die für meine InterviewpartnerInnen den höchsten Stellenwert hat: die Familie.

Schluss

Nicht alle meine InterviewpartnerInnen können und wollen sich mit Sozialstrukturen wie den im Amselviertel entstandenen arrangieren. Frau Ümit beispielsweise fühlt sich von den strengen Regelsystemen der Migranten eingeengt und empfindet dies als Belastung. Für den Großteil meiner InterviewpartnerInnen stellt die Migrantengemeinschaft jedoch eine Möglichkeit dar, mit Menschen zusammen zu leben, deren gesellschaftliche Vorstellungen den eigenen weitgehend entsprechen. Während die eigenen Kinder zum Teil kein Verständnis für ihre Eltern aufbringen, finden die Alten in der Amselstraße Gleichgesinnte, die ihre Ansichten nachvollziehen können. Die Infrastruktur des Amselviertels erleichtert es ihnen, den öffentlichen Raum zu nutzen, ohne Regeln zu verletzen, die sie für wichtig erachten: Beispielsweise ist die Einhaltung von Vorschriften wie Geschlechtertrennung und Alkoholverzicht bei den sozialen Treffpunkten der Migranten mühelos möglich. Reguläre Kneipen dagegen machen die Einhaltung solcher Regeln durch ein gemischtgeschlechtliches Publikum und den Alkoholkonsum anderer Gäste unmöglich oder fordern dem Einzelnen eine größere Selbstdisziplin ab.

Werner Schiffauer beschreibt, wie sich die Emigranten aus Subay in Deutschland von Verhaltensregeln lösen, die der Repräsentation von Ehre geschuldet sind. (Schiffauer 1991: 234f., 237–239, 245) Meine Beobachtungen im Amselviertel zeigen etwas Anderes: Das Sozialleben der gealterten Migranten wird von einem Verhaltenskodex bestimmt, der der *Ehre* und dem *Respekt* eine große Bedeutung beimisst. Obwohl die Bewohner des Amselviertels aus unterschiedlichen Teilen der Türkei stammen, ist es ihnen offensichtlich gelungen, einen Konsens zu finden und gemeinsam Strukturen von Nachbarschaftshilfe und Sozialkontrolle auszubilden. Schiffauer schreibt, dass ein Beweggrund für das Ablassen von heimatlichen Verhaltensregeln bei seinen InterviewpartnerInnen darin gelegen habe, dass der Aufenthalt in Deutschland nur temporär sein sollte und die Meinung der hiesigen Nachbarn für sie daher keine Rolle spielte. Für meine InterviewpartnerInnen und die meisten Bewohner des Amselviertels ist dagegen klar, dass sie in der einen oder anderen Form bis zum Lebensende an Deutschland gebunden sein werden.

Das Verhältnis meiner InterviewpartnerInnen zu Deutschland ist sehr ambivalent: Auf der einen Seite leben viele von ihnen länger in Deutschland, als sie in der Türkei gelebt haben, schätzen die soziale Absicherung durch den deutschen Staat und sehen Deutschland als Wahlheimat. Auf der anderen Seite fühlen sie sich in Deutschland nicht anerkannt. Die leistungsorientierte deutsche Gesellschaft bietet den Arbeitsmigranten mit steigendem Alter immer weniger Gelegenheit, eine sozial angesehene Position zu erlangen. Eine auf Ehre basierende soziale Hierarchie berechtigt sie dagegen auf Grund ihres Alters zu einem erhöhten Status. In ihrer Darstellung trifft hier die Dystopie des vereinsamten deutschen Großstädters auf die Utopie der intakten türkischen Familie. Während jedoch die eigenen Familien dem Idealbild nicht immer entsprechen können, finden meine InterviewpartnerInnen im Amselviertel viel von dem, was ihnen in anderen gesellschaftlichen Bereichen verweigert wird: Durch die Einhaltung für sie klarer Regeln können sie Respekt erwerben und sich so das Ansehen verschaffen, das sie für sich beanspruchen. Der Funktionsverlust, den die gealterten Migranten mit dem Ausscheiden aus dem Arbeitsleben erlitten haben, wird durch eine neue, dem Alter angemessene Funktion aufgefangen: Sie gewährleisten durch ihre Präsenz die Einhaltung der internen Regeln der Gruppe und sorgen für Ordnung und Sicherheit im Amselviertel.

Probleme, die man(n) sich nicht mehr leisten kann
Sechs homosexuelle Männer im Alter

Imke Wangerin

Schwerfällig stemmt Gottfried sich aus seinem provisorischen Krankenbett, das aus zwei zusammengeschobenen Sesseln besteht. Vorsichtig tappst die schmale Gestalt in der eleganten schwarzen Nadelstreifenhose und dem modischen blauen Blumenblouson zur großen Stereoanlage, während er freundlich meine Hilfe ablehnt und die dicke Katze schnurrend um meine Beine Kreise zieht. Die kleine Einzimmerwohnung ist übersät mit Blumen und Bildern von Marlene Dietrich. Äpfel stapeln sich in der unaufgeräumten Küche, von draußen dringt Straßenlärm durch das offene Fenster und aus der Stereoanlage erklingt das Lied: »Er gehört zu mir, wie mein Name an der Tür«. »Jetzt tanzen wir«, sagt er und wir drehen uns über den Teppichboden, Gottfried erst schwerfällig, vorsichtig, dann, angestachelt durch meine Beteiligung, in weitgreifenderen Bewegungen: er knickt abwechselnd die Knie ein, lässt die Hüfte von links nach rechts kreisen und schwingt die Arme; wir lachen und singen die Melodie mit. Gottfried ist 91 und zu 90% schwerbeschädigt. Er erklärt, das Tanzen und die Musik seien ein Jungbrunnen für ihn. Wenn er tanze, *fühle* er sich nicht nur jung, sondern dann *sei* er jung. (I-Gottfried: 10) Da stünde es doch geschrieben, sagt er, und verweist mit großem Stolz auf einen Artikel in der »Siegessäule«, dem Berliner schwul-lesbischen Stadtmagazin, in dem er und eine junge Frau als Tanzpaar des Abends gefeiert werden. Er sei einer der größten Tänzer weit und breit, und wenn er tanze, hielte er in Gedanken einen schönen »jungen Bengel« im Arm, sagt Gottfried und schlingt die Arme um seinen dünnen Oberkörper. Im Tanzen selbst, im Erzählen darüber und im Denken daran sieht Gottfried seine Persönlichkeit widergespiegelt.

Selbstpraktiken

Im Folgenden geht es um den Umgang sechs homosexueller Männer mit dem Alter. Dabei zeige ich anhand ausgewählter Aspekte, wie sie ihren Alltag gestalten, über welche Verhaltensweisen sie sich identifizieren und wie sie versuchen, ein kohärentes Bild von sich selbst zu erschaffen und zu erhalten.[1] Hierzu greife

---

[1] Ich führte sechs leitfadenorientierte Interviews mit homosexuellen Männern zwischen 60 und 91 Jahren durchgeführt und Beobachtungen auf einer Reihe von Veranstaltungen für homosexu-

ich auf Foucaults Begriff der Selbstpraktiken zurück. (Foucault 1989: 41) Mit diesem Begriff bezeichnet Foucault Praxen und Verhaltensweisen, mit denen sich das Individuum als autonomes Subjekt konstituiert. Anhand dieser Selbstpraxen erschafft und gestaltet der Einzelne sein Selbst. Sie stellen einen Mechanismus dar, der bei der Identifizierung mit einer bestimmten Tätigkeit oder einem bestimmten Objekt zum Tragen kommt.[2] Im Falle Gottfrieds ist nicht allein das Tanzen Teil dieser Selbstpraktiken, sondern auch die Art und Weise, wie er dieses Element in sein Selbstbild einordnet. So wird aus der Tatsache, dass Gottfried sich beim Tanzen jung fühlt, die »Tatsache«, dass er deshalb auch jung *ist*. Fortan hat diese Tatsache als integrales Element verbunden mit anderen Identitätskomponenten in Gottfrieds Auffassung von sich selbst Bestand. Präzisiert werden kann das Konzept der Selbstpraktiken durch Rückgriff auf Anthony Giddens' Theorie der Identitätsformierung (Giddens 1991: 81), wobei ich Selbstpraktiken als Element dessen betrachte, was Giddens »lifestyle« nennt:

> »A lifestyle can be defined as a more or less integrated set of practices which an individual embraces, not only because such practices fulfill utilitarian needs, but because they give material form to a particular narrative of self-identity.« (Giddens 1991: 81)

Selbstpraxen oder lebensstilistische Praktiken in diesem Sinne können dem Einzelnen die Möglichkeit eröffnen, sich über gesellschaftliche Normen hinaus auch über selbst gewählte Tätigkeiten zu identifizieren. Das Konzept der Selbstpraktiken eignet sich deshalb als Fokus meiner Untersuchung homosexueller Männer im Alter, die in besonderer Weise stereotypen Wahrnehmungsmustern ausgesetzt sind. Wie verhalten sich die Befragten gesellschaftlichen Fremdzuschreibungen gegenüber, die sich aus sozial konstruierten Bildern von »den homosexuellen Alten« speisen? Wie gestalten sie als alte Menschen ihren Alltag? Einen Alltag, von dem Rosa von Praunheim in seinem Film aus dem Jahr 1973[3] sagt: »Arme alte Schwule haben nichts zu lachen. Sie sind oft unmenschlicher Vereinsamung ausgesetzt, die ähnlich einem wachsenden Geschwür jegliche Freude am Leben versiegen lässt.« Was tun sie, um sich mit den Schwierigkeiten des Alterns zu arrangieren, und das oft jahrelange Verstecken eines Teils ihrer Persönlichkeit in die Narration ihres Lebenslaufs

---

elle ältere Männer gemacht. Mit zweien der Interviewpartner, Alfred und Klaus, kam es zu mehreren nachfolgenden Treffen innerhalb und außerhalb des Rahmens oben genannter Veranstaltungen.

[2] Tom Mathar geht in seinem Artikel »Das autonome Selbst mit Pflegestufe« in diesem Band näher auf Foucaults Konzept von Moral und Selbstpraktik ein.

[3] Film von Rosa von Praunheim 1973: »Nicht der Homosexuelle ist pervers, sondern die Situation, in der er lebt«.

und in ihr Bild von sich selbst zu integrieren? Mich interessierten diese Fragen vor allem vor dem Hintergrund der Unsichtbarkeit einer schwulen Altengeneration. Hans-Georg Stümke schreibt 1998 in seinem autobiografisch angelegten Buch »Älter werden wir umsonst«: »Wie wollen wir, die wir in den 70er Jahren die Schwulenfrage stellten und gelernt haben, offen schwul zu leben und die wir nun das 50. Lebensjahr überschritten haben – wie wollen wir weiter leben?« (Stümke 1998: 217) Diese Frage wird in Zukunft an Bedeutung gewinnen und mit dem Altwerden der ersten Generation selbstbewusster, offen schwuler Männer beantwortet werden. Es ist eine Frage, die nicht nur unter älteren Homosexuellen selbst, sondern auch in der Altenpflege und in der Öffentlichkeit an Bedeutung gewinnt.[4] Meine These in Bezug auf die Lebenssituation meiner Interviewpartner ist, dass Einbußen in Hinblick auf Körperlichkeit und Autonomie für Homosexuelle im Alter ein besonderes Problem darstellen. Auf der einen Seite sind sie häufig von einer sehr körperbezogenen Szene beeinflusst, die Jugendlichkeit und Dynamik verherrlicht, während sie körperliche Veränderungen hinnehmen müssen. Auf der anderen Seite, so meine Annahme, sehen sie einen Grundpfeiler ihrer Identität bedroht: ihre Autonomie. Anhand ausgewählter Lebensbereiche werde ich diesen speziellen Problemen älterer Homosexueller und ihrem Umgang damit nachgehen.

Soziale Kontakte

Klaus ist 72 und führt ein kosmopolitisches und bewegtes Leben zwischen Frankfurt und Paris. In beiden Städten hat er einen festen Freundeskreis. In Paris, wo er auch lange Zeit gelebt und gearbeitet hat, geht er dem Handel mit Antiquitäten nach, in Frankfurt lebt sein sehr viel jüngerer Partner, mit dem er seit 16 Jahren liiert ist. Ich habe Klaus in Frankfurt besucht, wo ich Einblick in seine »Schätze« und seine vielen glamourösen Geschichten erhalten habe. Das »Schwulenleben«, so Klaus bilanzierend über die sozialen Kontakte unter homosexuellen Männern, sei bestimmt durch körperliche Kontakte:

> »Solange man körperlich attraktiv und jung ist, ergeben sich alle Kontakte, mal mehr, mal weniger, je nachdem, wie attraktiv man ist oder wie introvertiert oder extrovertiert man ist, aber wenn man älter wird und diese Kontakte vielleicht nicht mehr hat. […] Fast alle meine Freunde, die ich kennen gelernt habe, mit denen habe ich mal geschlafen, mal 'n bisschen mehr, mal ein bisschen weniger, manchmal ist es

---

[4] So auch in der Fachtagung »Anders sein und älter werden. Lesben und Schwule im Alter« der Senatsverwaltung für Bildung und Sport: Fachtagung 2002: Anders sein und älter werden. Lesben und Schwule im Alter. 22.–23. Nov. 2002.

auch gleich abgebrochen worden, oder [wir] haben festgestellt, wir haben gleiche Interessen, oder können über dieselben Dinge lachen, und dann haben wir uns angefreundet.« (I-Klaus:1)

Die anderen Befragten bestätigen Klaus' Aussage, Kontakte unter Schwulen entstünden hauptsächlich über körperliche Anziehung. Mit zunehmendem Alter und »geringerer körperlicher Attraktivität« sei es daher schwerer, Kontakte zu knüpfen. Von der »schwulen Szene«[5], an der die meisten früher teilhatten, distanzieren sich die Befragten, weil deren Körperbezogenheit und »sexuelle Triebhaftigkeit« sie abstoße und sie sich dort als ältere Männer ausgegrenzt fühlten. Als Ausweg machte Klaus mit Mitte 30 die Not zur Tugend und gründete in Frankfurt ein eigenes Lokal, in dem es nicht nur ums »Anmachen« (I-Klaus: 5), sondern um geistigen Austausch gehen sollte. Ein Ort, der nicht nur an Schwule gerichtet war, und ein gemischtes Publikum von ÄrztInnen, PolitikerInnen, SchriftstellerInnen und Intellektuellen anzog. Die Tatsache, dass es die Gruppe »40plus« im Sonntagsclub gibt, einen Treffpunkt für schwule ältere Männer in Berlin, oder die Gruppe »Anders Altern« der Schwulenberatungsstelle, spricht dafür, dass schwule alte Männer andere Möglichkeiten brauchen, suchen und erschaffen, um nicht allein zu sein, oder Anschluss an Menschen zu finden, die ähnliche Probleme haben. Für die drei Befragten, die diese Kreise regelmäßig besuchen, ist die Zugehörigkeit zu den Gruppen sehr wichtig.

Wolfgang ist 60 und besucht nicht nur den regelmäßigen Mittwochstreff der Gruppe »40 plus« im Sonntagsclub, sondern arbeitet auch bei der Organisation des Veranstaltungsprogramms mit. Auch in Hannover, wo Wolfgang vorher gewohnt hat, beteiligte er sich an der Leitung einer Gruppe für homosexuelle ältere Männer. Seine sozialen Kontakte bestehen fast ausschließlich zu Mitgliedern der Gruppe »40 plus«. Wolfgang lebt seit 33 Jahren allein. Er ist gern allein und verbringt viel Zeit in seiner Wohnung, die sein ganzer Stolz ist. Vor etwa zehn Jahren, sagt er, habe er gemerkt, dass aus dem Alleinsein auch ganz schnell Einsamkeit werden könne. Das habe er dann konsequent verfolgt und sich gesagt: »Da musst du etwas tun!« (I-Wolfgang: 11) In der Gruppenarbeit fand er eine Beschäftigung, die ihn sozial einbindet. Er bezeichnet sich als introvertiert und erklärt, dass er habe lernen müssen, aus sich selbst herauszugehen. (I-Wolfgang: 9) Wolfgang spricht angeregt von seiner Arbeit in der Gruppenleitung und verwendet immerzu das Wort »wir«, als er mir erzählt, welchen Service der Sonntagsclub seinen Mitgliedern anbietet:

---

5 Den Begriff »schwule Szene« übernehme ich von meinen Interviewpartnern. Er bezieht sich auf Einrichtungen und Lokalitäten, die speziell schwulen Männern zur Verfügung stehen oder sich als solche entwickelt haben, und ist stark sexuell konnotiert.

»Wir bieten Hilfe an, wenn jemand Hilfe braucht – wir können's uns nicht selber leisten, aber wir können dann irgendwie vermitteln.« (I-Wolfgang: 7)

Für Wolfgang bedeutet der Sonntagsclub Zugehörigkeit und einen Ort, an dem er sein Organisationstalent einbringen kann. Ihm gefällt die Gemeinschaft, aber er zieht sich gern wieder zurück in sein privates Refugium. Die Gruppe verlangt nur so viel Verbindlichkeit und Identifikation, wie es mit Wolfgangs Bedürfnis nach Individualität und Unabhängigkeit vereinbar ist.

In der Gesprächsgruppe »Anders Altern« der Schwulenberatung in Berlin habe ich Alfred kennen gelernt. Er ist einer der lebendigsten Diskussionsteilnehmer und spricht auch in dem Interview, das ich mit ihm führe, und den nachfolgenden Gesprächen viel von »der Gruppe« und ihren Teilnehmern; sie stehen im Zentrum seines Lebens. Alfred ist sehr kontaktfreudig und unternehmungslustig und geht in der Gesprächsrunde sichtlich auf. Das Gruppentreffen montags zwischen 15 und 17 Uhr hat für ihn höchste Priorität; er würde es um keinen Preis verpassen. Als ich Alfred etwas näher kennenlerne, gewinne ich den Eindruck, dass die Gruppe und das strikte Festhalten und Reglementieren von sozialen Kontakten ihm als Bewältigungsstrategie dienen, um Einsamkeit, Isolation und »negative Gedanken« abzuwehren, die sich seit dem Tod seines langjährigen Partners vor fast zwei Jahren eingestellt haben.

Eine sehr viel skeptischere Einstellung zur Gesprächsgruppe »Anders Altern« hat Rolf. Er ist 65, lebt zurückgezogen, hadert mit sich, der Einsamkeit und den Depressionen, die ihn immer öfter heimsuchen. Er spricht in unserem Gespräch sofort offen und ungehemmt darüber, aber in seinen Erzählungen schwingt immer ein Ton Zynismus, Selbstironie und Resignation mit. Rolf besucht die Gruppe nur noch selten und distanziert sich im Gespräch mit mir stark davon. Die Teilnehmer würden sich zwar offen zu ihrer Homosexualität bekennen, aber in Bezug auf ihr Sexualleben »Geschichten von vor 100 Jahren«[6] erzählen und sich Libidoverlust, Erektionsschwierigkeiten und Selbstzweifel nicht eingestehen. »Nur weil man schwul ist, hat man nicht unbedingt gemeinsame Interessen«, so sein Fazit. Zu unserem Treffen hat sich Rolf in schwer lesbarer Handschrift Stichworte notiert, wie »Libidoverlust«, »Selbstironie«, »Defizite im Alter«, »Depression«. Am Ende unseres Gespräches überreicht er mir diesen Zettel. Er will offensichtlich, dass seine Aussagen eine breitere Öffentlichkeit erreichen. Nicht auf dem Zettel vermerkt sind die Mittel und Wege, mit denen er gegen die Depressionen anzukämpfen versucht. Soziales Engagement, sagt er, sei das beste Mittel dagegen. Er hat lange Zeit Spenden gesammelt für Rollstühle, die er persönlich nach Indien trans-

---

[6] Die Kommentare Rolfs sind von mir mit Hilfe meiner Aufzeichnungen rekonstruiert. Rolf wollte nicht, dass ich das Interview auf Kassette aufnehme.

portiert hat. Außerdem arbeitete er im Altersheim und betätigt sich nun ehrenamtlich in einem Hospiz für Aidskranke. Rolf identifiziert sich mit Minderheiten; er sagt: »Ich mag Minderheiten, da ich selbst zu einer sexuellen Minderheit gehöre.« Durch sein soziales Engagement spricht Rolf aus einer doppelten Perspektive von professioneller Distanz und eigener Betroffenheit. Mit der ehrenamtlichen, sozialen Arbeit geht Rolf einer Beschäftigung nach, die ihn in seinem Selbst bestätigt, ihm soziale Anbindung verschafft und seine eigenen Probleme relativieren hilft. Es ist die bewusste Strategie, der Depression und Einsamkeit soziales Engagement entgegenzusetzen, die hier als eine Selbstpraktik zu verstehen ist. Rolf entwickelt seinen Handlungsspielraum und schafft sich damit zugleich ein konstitutives Element seines Selbstbildes und seiner Persönlichkeit.

Eine besondere Bedeutung im Sozialleben fast aller Interviewpartner wird der Freundschaft zu Frauen beigemessen. In der Biografie einiger Männer scheinen diese oftmals eine Konstante darzustellen. Dies bestätigt die Diskussionsrunde zum Thema »Schwule ältere Männer und Frauen« in der Gruppe »Anders Altern«, zu der ich als weiblicher Gast eingeladen werde. Klaus betrachtet die Freundschaft schwuler Männer mit Frauen als besondere »Aufgabe«:

> »Und wir sind ja bekannt, dass wir da eine große Aufgabe haben in der Gesellschaft, nämlich die Damen, die jetzt vielleicht nicht mehr so attraktiv sind, die vielleicht ihre sexuelle Attraktion dem anderen Geschlecht gegenüber so langsam einbüßen [...] Ältere Schwule sind ja auch nicht mehr so gefragt auf dem Markt wie die älteren Damen, das ist ja auch immer so 'ne Marktsache.« (I-Klaus: 1)

Die Freundschaft zwischen schwulen Männern und heterosexuellen Frauen beruhe auf einer gemeinsamen Gesprächsbasis und gemeinsamen Interessen (z.B. an Mode, Kunst und Kultur), fügt Klaus hinzu, welche die Frauen mit heterosexuellen Männern, »die sich nur für Fußball interessieren«, seiner Ansicht nach oftmals nicht teilten. Er selbst hat viele Freundschaften vor allem mit Frauen aus dem Schauspielbetrieb. Kontakte zu »großen Damen von Welt zu haben« sei etwas, über das sich viele Schwule identifizierten, sagt er. Allerdings sei das auch wiederum eine Frage des »Interessantseins«:

> »Und die einfacheren Schwulen, die also auch vielleicht nicht interessant genug sind für die... Die sind auch sehr viel einsamer vielleicht als manche heterosexuellen Männer.« (I-Klaus: 2)

Im Gegensatz dazu beruht Alfreds enge Freundschaft zu Tina weniger auf »Interessantsein« als auf gegenseitiger Hilfe. Tina wird in wichtigen Fragen der Lebensführung zu Rate gezogen und Alfred schätzt ihr Urteil ebenso wie ihren Rat. So zum

Beispiel in Bezug auf einen zukünftig eventuellen Umzug in eine Altenwohngemeinschaft speziell für Schwule oder im Falle einer neuen (Liebes-) Beziehung:

> »Und die Tina hat mir auch gesagt: Alfred, nimm nicht gleich jemanden mit nach Hause. Hab ich gedacht: Ich werd mich hüten.« (I-Alfred: 10)

Anbindung an ihre Familien scheinen die Befragten kaum zu haben, bis auf Hans, der Kinder und Enkelkinder hat, und sehr in das Leben seiner Familie involviert ist. Hans hat hier in zweierlei Hinsicht eine Sonderstellung: Er ist 76 Jahre alt, war lange Zeit verheiratet und hat mit seiner Frau bis zu ihrem plötzlichen Tod zusammengelebt. Seine Frau wusste von seiner Homosexualität, aber Hans hat sie lange Jahre nicht ausgelebt und sich erst vor wenigen Jahren geoutet.[7] Er lebt außerhalb Berlins gemeinsam mit seiner ältesten Tochter, deren Mann und Kindern und ist inzwischen mit dem 20 Jahre jüngeren Thomas liiert. In die Erziehung und Betreuung seiner Enkelkinder ist Hans fest integriert. Aber nicht nur durch seine Familie hat Hans in seinem Leben wohl die meiste Kontinuität in seinem sozialen Umfeld erfahren, sondern auch durch andere Kontakte, die er über lange Zeit aufrechterhalten hat. Zum Beispiel pflegt er seine alte Chefin, für die er 40 Jahre lang gearbeitet hat, und trifft sich regelmäßig mit seinen ehemaligen Kollegen:

> »Und deshalb bin ich, was Sie jetzt gesagt haben, dankbar, wenn man rings herum Leute hat, mit denen man sich auseinandersetzen kann, für mich ist es auch wichtig [...], dass ich mich z.B. immer noch mit meinen alten Kollegen treffe, da hab ich einen Kreis, mit denen man sich versteht usw., ist doch wichtig!« (I-Hans: 9)

Kontinuität hat für Hans große Bedeutung – er sucht sie mitunter gezielt. Er schätzt sich glücklich über seine jetzige Situation und betont, wie wichtig diese soziale Anbindung im Alter sei. Hans verkörpert als einziger meiner Interviewpartner auch die Rolle des Vaters und Großvaters. In einem Artikel über alte Schwule betrachtet es die Hamburger Schwulenzeitung »Hinnerk« als eine besondere Schwierigkeit homosexueller älterer Männer, dass sie nicht in die Rolle des »Großvaters« hineinwüchsen und dadurch oft zu »alten Kindern« würden. (Hinnerk 2004: 9f.)

Vor diesem Hintergrund erscheint es mir bemerkenswert, dass Klaus und Gottfried gegenüber ihren jüngeren Freunden und Bekannten in eine Art Vaterrolle schlüpfen. Diese wird ihnen aufgrund ihres höheren Alters und ihrer Lebenserfah-

---

[7] Ich übernehme den Begriff Coming-Out hier im Sinne eines ersten Bekanntmachens der eigenen Homosexualität, das meistens einem Ausleben der Homosexualität in der Öffentlichkeit vorausgeht.

rung[8] zugeschrieben und bedeutet in diesem Falle Ausdruck der Anerkennung und des Vertrauens. Dies wird besonders bei Klaus ersichtlich, dem Jüngere viel Interesse entgegenbringen. Er sagt, sie hätten eine »Affinität« zu ihm, und er habe auch keine Probleme, die Vaterfigur, die sie in ihm sehen würden, zu spielen. (I-Klaus: 6) Indem Gottfried und Klaus sich selbst in diese Rolle begeben oder sie zumindest annehmen, identifizieren sie sich mit dem Alter auf eine positive Weise, die ihnen Respekt verschafft und einem »Wachsen in die Rolle des Großvaters« ähnelt. Die jüngeren Menschen, die Klaus umgeben, suchen aber nicht nur seinen Rat, sondern auch seine Nähe:

> »Obwohl die Leute sich eigentlich als heterosexuell definieren, aber ganz erheblich flirten mit mir und auch ganz erheblich mich küssen, also Zungenkuss mein ich jetzt nicht, aber körperliche Berührung sehr mögen mit mir und ich auch natürlich sowieso.« (I-Klaus: 8)

Attraktivität scheint also zumindest aus Klaus' Sicht nicht nur an jugendliche Schönheit geknüpft zu sein. Auch Gottfried zieht nach eigener Aussage viel Interesse von Jüngeren auf sich, nicht nur, wenn er als 91-Jähriger beim Balsam[9]-Sommerfest mit einer 24-jährigen über das Parkett schwebt. Abgesehen von der Rolle des Vaters übernimmt er offenbar auch gern die des »Lehrmeisters« – so empfand ich es in unserem Gespräch jedenfalls, als er mehrmals sagte: »Ja eben, sehen Sie, Sie antworten sehr gut.« (I-Gottfried: 5) Und an anderer Stelle: »Sagen Sie bitte nicht ja, wenn Sie nein meinen.« (I-Gottfried: 2) oder aber: »Ich kenn' Sie. Ich kenn' Sie besser, als Sie denken.« (I-Gottfried: 16) In Zurechtweisung, Lob oder Schelte vermittelt Gottfried mir als jüngerer Person gegenüber Autorität. Er wertet so sein Alter und seine Lebenserfahrung durch seine klare Kommunikationspraxis auf.

Abschließend möchte ich auf das Thema Partnersuche eingehen, das sich für ältere Homosexuelle oft als Problem darstellt. An ihren Lösungsstrategien lassen sich wiederum spezifische Selbstpraktiken aufzeigen. Das Grundproblem besteht darin, dass sich die Älteren fast immer zu Jüngeren hingezogen fühlen, diese aber an Älteren oft nicht interessiert sind. Gottfried etwa ist ein »bisschen verliebt«, aber mit 91 könne er ja nichts mehr erwarten. (I-Gottfried: 25) Deshalb fühlt er sich wahrscheinlich auch angehalten, die enge aber platonische und eingefahrene Beziehung zu seinem Freund und Nachbarn Holger aufrecht zu erhalten, obwohl er sich eigentlich etwas anderes wünscht:

---

8 Über die Zuschreibung von Lebenserfahrung vgl. den Beitrag von Judit Bartel in diesem Band.
9 Balsam steht für: Berliner Arbeitskreis Lesbische und Schwule Alte Menschen mit gleichnamigem Magazin.

»Nein, also, wir leben zusammen, aber nach seiner Art. [...] Aber ich muss ihn gewähren lassen, sonst wären wir gar keine 42 Jahre zusammen, nicht. [...] Man muss alles in Kauf nehmen.« (I-Gottfried: 19)

Die Beziehung zu Holger stellt für Gottfried also einerseits einen Kompromiss, andererseits Kontinuität dar. Um seinen Alltag zu bewältigen, findet Gottfried sich damit ab, dass er bei Holger nicht die Liebe und Zärtlichkeiten findet, die er sich eigentlich wünscht. Auch Alfred sagt, er hätte gerne jemanden, den er in die Arme nehmen könne, oder der ihn in die Arme nehme, und ihm sage: »Ich hab dich lieb.« (I-Alfred: 15) Er versucht unermüdlich, einen Freund zu finden, muss bei den jungen Männern, für die er sich interessiert, jedoch immer wieder die Erfahrung machen, nicht mehr als attraktiv wahrgenommen zu werden. In allen diesen Erzählungen wird ein Missverhältnis zwischen Erwartungen und Ansprüchen deutlich. Zugeständnisse und Verzicht müssen in das Selbstbild integriert und Strategien gefunden werden, das Beste aus der Situation zu machen.

Sexualität

Auch im Bereich der Sexualität müssen die Befragten ihre Wünsche und Erwartungen entsprechend an ihr Alter anpassen. Wenngleich die Befragten sich von der sexualisierten schwulen Szene und Veranstaltungen wie etwa dem Christopher Street Day distanzieren, haben sie die Bedeutung, die der Sexualität in den gesellschaftlich dominanten Klischees über homosexuelle ältere Männer zugeschrieben wird, für sich selbst weitgehend übernommen – sie scheinen sich stark über die eigene Sexualität zu definieren. Obwohl ich in den Gesprächen nie explizit danach gefragt habe, kamen meine Interviewpartner immer wieder auf das Thema der Sexualität zu sprechen. Die Tatsache, dass sie als identitätsstiftendes Element eine zentrale Rolle in ihrer Selbstsicht einnimmt, impliziert, dass altersbedingte Veränderungen im Bereich der Sexualität für homosexuelle Männer große Bedeutung haben. Im Kontrast zu der Kontaktfreudigkeit Alfreds und Gottfrieds lebt etwa Rolf sehr viel zurückgezogener und beobachtet gesellschaftliche Entwicklungen mit Misstrauen. Die ganze »Coming-Out-Bewegung« sei ihm suspekt, sagt er, da »Homosexualität doch immer denunziert wurde«. Spezielle Altersheime für Homosexuelle assoziiert er mit gesellschaftlicher Ausgrenzung; Schwule würden auf diese Weise »weggesperrt«. Er hält seine Homosexualität auch heute noch relativ bedeckt, weil er fürchtet, diskriminiert zu werden. Homosexuelle würden kontrolliert, registriert, um später wieder als Kriminelle, Staatsfeinde oder Perverse hingestellt zu werden. Rolf hat Angst davor, dass »alles mal gegen ihn verwendet werden könne«, wie er es zu Zeiten des Paragraphen 175 in Form von Verhören und Verfolgung erfahren hat.[10] Aufgrund dieser und anderer Zweifel hat Rolf auch ein gespaltenes Verhältnis zu seiner (Homo-) Sexualität, was er mit Selbstironie überspielt: »Ich ziehe mich schmollend hinter meiner Vorhaut zurück.« Er beklagt den Verlust an Libido durch Medikamente, die er einnehmen muss, hat Angst vor Aids und sagt, er meide deshalb lieber sexuelle Kontakte. Gleichzeitig wünscht er sich einen jüngeren Partner, meint aber, Ältere seien nicht mehr erwünscht. Und »sich als 80-jähriger einen 40-jährigen zu kaufen« fände er armselig; er verzichte lieber. So versucht er, seine Wünsche zu verlagern und zu kompensieren. »Geistige Orgasmen« suche er, die er vielleicht mit einem guten Gesprächspartner finden könnte. Er meint, dass er sexuelle Freuden auch anderweitig erleben könne und erklärt mir, Essen sei die »Erotik des Alltags«. Währenddessen sitzen wir bei McDonalds und trinken Tee, weil Rolf keine Cafés mag.

Wolfgang hat ähnliche Strategien entwickelt, seine Wünsche zu verlagern. Er fühlt sich sexuell nur von knabenhaften Männern angezogen. Irgendwann habe er dann gemerkt, dass er mit zunehmendem Alter und Altersunterschied zu den Männern, die ihn sexuell interessierten, keinen Partner mehr findet. Und er wolle sich auch nicht »zum Affen machen«, wenn er als 60-jähriger einem Mann hinterher schaue, der unter dreißig sei. Wolfgang hat seine sexuellen Wünsche zurückgestellt und stattdessen angefangen, viel zu reisen. Er erzählt ausschweifend und stolz von seinem kulturellen Interesse und seiner Flexibilität.

Wolfgang und Rolf scheinen beide resigniert zu haben in ihrem Bemühen, einen Partner zu finden. Beide versuchen, sich mit ihrer Situation zu arrangieren: Wolfgang hat den Wunsch, in einer Partnerschaft aufzugehen, bewusst durch sein Hobby *ersetzt*. Er ist selbstkritisch genug, um seine Reisen tatsächlich als Ersatz zu bezeichnen, was ihn aber nicht abhält, daraus Kraft und Bestätigung für sein – ein neues, verändertes – Selbstbild zu beziehen. Wolfgang setzt hier zur Bewältigung seiner als leidvoll erfahrenen Situation Selbstpraktiken ein, die Nikolas Rose als charakteristisch für das moderne »regime of the self« (Rose 1998: 3)[11] ansieht. Bausteine der Identität würden gegliedert, hierarchisiert und bewertet und als Elemente des Selbstbildes »verwaltet«, geschaffen und geordnet, um ein autonomes und kohärentes Bild der eigenen Persönlichkeit zu schaffen.

---

[10] Bis zur Änderung des Paragraphen 175 im Jahre 1969 in der BRD (Bekanntmachung im BGBl. I, S.645), galt männliche Homosexualität als »Unzucht« und wurde strafrechtlich verfolgt.

[11] Vgl. zum Konzept des *regime of the self* und seinem Geltungsanspruch den Artikel von Tom Mathar in diesem Band.

Wir können es uns nicht mehr leisten, große Probleme anzuhäufen

Auf die Frage »what makes a homosexual adjust well to age?« konstatiert Raymond M. Berger in seiner Studie über ältere homosexuelle Menschen, dass vor allem drei Faktoren für die Zufriedenheit Homosexueller im Alter ausschlaggebend seien: 1. »self awareness«, 2. »self-acceptance«, und 3. »better self-understanding«. (Berger 1984: 60ff.) Für die hier diskutierten Fragen erscheint mir besonders der zweite Punkt wichtig zu sein: Zu lernen, sich selbst zu akzeptieren und zu respektieren, und sich unabhängiger von Fremdwahrnehmungen zu machen, ist eine besondere Herausforderung für ältere Homosexuelle, um im Alter im Einklang mit sich selbst zu sein. Tatsächlich hat die Sorge darum, was andere denken (der Arbeitgeber, die Freunde, die eigenen Kinder und Enkelkinder), die meisten meiner sechs Befragten lange davon abgehalten, offen auszusprechen, dass sie schwul sind. Erst im Alter änderten einige ihre Umgangsweise mit der eigenen Homosexualität hin zu einem höheren Maß an Selbst-Akzeptanz – Alfred drückt dies so aus:

> »Wir sind in einem Alter, wo wir, krass gesagt uns das nicht mehr leisten können, so ja, große Probleme anzuhäufen.«(I-Alfred: 4)

Das, was Berger als idealtypische Voraussetzung für die Zufriedenheit Homosexueller im Alter sieht, ist in der Lebensrealität meiner Befragten nicht immer umgesetzt. Klar zu erkennen ist jedoch eine größere Entschlossenheit, sich nicht mehr »verstecken zu wollen«. Diese mit dem Alter offenbar gewachsene Kompromisslosigkeit geht einher mit größerer Selbst-Akzeptanz und innerer Unabhängigkeit. Das Altern an sich bedeutet schon Einschränkung, Probleme und Selbstzweifel genug, so dass ein weiteres Verstecken ein Zuviel an Zwängen und Belastungen mit sich brächte. Das offene Bekenntnis zur Homosexualität im Alter betonen daher die meisten Befragten als einen erheblichen Faktor für Zufriedenheit und Annerkennung des Selbst. Christoph Gille unterstreicht in seiner empirischen Untersuchung zu homosexuellen Männern über 65 diese Einschätzung. (Gille 2003: 79f.) Hans, Teilnehmer der Gruppe »40plus«, etwa betont, dass diejenigen Teilnehmer, die ihre sexuelle Orientierung »unter der Decke« hielten, große Schwierigkeiten und Belastungen tragen müssten. Aus seiner Perspektive, der Sicht eines der ältesten Befragten in der Gruppe, lebe es sich wesentlich besser, »wenn man da offen ist.« (I-Hans: 7) Wolfgang sieht die Ursache für die verbreitete Zurückhaltung, sich offen zu seiner Homosexualität zu bekennen darin, dass in seiner Generation die schwulen Männer alle »neurotisch« seien und dadurch »einen Schaden davon getragen« hätten, dass sie sich so lange verstecken mussten. (I-Wolfgang: 25) Von sich selbst jedoch sagt er: »Ich bin mit mir jetzt im Reinen. Auch wenn ich nun nicht mit 'ner Regenbogenfahne ums Haus laufe.«(I-Wolfgang: 25) Er ist erleichtert und stolz, dass er im Vorstellungsgespräch des Seniorenkreises der Gewerkschaft, in dem er ebenfalls ehrenamtlich mitarbeitet, gleich »klargestellt« habe, schwul zu sein. (I-Wolfgang: 26) Dieser Stolz und die Erleichterung stehen oft am Ende eines langen Prozesses wachsender Selbstakzeptanz und der Abgrenzung gegenüber gesellschaftlichen Zuschreibungen und Klischees, gegenüber Diskriminierung und Ausgrenzung, von denen die Männer viel erzählen. Durch die Erfahrung, sich von Fremdzuschreibungen abgrenzen und zu einem positiven Selbstbild gelangen zu müssen, sieht Richard Friend ältere Homosexuellen durch eine besondere Krisenkompetenz ausgezeichnet, die sie besser für das Alter und seine sozialen Probleme wappne. (Friend 1991: 99f.)[12] Ob ältere Homosexuelle, die – wie die meisten meiner Interviewpartner – aufgrund der Erfahrung von gesellschaftlicher Diskriminierung und Ausgrenzung in ihrer Biografie Wege gefunden haben, sich abzugrenzen, mit den Problemen des Alterns besser umgehen können als andere, lässt sich anhand meines Materials jedoch nicht beantworten.

Abgesehen von der Bedeutung des offenen Umgangs mit der Homosexualität beschreiben die Interviewten Gesundheit als wichtigsten Faktor für ein glückliches Altern. Alle Interviewpartner haben körperliche Beschwerden, scheinen aber relativ gelassen damit umzugehen. Probleme diesbezüglich wurden kaum erwähnt. Als ich den 72-jährigen Klaus explizit danach frage, sagt er, er sähe, schmecke und höre schlechter als früher und »von unten da wollen wir gar nicht reden.« (I-Klaus: 9) Als wir zum Restaurant gehen, stelle ich fest, dass er hinkt. Er habe außerdem Arthrose im Hüftgelenk, erklärt er, »aber das ist halt so, nicht?« Seine Strategie, mit körperlichen Problemen umzugehen, besteht vor allem darin, sie zu akzeptieren und nicht darüber zu reden. Wenn er sich mit seinen »normalen« (d.h. heterosexuellen) FreundInnen träfe, »die also jetzt auch alle Großmütter sind und ihre Enkel haben«, bestimmt er als Regel: »Fünf Minuten wird über Krankheiten gere-

---

12 In seinem Artikel »Older Lesbian and Gay People: A Theory of Successful Aging« unterscheidet Friend dabei drei Identitätstypen: 1.) »the stereotype homosexual old person«. Dabei handele es sich um einen einsamen, sich selbst entfremdeten Homosexuellen, der die gesellschaftliche Homophobie internalisiert habe und dem Bild entspreche, das im öffentlichen (sozial konstruierten) Diskurs oft über alte Homosexuelle kursiere. 2.) »the passing older homosexual person«. Dieser akzeptiere einige Aspekte seiner Homosexualität, halte aber die Heterosexualität immer noch für »besser«. Und 3.) »the affirmative homosexual older person«. Hier habe sich der Homosexuelle von einer heterosexistischen Sicht gelöst und lebe mit einem positiven und affirmativen Selbstbild. Ich betrachte diese Kategorien als zu kurz gegriffen und verstehe sie eher als ein Kontinuum, weshalb ich es schwierig finde, die von mir befragten Personen einer von ihnen zuzuordnen. Es scheint, als würden sich Elemente dieser Kategorien in jedem meiner Interviewpartner widerspiegeln. Hinzu kommt, dass aufgrund der langjährigen und noch immer bestehenden Diskriminierung Befragungen nur eine ausgewählte Gruppe meist selbstbewusster und offen lebender Homosexueller erreichen. Sehr isoliert lebende Männer (»the stereotype homosexual old person«) hätten sich vermutlich nicht zu einem Interview mit mir bereit erklärt.

det und ein Foto pro Enkelkind« sei erlaubt. (I-Klaus: 9) Tatsächlich wird unter seinen heterosexuellen älteren Freunden offenbar viel über körperliches Leiden geklagt, ein Gesprächsstoff, den er möglichst vermeidet.

Bei den Schilderungen von körperlichen wie anderen Problemen ist auffallend, dass sich alle Gesprächspartner mit nur einer Ausnahme die leiseste Spur von Selbstmitleid zu verbieten scheinen. Dass meine Interviewpartner es scheinbar als unangemessen erachten, die eigenen Leiden zu betonen, könnte viele Gründe haben, z.B. eine Anpassung an das Alter und die eigene Situation, eine Form der Abgrenzung gegenüber heterosexuellen Alten oder eine übernommene gesellschaftliche Haltung, die Selbstmitleid negativ konnotiert. Als wichtige Voraussetzungen für Zufriedenheit im Alter nennt Klaus »Neugierde und Begeisterungsfähigkeit« (I-Klaus: 8), sowie Interesse am Leben anderer. Für Hans ist es die Fähigkeit, positiv zu denken und allein sein zu können. Wolfgang meint, dass Homosexuelle eher die Fähigkeit zum Alleinsein besäßen als Heterosexuelle, denn »schwul zu leben heißt in erster Linie, allein zu leben«. (I-Wolfgang: 17) Wolfgang ist der Überzeugung, dass Homosexuelle aufgrund ihrer gesellschaftlichen Außenseiterposition öfter lernen mussten, alleine zu leben und zurechtzukommen und die errungene Autonomie und Unabhängigkeit als einen Grundpfeiler ihrer Identität zu betrachten. Diese Argumente können Friends These der höheren Krisenkompetenz Homosexueller gegenüber dem Alter stützen. (Friend 1991: 99f.) Die Fähigkeit allein sein zu können, wie Hans und Wolfgang sie betonen, könnte den Männern die Herausforderungen und Einbußen des Alterns erleichtern, einer Zeit, in der sozialer Rückzug manchmal unvermeidlich ist.[13] Bedrohlich wäre für alle meine Interviewpartner vor allem ein eventuell notwendiger Umzug in ein Altenheim. Der Gedanke an Abhängigkeit und Kontrollverlust, der damit verbunden ist, schreckt die Männer zutiefst ab. Wolfgang sagt, vorher nähme er sich lieber das Leben. (I-Wolfgang: 22) Er ist Diabetiker und sieht in seinen Insulin-Ampullen ein nützliches Instrument, mit dem er die Macht über sein Leben und Sterben selbst in der Hand hat. Er möchte seine Mündigkeit und seine Autonomie bis zum Lebensende erhalten und selbst entscheiden, wann er sterben möchte:

> »Mich hat niemand gefragt, ob ich geboren werden will, wieso soll ich jemand fragen, wenn ich sterben will. [...] Das finde ich grotesk. Ich muss doch entscheiden können, wann ich gehen will!« (I-Wolfgang: 22)

Wolfgang gesteht zu, dass er die Auseinandersetzung mit Alter und Tod verdränge, er könne auch nicht verstehen, warum alle so alt werden wollten. Mit dem Gedanken, im Notfall selber entscheiden zu können, ob er leben oder sterben will, erhält

---

[13] Vgl. hierzu den Aufsatz von Josefine Raasch in diesem Band.

er sich jedoch ein letztes Stück Autonomie, das ihm unabdingbar erscheint in Anbetracht des drohenden Verlustes an Selbstbestimmung und Selbstständigkeit, die jahrelang Grundlage seines Selbstbildes waren. Rolf hingegen setzt sich bewusst mit Sterben und Tod auseinander, um auf diese Weise einen besseren Umgang damit zu finden. Er konfrontiert sich nicht nur beruflich im Altersheim und Hospiz mit dem Sterben, sondern erzählt mir auch von einer speziellen Sterbemeditation, die er in einem Kurs durchgeführt hat. Dabei sollte er sich genau vorstellen, wie sein Lebensabend und sein Begräbnis aussähen. Auf diese Weise stellt Rolf sich seiner Angst und versucht damit auch, die Frustration über seine körperlichen Beschwerden zu mindern und besser akzeptieren zu können. Diese Selbstpraxis, Konfrontation als Mittel der Bewältigung zu benutzen, ist etwas, worüber Rolf sich identifiziert; sie ist charakteristisch für seine kompromisslose Art, sich selber zu betrachten.

Rekonstruktion und Kontinuität im Lebenslauf

Die von meinen Gesprächspartnern erlebte Homophobie hat ebenso wie einige der gesellschaftlichen Klischees ihre Selbstbilder zutiefst geprägt. So ist etwa die in den Gesprächen häufige Verwendung des Wortes »normal« als Synonym für »heterosexuell« (und der damit implizit geltenden Degradierung von Homosexualität als etwas »Unnormales«) nur ein Indiz dafür, wie negative Bewertungen oft unmerklich ihre Selbstsicht beeinflusst haben.[14] Im Zuge einer Abgrenzung gegenüber gesellschaftlicher Herabwürdigung kann es aber auch zu einer Aufwertung der eigenen Homosexualität kommen. Nicht selten hört man unter den homosexuellen Älteren den Kommentar: »Ich bin stolz schwul zu sein«[15], wie er seit einiger Zeit auch in den Medien propagiert wird. Meine Beobachtungen führen mich zu der Annahme, dass dieser Stolz nicht trotz der sozialen Schwierigkeiten, die die Homosexualität für die Betroffenen mit sich gebracht hat, sondern gerade wegen ihnen entstanden ist.

Klaus betrachtet seine Homosexualität als etwas, »was ihn interessant macht« und was er als Bedingung für besondere Kontakte sieht, wie seine langjährigen Freundschaften mit Ingrid Bergmann oder dem deutschen Botschafter in Paris. Er sagt, das seien Kontakte, die sich nicht entwickelt hätten, wenn er nicht schwul gewesen wäre (I-Klaus: 10). »Interessant sein« ist etwas, über das sich Klaus identifiziert. Retrospektiv bewertet er viel Positives, das ihm wiederfahren ist, als etwas, was er seiner Homosexualität zu verdanken habe, auch wenn es oft an Nachteile

---

[14] Stefan Kahlbow, Veranstaltungsleiter der Gruppe »40plus«, spricht in diesem Zusammenhang von »heteroterroristischen Normen«. Vgl. Kahlbow 1998.
[15] Vgl. auch Gille 2003: 79.

geknüpft war. Homosexualität und die damit verbundene Außenseiterposition wird so im Rückblick auf das Leben zu einer Chance und positiven Herausforderung. Beispiele einer solchen Auf- und Umwertung finden sich auch bei anderen Interviewpartnern.

So betont auch Alfred, wenn es um die Akzeptanz seiner Homosexualität geht, wie viel Glück er gehabt habe, an die richtigen Leute geraten zu sein, und dass »alles ganz problemlos war«. (I-Alfred: 14 u.16) Er sagt: »Das war ganz normal, dass man so veranlagt war« (I-Alfred: 3), und ein wenig später: »Ich würde nicht sagen [das war] normal, das war eben privat und basta«. (I-Alfred: 7) Im Widerspruch dazu stehen aber seine Aussagen über – zumindest befürchtete Abkehr und Probleme: »Ich hab doch gesagt, das wurde verschwiegen, ich hab gedacht, das ist nun so, aber das muss ja nun nicht so breitgetreten werden.« (I-Alfred: 13) Und: »[Ich] habe mich versteckt – vielleicht, kann man sagen.« (I-Alfred: 7) Wobei der Anhang »vielleicht, kann man sagen« das Gesagte in gewisser Weise wieder reduziert und Alfreds Unbehagen zum Ausdruck bringt, sich das in seinen Augen schamhafte Verstecken einzugestehen. Auch die Tatsache, dass sein Partner dessen Freunde vor die Entscheidung gestellt hat: »Entweder Alfred oder ihr seht mich nicht wieder« (I- Alfred: 2) scheint ein Beispiel dafür zu sein, dass es nicht »eben privat und basta« war, als Schwuler überall akzeptiert zu werden. In seiner Darstellung aber wertet Alfred den Umgang anderer mit seiner Homosexualität auf, um auf diese Weise zu einem kohärenten Bild von sich selbst und seiner Biografie zu gelangen. Es scheint den Stolz der meisten meiner Interviewpartner zu verletzen, zuzugeben, die eigene Homosexualität verleugnet zu haben. Es ist also nicht zufällig, dass meine Interviewpartner umso stolzer darauf sind, (nun) offen schwul zu leben. Die Beispiele zeigen, mit welchen Praktiken und Bewertungsweisen die Männer ihren Lebenslauf und einzelne Aspekte davon, in diesem Fall die Homosexualität, rekonstruieren. Im vom Deutschen Zentrum für Altersfragen e.V. herausgegebenen Band »Kontinuität und Desintegration im Lebenszyklus: transkulturelle Aspekte des Umgangs mit dem Alter« betont Brigitte Proß-Klappoth die Konstruktion einer gelungenen Lebensgeschichte als Form einer selbst kreierten Sinngebung. In der Konzeption der modernen Subjektivität »erscheint das Leben [...] als um das eigene Ich und vom eigenen Ich organisiert.« (Proß-Klappoth 1998: 18) Demnach könne die »Unfähigkeit, eine durchgehend ›gute‹ Lebensgeschichte aufrechtzuerhalten [...] zu einer Demoralisierung und dem Verlust des Gefühls führen, persönlich noch Bedeutung zu haben.« (Proß-Klappoth 1998: 19)

Indem positive Aspekte des Lebens bzw. der Homosexualität aufgewertet werden, können erfahrene Schwierigkeiten in Bezug auf die eigene Person und die Homosexualität aufgewogen und in ein kohärentes Bild der eigenen Lebensgeschichte integriert werden. Die befragten Männer sprechen in der Retrospektive meist nicht gern davon, sich in der Vergangenheit »versteckt« zu haben, weil es mit ihrem (aktuellen) Selbstbild und dem, was die Gesellschaft heute vorgibt, kollidiert. Elemente des eigenen Lebenslaufs werden rückblickend »verklärt« oder anders bewertet, um sie in Einklang mit jetzigen Überzeugungen und Selbstbildern zu bringen. Das entscheidende Medium dieser Rekonstruktion ist die Narration. Durch das Erzählen über das Leben werden Erfahrungen mit Bedeutungen und Bewertungen (neu) besetzt, die dem Erzählendem selbst und dem Zuhörer eine eigene Wirklichkeit vermitteln. Diese Form der nachträglichen Sinngebung von Geschehnissen, Emotionen und Reaktionen findet sich auch in Bezug auf andere Aspekte. Eine solche retrospektive Bewertung von Ereignissen und Bedeutungen findet sich zum Beispiel in Gottfrieds Beschreibung einer Szene aus seiner Schulzeit und verdeutlicht seinen unerschütterlichen Glauben an die Schöpfung. Die besten Schüler, zu denen er offenkundig gehörte, sollten in eine höhere Schule versetzt werden:

> »Wir waren 24 Kinder und ich musste unter den [besten] vier gewesen sein, sonst – einer schrie immer ganz laut: »Gottfried, willste denn nicht aufstehen?«. Ich bin nicht aufgestanden. Da weiß ich heute, dass ich das auch nicht war. Das war die Schöpfung. [...] Ja, und dadurch blieb ich sitzen. Das hat aber die Schöpfung gewollt. Wenn ich aufgestanden wär', hätte ich studiert, wär' so zierlich geblieben. [...] Ich war kein Mädchen in dem Sinne, aber nicht so ein Junge wie die anderen, verstehen Sie jetzt, was ich meine? [...] Und [so] wurde ich Friseur. Das war der richtige Beruf für die Hitler-Zeit.« (I-Gottfried: 7)

Dass sein Leben gelenkt und beschützt wurde von dieser Schöpfung[16] zieht sich wie ein roter Faden durch seine Biografie und seinen Alltag. Er liest jeden Tag Psalmen und spricht in jedem Zusammenhang davon. Diese Form der nachträglichen Sinngebung lässt sich als eine Selbstpraxis deuten, die Gottfrieds »self-identity« strukturiert und definiert. Sein Glaube an die Schöpfung und die Überordnung dieses Glaubens als sinnstiftendes, unantastbares Moment über sein Leben verschafft Gottfried ein kohärentes Bild seiner selbst und seiner Biografie. Der Glaube lässt ihn auch die Schwierigkeiten des Alterns und die der gesellschaftlichen Diskriminierung besser akzeptieren, weil er ihm eine Form der Identifizierung außerhalb und unabhängig von gesellschaftlich vorgeschriebenen Bildern ermöglicht:

> »Mich interessiert der Mensch. In der Bibel steht doch nichts drin von Schwulen und Heterosexuellen und Homosexuellen, in der Bibel steht doch nur: Sie herzten und sie küssten sich [betont].Genügt doch, oder?« (I-Gottfried: 1)

---

[16] Vgl. hierzu auch den Artikel Brigitte Gesings zur Religiosität im Alter in diesem Band.

Schluss

Im vorliegenden Artikel sollte anhand von Einblicken in den Alltag und die Lebenswelt sechs älterer homosexueller Männer untersucht werden, ob und wie die Verluste und Schwierigkeiten des Älterwerdens sich auf das Verständnis von Körperlichkeit und Autonomie der Betroffenen auswirken. Körperliche Einbußen, erfahrene gesellschaftliche Diskriminierung und Ausgrenzung aus der »schwulen Szene« aufgrund des höheren Alters haben in einigen, aber nicht in allen Fällen starke Auswirkungen auf das Leben der Befragten. Fast alle legen großen Wert darauf, ein in hohem Maße selbstbestimmtes Leben zu führen; alle sehen diese Selbstbestimmung von der Gefahr bedroht, in ein Altersheim umziehen zu müssen, sollten sie nicht mehr allein ihren Haushalt führen können.

Es wurde aufgezeigt, wie die befragten Männer mithilfe von Kommunikationsstrategien, Rollenidentifizierung, Kompensation und Konfrontation den Problemen und Bedrohungen des Alters begegnen. Diese Selbstpraxen können als Ausdruck und Instrument eines für die Moderne charakteristischen »regime of the self« interpretiert werden, mit dem die Befragten Komponenten ihres Selbstbildes nach überwiegend selbst gewählten Relevanzen strukturieren und bewerten. Die Art und Weise, wie Praxen und Elemente des eigenen Lebens in das Selbstbild eingeordnet und (neu) bewertet werden, um eine »Selbst-Identität« zu erschaffen (Giddens 1991: 81), wird besonders an einer Re-Konstruktion und Re-Evaluation des Lebenslaufs deutlich, wie er in der Gesprächssituation der von mir geführten ethnografischen Interviews notwendiger Weise vorgenommen wird. Dabei versuchen die Interviewpartner, ein kohärentes Bild von sich selbst und dem eigenen Leben zu schaffen und zu erhalten. Die in diesem Artikel skizzierten Selbstpraxen ermöglichen den sechs Männern Wege der Bewältigung des Alter(n)s; trotzdem müssen sie mit Ausgrenzung durch ihr soziales Umfeld ebenso kämpfen wie gegen eigene Resignationen.

Ausschlüsse

In den politischen und theoretischen Debatten über die Achsen gesellschaftlicher Machtverteilung und Ausschlussmechanismen ist ein relativ neuer Begriff aufgetaucht: Ageism. Damit wird Alter als eine jener identitären Kategorien in den Fokus gerückt, die Möglichkeiten gesellschaftlicher Teilhabe, Einflussnahme und Gestaltungsmöglichkeiten regulieren. Alter ist dabei in seinen gesellschaftlichen Bewertungen einem historischen Umbruchsprozess unterworfen: In der postindustriellen Gesellschaft ist die kulturelle Regel teilweise aufgehoben, nach der steigendes Alter per se einen Zuwachs an sozialer Achtung bedeutete. Auch die Vorstellung von an Alter gekoppeltem Machtzuwachs erhält Risse. Außerhalb der katholischen Kirche sind die »mächtigen alten Männer« selten Greise. Die Disposition des größtmöglichen gesellschaftlichen Machtzugriffs lässt sich hier und heute wohl eher im Alterssegment zwischen 45 und 65 verorten. In den kulturellen Erzählungen nicht nur westlicher Gesellschaften wurde Alter oft mit positiven Zuschreibungen – wie etwa Weisheit und Erfahrung – markiert. Diese Konnotationen scheinen momentan an Bedeutung zu verlieren, denn die kapitalistische Verwertungslogik präferiert Jugendlichkeit und damit in Verbindung gebrachte Eigenschaften als Wert. Die dem Alter zugeschriebene Abnahme von Leistungsfähigkeit korrespondiert oft mit einem Verlust gesellschaftlicher Wertschätzung. Zu der diskursiv vermittelten Suggestion der ›Überflüssigkeit von Alten‹ gesellen sich unterschiedlich intensive und verschieden gelagerte Erfahrungen von Exklusion.

– durch Sprache
Einer der für alte Menschen spürbarsten Ausschlüsse liegt in der Verwendung von Sprache. Die expandierende Anglisierung bestimmt zunehmend die mediale Kommunikation wie auch den öffentlichen Raum, beispielsweise durch die Gestaltung von Werbung. Da ein Gros der RentnerInnen nur über unzureichende Englischkenntnisse verfügt, werden – wie uns in zahlreichen Interviews deutlich wurde – viele der Botschaften im öffentlichen Raum schlichtweg nicht mehr verstanden. Eine ironische Sicht der Dinge könnte diesem Umstand sogar etwas Positives abgewinnen: Die oft beklagte Informationsüberflutung läuft an einem Teil der Bevölkerung schlichtweg vorbei. Es erzeugt jedoch auch ein Bewusstsein von Marginalisierung, nicht mehr Adressat öffentlicher Botschaften – und damit auch nicht mehr Teil einer sprachlichen Gemeinschaft – zu sein. Das kann bis hin zu dem Gefühl führen, im wörtlichen Sinne die Welt nicht mehr zu verstehen; daraus ergibt sich, wie bei

der 83-jährigen Christa, ein resignativer Gestus: »Ob du jetzt Radio hörst oder sonst was [...] Schon allein mit dem vielen Englisch, ne? Also es ist doch. – Ich hab immer wieder angefangen mit Englisch. Aber je älter du wirst, desto schwerer wird es. Und da hat eine Freundin gesagt: Mensch Christa, warum quälen wir uns so? Also hab ich's auch sein gelassen, ja. Und das ist natürlich auch heute ein großer Fehler.« Zusätzlich verschärft wird diese Problematik bei vielen älteren MigrantInnen. An sprachliche Barrieren sind die meisten gewöhnt; schon die deutsche Sprache stellt häufig ein Problem dar. In den Interviews mit alten Migranten wurde aber deutlich, dass in Werbung oder auf Plakaten verwendetes Englisch oft gar nicht als solches erkannt, sondern für nichtverständliches Deutsch gehalten wird.

– *durchTechnik*
Die rasante Entwicklung der Kommunikationsmedien lässt viele alte Menschen etwas hilflos auf der Standspur des Datenhighways zurück. Zwar nutzen bereits 51% der bundesdeutschen Bevölkerung das Internet, bei den über 64-jährigen liegt der Anteil allerdings nur bei 10%. (Statistisches Bundesamt, April 2005) Die technologische Entwicklung ruft eine Situation hervor, in der die Enkel den Großeltern die Funktion der »Dinge« erklären (von technischen Geräten bis zu gesellschaftlichen Institutionen). Ein wachsendes Volumen des Wissenstransfers verläuft damit von Jung nach Alt und schafft eine Abhängigkeitsbeziehung, die an tradierten Generationsbildern kratzt. Dabei wird die Verbreitung des Computers in sämtlichen Lebensbereichen von alten Menschen nicht immer als Verbesserung erlebt, wie das Beispiel aus einer Berliner Arztpraxis zeigt. Hier ersetzt der Rechner jetzt das alte Karteikartensystem, zum Missfallen der 73-jährigen Frau Rothe: »Der Arzt ist nur darauf angewiesen, was sein Computer ihm erzählt und deshalb bemängle ich das etwas [...], dass der nicht auch noch eine Kartei führt. Ja, und dann drucken die das, und dann seh' ich das nicht und dann versteh ich das nicht. Was ... [meine ehemalige Ärztin] dazu schrieb, das konnte ich schon von hinten lesen. Also mich beruhigt das, was ich selber sehe und was ich wahrnehme und was in so einer Kartei steht.« Hier stößt sich ein tradiertes Vertrauensverhältnis – das in eine Arzt-Patienten-Beziehung ebenso, wie das in die Solidität von papierenen Speicherformen von Wissen – mit der Effektivierung von Arbeitsprozessen. Seine Basis wird untergraben, indem der Aspekt der (empfundenen oder tatsächlichen) Nachvollziehbarkeit und die materielle Gegenwärtigkeit der gesammelten persönlichen Daten, eliminiert wird.

– *durch Herabwürdigung*
Die Unüberschaubarkeit der Welt, das zunehmende Unverständnis gegenüber einer wuchernden Komplexität gepaart mit der Wahrnehmung von Achtungsverlust

nährt auch eine – nicht immer unberechtigte – Angst vor Betrug und Übervorteilung. Die speziell für RenterInnen angebotenen Verkaufsfahrten werden etwas flapsig, aber wohl nicht grundlos als »Rentnerabzocke« bezeichnet. Die 83-jährige Christa machte auf so einer Veranstaltung die Erfahrung kompletter Missachtung persönlichen Willens: »Und dann hab ich gesagt: Ich möchte hier raus. Und dann wollten die mich nicht rauslassen?! Und da hab ich gesagt: Das ist doch Schwindel! [...] Denn haben die die Bude abgeschlossen, so dass man nicht 'rauskonnte. [...] War natürlich 'ne Verkaufsshow und dann haben die – die sind rhetorisch geschult auch, die Sprecher dort. Und dann haben die gesagt so ungefähr: Und Sie sind doch froh, dass Sie mal 'rauskamen, dass Sie mal hier sein können und so weiter, so dass die alten Leute »Ja« sagen mussten, ja. Also da hab ich auch. – Also ist denn so was – da lassen die dich hier nicht raus?« Gar nicht so selten sind auch Momente, in denen die Verachtung jüngerer Menschen direkt und unvermittelt zu spüren ist. Auf offener Strasse angepöbelt, beschimpft und sogar bespuckt zu werden, aus keinem anderen Grund, als dass man *alt* ist, gehört zu den deprimierendsten Erlebnissen, die wir erzählt bekamen. Manche dieser Übergriffe sind von schockierender Aggressivität. »Soll ich dich mal runterschubsen?«, musste sich die 75-jährige Hanna von einem Jugendlichen fragen lassen, als sie mit dem Fahrrad eine Brücke überquerte. Auf die Frage, ob sie eine Erklärung für die Motivation dieser Aggressivität habe, antwortet sie: »Vielleicht. – Also in dem Sinn, dass dann einfach Alte zuviel sind, lästig.« Der verbale Angriff des Jugendlichen wird als Ausdruck eines kollektiven Urteils der Überflüssigkeit aber auch als Ergebnis eines gesellschaftlichen Diskurses gelesen, dessen pejorative Aussagen sich in das Selbstbild alter Menschen bereits eingeschrieben haben. »Also ich bin dann völlig hilflos, ich kann mich ja nicht wehren« – so beschreibt Hanna das Gefühl, das aus solchen Situationen zurückbleibt. Nicht weniger enervierend ist aber auch eine freundlich gewendete Variante der Missachtung von Interessen, nämlich als Zielscheibe für Überfürsorge zu dienen. Zwar gilt es als grundsätzlich höflich, alten Leuten über die Strasse zu helfen, doch kann fehlendes Fingerspitzengefühl diesen Akt leicht zu einem Übergriff auf das Selbstwertgefühl alter Menschen werden lassen. Frau Wolter, die wegen einer Sehschwäche Schwierigkeiten mit dem Erkennen von Ampelsignalen hat, erinnert sich ungern an Situationen, in denen sie ungefragt und »wie ein ungezogenes Kind« von Passanten über die Strasse gezogen wurde:

»Die meinen es ja gut, aber, – so wie die, die fallen mit der Tür ins Haus, ja? Und man will ja nicht so, so bemitleidet werden, oder, aber ein bisschen behutsam müsste man mit den Menschen umgehen und nicht so. – Ja, da ist man empfindlich. Da bin ich auch empfindlich. Ja.«

Michael Kutter

Literaturverzeichnis

Allan, Graham 1989: Friendship: Developing a Sociological Perspective. Boulder/San Francisco

Arbeitskreis Charta für eine kultursensible Altenpflege/Kuratorium Deutsche Altershilfe 2002: Für eine kultursensible Altenpflege. Eine Handreichung. Köln

Backes, Gertrud M./Clemens, Wolfgang 1998: Lebensphase Alter. Eine Einführung in die sozialwissenschaftliche Alternsforschung. Weinheim/München

Baltes, Paul B. 1990: Entwicklungspsychologie der Lebensspanne. Theoretische Leitsätze. In: Psychologische Rundschau 41/1990, S. 1-24

Baltes, Paul B./Margret M. Baltes 1992: Gerontologie: Begriff, Herausforderung und Brennpunkte. In: Paul B. Baltes, Jürgen Mittelstrass (Hg.): Zukunft des Alterns und gesellschaftliche Entwicklung. Berlin, S. 1-34

Baltes, Paul/Mayer, Gottfried Ulrich (Hrsg.) 1996: Die Berliner Altersstudie. Berlin

Beck, Ulrich/Giddens, Antony 1996: Reflexive Modernisierung – eine Kontroverse. Frankfurt am Main

Becker, Gay/Sharon R. Kaufman 1995: Managing an Uncertain Illness Trajectory in Old Age: Patients' and Physicians' Views of Stroke. In: Medical Anthropology Quarterly, 9/2, S. 165-187

Berger, Raymond M. 1984: Realities of Gay and Lesbian Aging. In: Social Work 1/1984, S. 57-62

Bischoff, Claudia 1992: Frauen in der Krankenpflege. Zur Entwicklung von Frauenrolle und Frauenberufstätigkeit im 19. und 20. Jahrhundert. Frankfurt am Main/New York

Bourdieu, Pierre 1987: Die feinen Unterschiede. Kritik der gesellschaftlichen Urteilskraft. Frankfurt am Main

Braathen, Espen 1996: Communicating the Individual Body and the Body Politic. The Discourse on Disease Prevention and Health Promotion in Alternative Therapies. In: Cant, Sarah/Sharma, Ursula (Hrsg.): Complementary and Alternative Medicines – Knowledge in Practice. London/New York S. 151-162

Campbell, J.K. 1964: Honour, Family and Patronage. A Study of Institutions and Moral Values in a Greek Mountain Community. Oxford

Cant, Sarah 1996: From Charismatic Teaching to Professional Training. The Legitimation of Knowledge and the Creation of Trust in Homoeopathy and Chiropractic. In: Cant, Sarah/Sharma, Ursula (Hrsg.): Complementary and Alternative Medicines – Knowledge in Practice. London/New York

Carrier, James G. 1999: People Who Can Be Friends. Selves and Social Relationships. In: Bell, Sandra/Coleman, Simon (Hrsg.): The Anthropology of Friendship. Oxford, S. 21-38

Cohen, Lawrence 1998: No aging in India : Alzheimer's, the bad family, and other modern things. Berkeley.

Der Koran. Übersetzung Rudi Paret. Stuttgart 1979

Dittmar, Manuela, Winfried Henke 1998: Gerontologie – Forschungsinhalte und -perspektiven aus anthropologischer Sicht. In: Anthropologischer Anzeiger, 56/3, S. 193-212

Dracklé, Dorle (Hg.) 1998: Alt und Zahm? Alter und Älterwerden in unterschiedlichen Kulturen. Berlin

Emerson, Robert M./Fretz, Rachel I./Shaw, Linda L. 1995: Writing ethnographic fieldnotes. Chicago [u.a.]

Eschenbruch, Nicholas 2002: Nursing Stories. A Narrative Ethnography of Life and Death in a German Hospice. Dissertation eingereicht für die Promotion zum Doktor der Philosophie an der philosophischen Fakultät I am Institut für Europäische Ethnologie der Humboldt-Universität zu Berlin.

Fabian, Johannes 1983: Time and the other. How anthropology makes its object. New York.

Fleck, Ludwik 1980: Entstehung und Entwicklung einer wissenschaftlichen Tatsache. Einführung in die Lehre vom Denkstil und Denkkollektiv. Mit einer Einleitung herausgeben von Lothar Schäfer und Thomas Schnelle. Frankfurt am Main

Fleck, Ludwik 1993: Entstehung und Entwicklung einer wissenschaftlichen Tatsache. Einführung in die Lehre vom Denkstil und Denkkollektiv. Frankfurt am Main

Foucault, Michel 1984: Von der Freundschaft. Berlin.

Foucault, Michel 1989 (1993): Der Gebrauch der Lüste. Sexualität und Wahrheit 2. Frankfurt am Main

Foucault, Michel 2000: Die »Gouvernementalität«. In: Ulrich Bröckling, Susanne Krasmann, Thomas Lemke (Hg.): Gouvernementalität der Gegenwart. Studien zur Ökonomisierung des Sozialen. Frankfurt am Main 2000, Suhrkamp, 41-67

Friend, Richard A. 1991: Older Lesbian and Gay People. A Theory of Successful Aging. In: Journal of Homosexuality, 20(3/4) 1991, S. 99-118

Fry, Christine L., et al. 1980: Aging in culture and society : comparative viewpoints and strategies (with a foreword by Paul Bohannan). New York

Gebhardt, Winfried 1987: Fest, Feier und Alltag. Über die gesellschaftliche Wirklichkeit des Menschen und ihre Deutung. Frankfurt Main

Geertz, Clifford 1991: Dichte Beschreibung. Beiträge zum Verstehen kultureller Systeme. Frankfurt am Main

Geertz, Clifford 2000: The State of the Art. In: Ders.: Available Light. Anthropological Reflections on Philosophical Topics. Princeton, S. 89-142

Gestrich, Andreas 1988: Biographie – sozialgeschichtlich. Göttingen

Giddens, Anthony 1991: Modernity and Self Identity. Self and Society in the Late Modern Age. Oxford

Gille, Christoph 2003: Homosexuelle Männer im Alter. Unveröffentlichte Diplomarbeit. Berlin

Goddard, Victoria A. 1994: From the Mediterranean to Europe. Honour, Kinship and Gender. In: Goddard, Victoria A./Llobera, Joseph R./Shore, Cris (Hrsg.): The Anthropology of Europe. Oxford, S. 57-92

Goddard, Victoria A./Llobera, Joseph R./Shore, Cris: Introduction 1994: The Anthropology of Europe. In: Goddard, Victoria A./Llobera, Joseph R./Shore, Cris (Hrsg.): The Anthropology of Europe. Oxford, S. 1-40

Goffman, Erving 1993: Asyle – über die soziale Situation psychiatrischer Patienten und anderer Insassen. Frankfurt am Main

Grace, V. M. 1991: The Marketing of Empowerment and the Construction of the Health Consumer: A Critique of Health Promotion. In: International Journal of Health Services 21(2): 329-343

Habermann, Monika 2003: Pflege und Kultur. Eine medizinethnologische Exploration der Pflegewissenschaft und Praxis. In: Thomas Lux (Hrsg.): Kulturelle Dimensionen von Medizin. Ethnomedizin – Medizinethnologie – Medical Anthropology. Berlin, S.192-210

Herskovits, Elizabeth 1995: Struggling over Subjectivity: Debates about the »Self« and Alzheimer's Disease. In: Medical Anthropology Quarterly, 9/2, S. 146-164

»Hinnerk«, Schwulenmagazin Hamburg: Ganz schön alt, Schwule in der zweiten Lebenshälfte. 9/04.

Hurwicz, Margo-Lea 1995: Introduction: Anthropology, Aging, and Health. In: Medical Anthropology Quarterly, 9/2, S. 143-145

Kahlbow, Stefan 1998: Das Selbstbild des Schwulen in heterosexueller Umwelt und schwuler »Subkultur«. Unveröffentlichter Vortrag. Berlin.

Keith, Jennie, et al. 1994: The Aging experience: diversity and commonality across cultures. Thousand Oaks

Kleiderling, Thomas 2004: Betriebs- und Branchenjubiläen in Sachsen 1871 bis 1945. In: Winfried Müller (Hrsg.): Das historische Jubiläum. Genese, Ordnungsleistung und Inszenierungsgeschichte eines institutionellen Mechanismus. Münster, S. 309-330

Koch-Straube, Elisabeth 1997: Fremde Welt Pflegeheim – eine ethnologische Studie. Bern [u.a.]

Köhle-Hezinger, Christel 2004: Zeit – Ritual – Fest: Jubilarkultur im Industriezeitalter. In: Winfried Müller (Hrsg.): Das historische Jubiläum. Genese, Ordnungsleistung und Inszenierungsgeschichte eines institutionellen Mechanismus. Münster, S. 291-308

Krohwinkel, Monika 1993: Der Pflegeprozeß am Beispiel von Apoplexiekranken – eine Studie zur Erfassung und Entwicklung ganzheitlich-rehabilitierender Prozeßpflege. Baden-Baden

Künemund, Harald 1994: Mitgliedschaftsmotive und Aufgaben der Gewerkschaft aus der Sicht älterer Mitglieder. In: Wolf, Jürgen/Kohli, Martin/Künemund, Harald (Hrsg.): Alter und gewerkschaftliche Politik. Auf dem Weg zur Rentnergewerkschaft? Köln, S.153-168

Lang, Frieder R./Baltes, Margret M. 1997: Brauchen alte Menschen junge Menschen? Überlegungen zu den Entwicklungsaufgaben im hohen Lebensalter. In: Krappmann, Lothar/Lepenies, Annette (Hrsg.): Alt und Jung: Spannung und Solidarität zwischen den Generationen. Frankfurt am Main, S. 161-184

Laz, Cheryl 2003: Age embodied. In: Journal of Aging Studies, 17/2003, S. 503-519

Magnússon, Finnur 1996: Activated Ageing. In: Lundin, Susanne/Akesson, Lynn (Hrsg.): Bodytime. On the Interaction of Body, Identity, and Society. Lund, S. 141-156

Mayer, Karl Ulrich, Paul B. Baltes, Margret M. Baltes, Markus Borchelt, Julia Delius, Hanfried Helmchen, Michael Linden, Jacqui Smith, Ursula M. Staudinger, Elisabeth Steinhagen-Thiessen, Michael Wagner 1996: Wissen über das Alter(n): Eine Zwischenbilanz der Berliner Altersstudie. In: Karl Ulrich Mayer, Paul B. Baltes (Hg.): Die Berliner Altersstudie. Berlin, S. 599-634

Mayer, Susanne 2004: Unsere teuren Alten. Wir. Was hilft gegen Falten und den Krieg der Generationen: Liebe? Hormoncreme? Sozialreform? In: Die Zeit, 15.4.2004, S. 57-58

Myerhoff, Barbara 1979: Number Our Days. Culture and Community Among Elderly Jews in an American Ghetto. New York

Myerhoff, Barbara G., Andrei Simic (eds.) 1978: Life's career – Aging: cultural variations on growing old. Beverly Hills

Michael, Axel 1999: Le rituel pour le rituel? In: Caduff, Corinna/Pfaff-Czarnecka, Joanna (Hrsg.): Rituale heute. Theorien – Kontroversen – Entwürfe. Berlin, S. 8

Mischo-Kelling, Maria (Hrsg.) 1989: Innere Medizin und Krankenpflege. München

Müller, Winfried 2002: Instrumentalisierung und Selbstreferentialität des historischen Jubiläums. Einige Beobachtungen zu Eigengeschichte und Geltungsanspruch eines institutionellen Mechanismus. In: Melville, Gert/Vorländer, Hans: Geltungsgeschichten. Über die Stabilisierung und Legitimierung institutioneller Ordnungen. Köln, S. 265-284

Müller, Winfried 2004: Das historische Jubiläum. Zur Geschichtlichkeit einer Zeitkonstruktion. In: Müller, Winfried (Hrsg.): Das historische Jubiläum. Genese, Ordnungsleistung und Inszenierungsgeschichte eines institutionellen Mechanismus. Münster, S. 1-76

Naegele, Gerhard/Tews, Hans Peter (Hrsg.) 1993: Lebenslagen im Strukturwandel des Alters. Alternde Gesellschaft – Folgen für die Politik. Opladen

Nollmann, Gerd/Strasser, Hermann 2004: Das individualisierte Ich in der modernen Gesellschaft. Frankfurt am Main/New York

Nötzoldt-Linden, Ursula 1994: Freundschaft. Zur Thematisierung einer vernachlässigten soziologischen Kategorie. Opladen

Öhlander, Magnus 1993: Gammal utan alderdom. In: Livscyklus: Nord nytt. Nordisk tidsskrift for folkelivsforskning 49, o. S.

Ory, Marcia G. 1995: Aging, Health, and Culture: The Contribution of Medical Anthropology. In: Medical Anthropology Quarterly, 9/2, S. 281-283

Otto, Jutta 1994: Lebensqualität im Alter. Wege zur Verringerung des Pflegerisikos. Hamburg

Paine, Robert 1969: In Search of Friendship: an Exploratory Analysis in »Middle-Class« Culture. In: Man 4 (4), 1969, S. 505-524

Panke Kochinke, Birgit 2001: Die Geschichte der Krankenpflege (1679 – 2000): Ein Quellenbuch. Frankfurt am Main

Pinder, Wilhelm 1928: Das Problem der Generation in der Kunstgeschichte Europas. 2. Aufl. Berlin

Platvoet, Jan 1998: Das Ritual in pluralistischen Gesellschaften. In: Bellinger, Andréa/Krieger, David J.: Ritualtheorien – ein einführendes Handbuch. Wiesbaden, S. 173-187

Proß-Klappoth, Brigitte 1998: Kontinuität und Desintegration im Lebenszyklus. Transkulturelle Aspekte des Umgangs mit dem Alter. Hrsg. vom Deutschen Zentrum für Altersfragen e.V. Berlin/Weiden/Regensburg

Rose, Nikolas 1998: Inventing our Selves: Psychology, Power and Personhood. Cambridge

Rose, Nikolas 2000: Das Regieren von unternehmerischen Individuen. In: Kurswechsel: Leitbild Unternehmer. Neue Selbständige, Wettbewerbsstaat und Gesellschaftspolitik. Heft 2, S. 8-27

Sagner, Andreas 1997: Wurzeln, Gegenstandsbereiche und Entwicklungslinien der ethnologischen Altersforschung. In: Zeitschrift für Ethnologie, Nr. 122, S. 143-168

Saks, Mike 1996: From Quackery To Complementary Medicine. The Shifting Boundaries Between Orthodox and Alternative Medicines – Knowledge in Practice. London/New York

Sahlins, Marshall 1996: The Sadness of Sweetness. The Native Anthropology of Western Cosmology. In: Current Anthropology, 37/3, S. 395-428

Schiffauer, Werner 1987: Die Bauern von Subay. Das Leben in einem türkischen Dorf. Stuttgart

Schiffauer, Werner 1991: Die Migranten aus Subay. Türken in Deutschland: Eine Ethnographie. Stuttgart

Schirrmacher, Frank 2004[a]: Das Methusalem Komplott. Frankfurt am Main

Schirrmacher, Frank 2004[b]: Die Revolution der Hundertjährigen. Warum wir unser Altern neu erfinden müssen. In: Der Spiegel, Nr. 12, S. 78-84

Schmoll, Friedemann 2002: Ethnographien des Alters – Einführung in ein Studienprojekt. In: Ders. (Hg.): Grauzone. Ethnographische Variationen über die letzten Lebensabschnitte. Tübingen 2002, S. 7-15

Schütze, Yvonne 1997: Generationenbeziehungen. Familie, Freunde und Bekannte. In: Krappmann, Lothar/Lepenies, Annette (Hrsg.): Alt und Jung. Spannung und Solidarität zwischen den Generationen. Frankfurt am Main, S. 97-111

Sharma, Ursula 1999: The Nature of User Demand. From Patient to Consumer? In: Cant, Sarah/Sharma, Ursula: A New Medical Pluralism? London/New York, S. 21-50

Shield, Renée Rose, Stanley M. Aronson 2003: Aging in Today's World. Conversations between an Anthropologist and a Physician. New York

Solinski, Christine/Behr, Renate 2003: Bundeseinheitliche Altenpflegeausbildung – Materialien für die Umsetzung der Stundentafel. Köln

Sperling, Stefan 2003: Die aktuelle Biomedizin aus Sicht der Medizin- und Kulturanthropologie. In: Schicktanz, Silke/Tannert, Christof/Wiedemann, Peter (Hrsg.): Kulturelle Aspekte der Biomedizin. Bioethik, Religionen und Alltagsperspektiven. Frankfurt am Main/New York

Spiro, Melford E. 1990: On the strange and the familiar in recent anthropological thought. In: James W. Stigler, Richard A. Shweder, Gilbert Herdt (eds.): Cultural Psychology. Essays on Comparative Human Development. Cambridge, S. 47-61

Staudinger, Ursula M./Baltes, Paul B. 1995: Gedächtnis, Weisheit und Lebenserfahrung im Alter. Zur Ontogenese als Zusammenwirken von Biologie und Kultur. In: Dörner, Dietrich/van der Meer, Elke (Hrsg.): Das Gedächtnis. Probleme – Trends – Perspektiven. Göttingen, S.433-484

Steward, C. 2001: Honor and Shame. In: International Encyclopedia of the Social and Behavioral Sciences. Amsterdam/New York, S. 6904-6906

Stümke, Hans-Georg 1998: Älter werden wir umsonst – Schwules Leben jenseits der Dreißig. Erfahrungen, Interviews, Berichte. Berlin

Vogt, Ludgera 1997: Zur Logik der Ehre in der Gegenwartsgesellschaft. Frankfurt am Main

Wittneben, Karin 2003: Pflegekonzepte in der Weiterbildung für Pflegelehrerinnen und Pflegelehrer. Zusatz – Leitlinien einer kritisch-konstruktiven Pflegelernfelddidaktik. Frankfurt am Main

Wolf, Jürgen/Kohli, Martin/Künemund, Harald (Hrsg.): Alter und gewerkschaftliche Politik. Auf dem Weg zur Rentnergewerkschaft? Köln

Vaupel, James W. 2004: Deutschlands größte Herausforderung. Wider die demographische Ignoranz: Unsere Lebensläufe und die unserer Kinder werden sich ändern, weil das Leben länger dauern wird. In: Frankfurter Allgemeine Zeitung, 8.4.2004, S. 41

Ina Dietzsch (Hrsg.)

Vergnügen in der Krise

Der Berliner Trabrennsport
zwischen Alltag und Event

PANAMA
VERLAG

Waren Sie schon einmal auf einer Trabrennbahn? Schon Siegfried Kracauer musste 1927 zugeben, dass dies für ihn ein eher fremdes Vergnügen war. Dennoch: Seit ihrer Entstehung hatten die Berliner Pferderennbahnen immer ihr Publikum. Seit einigen Jahren jedoch mehren sich die Nachrichten von einem Aus für die Trabrennbahnen. Ist der Trabrennsport noch zu retten? Oder handelt es sich dabei um ein modernes Vergnügen, das längst seine Hochphase überschritten hat und sich auf dem spätmodernen Erlebnismarkt nicht mehr behaupten kann? Das Buch nähert sich mit einer wissenschaftlichen Perspektive den Fragen um die Krise des Berliner Trabrennsports. In einer mehrmonatigen ethnologischen Feldforschung haben die zwölf Autorinnen und Autoren den Alltag auf beiden Berliner Trabrennbahnen beobachtet und fotografiert sowie historisches Quellenmaterial zusammengetragen, diskutiert und analysiert.

Ina Dietzsch (Hrsg.):

Vergnügen in der Krise
Der Berliner Trabrennsport zwischen Alltag und Event

Berlin: Panama-Verlag 2005
ISBN 3-938714-00-X, 184 S., 8 Farbseiten, 20 s/w Abb.,
12,90 €

zu bestellen unter: www.panama-verlag.de

M. Knecht / L. Soysal (Hrsg.)

Plausible Vielfalt
Wie der Karneval der Kulturen
denkt, lernt und Kultur schafft

PANAMA
VERLAG

»Multikulti-Spektakel«, »Party-Time statt 1. Mai«, »Kreuzberger Pfingstwunder« – der Berliner Karneval der Kulturen trägt viele Namen. Er wird medial umfassend inszeniert und von der Politik bemerkenswert einvernehmlich begrüßt, nur mit dem traditionellen Instrumentarium der Karnevalsforschung lässt er sich nicht adäquat fassen. Dieses Buch geht einen anderen Weg. Die Frage, wie der Karneval »denkt«, zielt in klassisch sozialanthropologischer Perspektive darauf, den Karneval der Kulturen nicht nur als Event, sondern auch als Institution zu verstehen. Akzentuiert wird der Zusammenhang zwischen multikulturellen Denkstilen und sozialen Milieus. Aus der Perspektive der Akteure – einer Vielzahl von Einzelkünstlern und Gruppen – werden die Strukturen des »Arbeitsplatzes Karneval«, die sozialen Netze und die prekäre Ökonomie der Aufmerksamkeit rekonstruiert, die der Karneval stiftet. In ethnografischen Portraits und konkreten, detaillierten Fallstudien zeigt sich, was der Berliner Sommerkarneval über »spektakuläre« Formen urbaner Vergesellschaftung und die Vermarktung und Plausibilierung kultureller Vielfalt auszusagen hat.

Michi Knecht / Levent Soysal (Hrsg.):

Plausible Vielfalt
Wie der Karneval der Kulturen denkt, lernt und Kultur macht

Berlin: Panama-Verlag 2005
ISBN 3-938714-01-8, 284 S., 8 Farbseiten, 20 s/w Abb.,
16,90 €

zu bestellen unter: www.panama-verlag.de